Nacida en Málaga, REGINA ROMAN tiene una interesante mezcla de sangres que la hace «concienzuda para el trabajo duro y la primera para las verbenas». Empezó a escribir a los siete años, relatos de ciencia ficción y una trilogía de fantasía y aventuras que anda extraviada por casa de su madre, pero que será novela si algún día llega a aparecer. Contadora incansable de historias, Regina no entiende la vida sin humor y cree firmemente que el mejor regalo que puede hacerle al prójimo es arrancarle una sonrisa.

1.ª edición: noviembre 2012

© Regina Roman, 2011
© Ediciones B, S. A., 2012
   para el sello B de Bolsillo
   Consell de Cent, 425-427 - 08009 Barcelona (España)
   www.edicionesb.com

Printed in Spain
ISBN: 978-84-9872-730-2
Depósito legal: B. 8.243-2012

Impreso por NOVOPRINT
              Energía, 53
              08740 Sant Andreu de la Barca - Barcelona

Cuarentañeras

REGINA ROMAN

1

Amante por sorpresa

Que el plató de *Entre y revele su rollo* empezara a iluminar-
se puso a Marisa de los nervios. No era para menos, una no
sale todos los días en la tele en el programa de más audiencia
dentro de la franja nocturna. Las personas de su entorno ni siquiera habrían soñado con algo así, mientras que para ella era
la segunda ocasión, y aún daría que hablar en el barrio.

Se atusó el cabello. ¿Habría sido realmente una buena idea
cambiarse el color? La primera vez que salió en antena iba de
castaño oscuro; ahora, rojo violín. ¿Demasiado atrevido? No
le interesaba dar una imagen superficial, Marisa no era muy
inteligente, pero eso lo entendía. A ver, en su primera intervención había actuado como denunciante, llevaba la sartén
por el mango, el rábano por las hojas. Y a José Rafael, que no
se lo esperaba, se le había quedado una cara de acelga pocha
que la hizo reír durante días con solo recordarlo. Ahora,
Dios sabe por qué oscura razón, él había requerido del programa la concesión de la revancha, y contra todo pronóstico,
se la habían consentido. Marisa, histérica, se retorció las manos, imaginando qué horrores se traería entre manos su ex
pareja.

—Puede que haya sido una equivocación aceptar —le dijo
al espejo—, a lo mejor no debí haber venido.

El monitor instalado en la salita de espera centró la cara alegre de la rubia presentadora, la que se encargaba de sacarles los higadillos a los invitados y de imprimir marcha al asunto. Hizo unas breves presentaciones aprendidas de corrido y añadió un resumen de la pasada intervención de Marisa en el programa. La aludida se mantuvo patitiesa delante de la pantalla sin poder moverse, hasta que el careto de José Rafael ocupó cuarto y mitad de cámara.

—Burro desgraciado —farfulló aprovechando que estaba sola y que nadie podría tacharla de maleducada.

—Queremos hacer hincapié en que es una situación muy irregular que no suele darse, pero José Rafael se puso en contacto con nuestra redacción suplicando que le concediéramos la oportunidad de explicarse y... —se volvió teatralmente hacia el invitado, que sonreía bobalicón, con las manos ocultas entre las rodillas— se lo hemos concedido. Buenas noches, José Rafael.

—Buenas noches —respondió él con un hililló de voz.

—Capullo —saludó Marisa desde la salita.

—Estás aquí de nuevo porque cuando tu ex pareja, Marisa, te denunció, saliste corriendo del plató sin decir palabra.

El simple de José Rafael se puso como una remolacha; su sudorosa calva relucía cual bombilla.

—Seguramente, no te lo esperabas y te asustaste. —La periodista le dio un empujoncito.

—Bueno, yo, estoooo..., sí, no puedo con las sorpresas. —Sonrió forzado. Luego, pareció recordar algo importante y añadió con precipitación—: Ni con las mentiras.

—¿Insinúas que Marisa miente?

José Rafael cabeceó en señal de asentimiento.

—Tendremos oportunidad de comprobarlo a lo largo de la noche, señoras y señores. Fue la dramática huida de nuestro invitado, su mal rato, lo que nos llevó a compadecernos y a romper las reglas habituales. Nos llamó, avergonzado por su comportamiento, y hoy nos acompaña para defenderse, recuperado del susto.

Marisa suspiró sacudiendo las manos para ver si se tranquilizaba. Se acercaba el momento de enfrentarse al toro, a los cuernos del toro, a la madre que parió al ganadero que crio al toro...

—Oiremos las dos versiones de la historia, cara a cara. Llamamos a plató a... ¡Marisa!

La mujer se persignó. Echó un último vistazo a la luna del espejo, a su redonda cara de cuarenta y cinco años mal llevados, a su ralo pelo corto y a su camisola de flores. Frotó un labio contra otro para extenderse bien el *rouge*, aunque solo consiguió emborronarlo, y se dijo «allá voy».

Las luces del plató la cegaron y, por un momento, albergó la ilusión de que una grúa se hubiera desprendido matando en el acto al asno de José Rafael, pero no. Allí estaba el calvo dando por saco, mirándola con sus ojillos bulbosos con ojeras. Le producía una extraña mezcla de sentimientos: unos malos, otros medio buenos, todos igualmente intensos.

Tomó asiento a su lado sin mirarlo siquiera. La presentadora sonrió de oreja a oreja.

—Bienvenida una noche más, Marisa. Tú viniste a *Entre y revele su rollo* reclamando una explicación por parte de tu novio.

—Ex novio —se apresuró a aclarar él con voz timorata.

—Sí, por supuesto —corrigió la presentadora agitando las cartulinas con las chuletas—. Afirmabas que después de dos meses y medio de relación...

—Casi tres —especificó Marisa para no ser menos.

La presentadora los miró atravesada.

—Bien, después de casi tres meses, José Rafael había desaparecido de la noche a la mañana sin dar la menor excusa; ni una llamada, ni una nota, y tú querías saber por qué.

—En efecto. Creo que estoy en mi derecho.

—Por qué te abandonó —retorció el dedo dentro de la llaga.

—En efecto.

—Pero José Rafael no estaba preparado para tal interrogatorio, y como lo trajimos engañado, salió por patas. —La rubia del micrófono se dejó ir, montada en una estrepitosa carcajada. Aparte de ella, nadie más se rio—. Esta noche, él ha vuelto para explicarse.

—No fueron dos meses de relación —advirtió el calvo.

—Fueron tres —apuntó Marisa, afilada.

—Fueron veinte días —insistió él. Entraban ganas de creerlo, al pobre, con aquella cara de desgraciado.

—Ni de coña —arremetió la mujer.

—Y, además, le aclaré que no éramos pareja, que nunca lo habíamos sido y que seguiríamos siendo amigos si ella quería. Es todo cuanto podía darle —agregó José Rafael envalentonándose medio gramo. Marisa clavó en él una mirada de asesino a sueldo.

—¡Qué desfachatez!

—A ver, un inciso —interrumpió la presentadora, ávida de protagonismo—. José Rafael acaba de decirnos que nunca fuisteis novios.

—Eso mismo —corroboró él.

Marisa se retorció indignada en la silla.

—Y una mierda. Tres meses, Ana. Tres meses acostándonos a diario, ¿te parece poco?

—Marisa, ese lenguaje... —se sublevó la presentadora manteniendo su forzada compostura de divina.

A la invitada le importó poco su sonrisita a lo Shirley Temple.

—Estamos en horario nocturno, aquí admiten palabrotas —se defendió.

—No te prometí nada —recordó José Rafael dolorosamente sincero. Pero la destinataria de su comentario seguía hablando con la presentadora.

—¿Dónde está la justicia si unos pueden desahogarse y otros no? Sin ir más lejos, mira a Coto Matamoros, que pone a todo Dios a caer de un burro y nadie lo calla —se empecinó Marisa, dale que te pego.

—Bueno, bueno... —intercedió la rubia una vez más.

—Si es que me muero por decirle a este... —Marisa iba tomando el aspecto de una olla exprés pasadita de rosca. La moderadora comprobó con espanto que varias señoras del público bostezaban.

—Dile, dile, no te prives —la animó—, estamos aquí para eso.

—¿Puedo? —quiso asegurarse Marisa. La rubia asintió con la cabeza—. Vale, pues... ¡picha corta!

José Rafael respingó en su asiento de polipiel.

—Mentira. Sabes perfectamente que doy los quince centímetros reglamentarios de todo español que se precie.

—¡Ja! —Marisa lo señaló con el dedo—. Acabas de confesar que te acostabas conmigo.

—Claro, durante veinte días.

—¡Y un carajo! —Miró un segundo a la rubia— ¿Se puede decir un carajo?

Pero no esperó a escuchar su respuesta. La batalla campal entre los invitados iba convirtiéndose en un partido de pingpong peligrosamente privado, del que la presentadora había sido escupida de una patada. Si la audiencia se aburría, estaban perdidos. Y ella, al borde del despido. Un regidor hacía aspavientos por encima de la cámara que la enfocaba, indicando que se comían el tiempo establecido. Ana, la ambiciosa periodista, lo ignoró.

—Lo más intrigante es que afirmas traer pruebas contundentes, fotografías, que dejan claro que no mientes y tu ex novia sí.

El pelado ex o lo que fuera asintió con orgullo. Marisa palideció ligeramente.

—Lo que ocurre es que le envié un mensaje telefónico en el que decía: «Compra la revista *JELOU*, la que tiene a la Velasco en portada. Dentro, salgo con Rita Postín.» Y se cogió un ataque de cuernos de agárrate y no te menees. De ahí que viniese con el cuento del abandono.

—¡Que te crees tú eso! —explosionó Marisa roja como la grana—. Ni llegué a comprar la puta revista.

La rubia puso los ojos en blanco.

—Tengo un mensaje tuyo en el móvil en el que aseguras

que viste las fotos. —José Rafael parecería un pringado, pero las cargaba con munición pesada.

—Eso es porque de casualidad cayó en mis manos, pero no la compré, me la encontré en la peluquería...

—A ver, chicos, chicos... —trató de meter baza la desesperada moderadora.

—Me niego a gastarme un duro en esa basura —finiquitó Marisa ofendida, dándole la espalda a José Rafael.

—Señoras y señores, José Rafael acaba de darnos en exclusiva una primicia de fábula. —La voz de la presentadora, ampliada por efecto del técnico de sonido, se coló entre ellos como una brecha definitiva.

A continuación, se orquestó un silencio brutal, espeso, apoteósico. Todo el público contuvo la respiración.

—¿Rita Postín? ¿Te refieres a la actriz Rita Postín?

—La misma. Riri para los amigos —confirmó el calvo, no sin orgullo. Marisa chasqueó la lengua con desprecio.

—¿Nos corroboras que mantienes con ella una amistad especial? —silabeó Ana dándole emoción a la cosa.

—Yo no diría tanto, pero...

—¡Anda, hombre! Menudo rollo se trae con la Rita esa. —Marisa alzó las cejas—. A ver, ¿estás con ella o no estás con ella?

—Eso, José Rafael. —La presentadora se tumbó literalmente encima de él—. ¿Sales con Rita Postín?

—Como veis, he demostrado que esta mujer, codiciosa y loca por mí, miente —se desvió el protagonista. La rubia pestañeó pillada por sorpresa—. Quiere volver conmigo a toda costa y yo me niego.

—Pero no nos has aclarado tu relación con Rita Postín. ¿Vais en serio? —Ana se apalancó junto a su silla dispuesta a no cortar hasta que le arrancase una confesión. El regidor ya bramaba que estaban fuera de tiempo, pero la rubia volvió a pasar de él. Rita Postín nada menos, siglos hacía que no saltaba a la palestra ningún chisme sobre la vieja gloria. Ni muerta perdería la oportunidad de cambiar eso.

—¿Qué coño tienen que ver las fotos con el carcamal ese y

que me abandonaras sin explicaciones después de tres meses? —gimió Marisa al borde del llanto.

—José Rafael, tienes a España pendiente de tu respuesta —presionó la periodista. El calvo dudó.

—Veinte días. Fueron veinte días. Ni uno más...

—¡Corten! Me cago en la puta de oros, Anita, que llevamos comidos siete minutos de publicidad, me van a cortar los huevos. —Todo eso lo dijo en un aullido estentóreo un señor con bigote y cascos aparentemente muy cabreado.

La periodista se retorció como una cobra real herida de muerte al ver que la intensidad de los focos se mitigaba, y anduvo tres amenazadores pasos hacia el regidor inoportuno.

—Pero... pero... pero... ¿eres gilipollas, Pep? —Con ese nombre, ya se sabe. Pep, Pep..., ¿cómo puede alguien en su sano juicio llamarse Pep?—. ¡Me la has jodido! ¡Me has jodido una noticia que era la bomba!

Pep se hizo el desentendido, dando órdenes a diestro y siniestro. La que menos le preocupaba era la rubia histérica. Había que desmantelar el decorado, pero ya, que entraban los siguientes metiendo bulla.

—¿Rita Postín, una bomba? Está acabada desde hace mucho, guapa, y el reloj manda.

—Serás imbécil...

La rubia resopló y tiró el micrófono contra el público, que se arremolinó para disputárselo confundiéndolo con un presente. Marisa y José Rafael se quedaron solos, clavados en sus sillas como dos pasmarotes. El de los cascos los miró con una interesante mezcla de pena y asco.

—Señores, ahuecando el ala, que esto se ha terminado por hoy. Pueden recoger los bocadillos a la salida. Tienen suerte, hoy son de lomo y van con cerveza.

La mujer que graznaba sosteniendo el teléfono como si fuera una patata caliente parecía desde lejos un repollo teñido de rosa. Un chándal de terciopelo rosa chicle marcaba sus formas rotundas y las destacaba sin compasión. Rita estaba a un tris de estrangular el aparato del charloteo.

—No me vengas con que no hay nada que hacer, que para eso te pago. Hay que demandarlo, pero ahora mismo, para mañana es tarde.

—Rita no es tan sencillo... —La voz trató de apaciguarla, pero era como intentar sofocar un incendio con una manta de croché.

—Tiene que serlo —se exasperó propinándole una ansiosa calada al pitillo—. Se redacta una demanda por difamación, se firma y se presenta, no estoy pidiendo la luna.

Conforme hablaba, sacudía la cabeza y los enormes rulos que envolvían su melena rubio platino se bamboleaban con peligro. La pequeña y ofuscada mujer con bata blanca que trataba en vano de sujetarlos tenía pinta de peluquera venida a menos.

—Los juzgados están desbordados, suelen ser muy selectivos a la hora de admitir asuntos a trámite. Estas cosas, cuando no vienen muy documentadas, las rechazan; al final todo el mundo se entera de que te la han inadmitido y suele ser peor el remedio que la enfermedad.

—¿Quién te ha soltado toda esa sarta de chorradas?

—Nuestro abogado.

—Pues es un imbécil, puedes decírselo de mi parte. Llama a otro, consulta a otro. —La peluquera se aproximó con el peine persiguiendo un rulo y Rita la ahuyentó a manotazos.

—Mira, Rita, ese no es realmente mi trabajo...

—Eres mi representante, en alguna parte he leído que los representantes se ocupan de los asuntos legales de sus actores. Debe de haber sido en nuestro contrato.

—Lo dudo mucho, me lo sé al dedillo.

—Pues habrá sido en una revista, me da igual. No podemos quedarnos con los brazos cruzados. Si la mierda llega al ventilador, y está a punto de llegar, te salpicará a ti también, sin remedio. ¿Viste la cara de panoli de ese tal José Carlos?

—José Rafael —recitó la representante, cargada de paciencia infinita.

—Peor me lo pones. Espera, lo tengo grabado. —Hizo una seña congestionada a la peluquera para que accionase el mando. Enseguida la rechoncha cara de José Rafael se apropió de la pantalla. Rita contuvo las arcadas—. ¿Podría alguien en sus sanos cabales pensar que yo tuve una aventura con ese... tipejo? —La repugnancia se le desbordó, resbalando por la comisura como la baba—. Ha debido de pegárseme al hombro en cualquier gala y ahora presume de que íbamos juntos. ¡Habrase visto!

—Pues por eso mismo, la lógica manda, Rita —la tranquilizó la amargada voz—. Vamos a ver si entiendes que a estas cosas, en lugar de armar un Cristo, se les da la vuelta y te acaban beneficiando.

Cualquiera hubiese dicho que a Rita le habían nombrado a la madre. Una fiera corrupia a su lado era un gatito doméstico.

—Pero ¿lo viste? ¿Tú lo viste? Ese calvo asqueroso afirmando que teníamos algo...

—Insinuando, Rita, nada de afirmar.

—No me corrijas cuando sé que tengo razón. —Se lio a tirones con el chándal allí donde más le ceñía. La ceniza del cigarro cayó al suelo como un gusano muerto—. Todos mis amantes han sido galanes, hombres de bandera, ¿cómo iba yo...?

—Rita, parece que no entiendes que mientras los programas del corazón conjeturan si sí o si no, hablan de ti.

Rita enmudeció. Eso era cierto, ciertísimo. Pero no iba a bajarse del burro de momento.

—La polémica ha significado un revulsivo en tu carrera, que estaba, digámoslo finamente, un poquito estancada.

—Menudo revulsivo de mierda —farfulló la interesada.

—Eso es lo de menos. Estás de nuevo en la palestra, especulan, te nombran. Eso es bueno.

—Es porque tengo cuarenta y seis años —gimió Rita en un solo apesadumbrado—, todo esto es porque soy una anciana de cuarenta y seis años, ya no me llaman para papeles.

—No digas chorradas, mujer. Es una mala racha, nada más.

—¿Crees que no debemos demandar al calvo?

—Ni de coña. Aprovechemos a ver si puedo colarte en uno

o dos programas del corazón de esos en *prime time* y nos sacamos un dinerito. Si hace falta inventar una historia a cuenta de José Rafael, la inventamos y santas pascuas. Lo importante es participar.

—No me pidas que reconozca haber tenido contacto con ese bacalao, que me da un ataque —amenazó Rita aplastando la colilla contra el cenicero.

—Jugaremos al despiste, mejor así, más morbo y más duración.

—No sé, Annabel, no estoy segura del todo...

—Es eso o hacer fuego con dos palos, Rita, tú decides.

La vieja gloria se dejó caer como un fardo sobre el sofá. Sin ganas de oponerse, sin fuerzas para rutilar como la estrella que era.

—De acuerdo —concedió abatida—, está en tus manos, confío en ti.

—Como siempre, Rita, ya sabes que haré lo mejor para las dos. Tú céntrate en estar divina, lo demás déjalo de mi cuenta.

Colgaron las dos. Una, la agente, con las pilas puestas, la otra, Rita Postín, defenestrada. En esa profesión ingrata, era espantoso cumplir años, hacerse vieja e invisible. Veinte años atrás ningún fofo cateto y desgraciado se hubiese atrevido a insinuar que ella había caído en sus redes. ¿Por qué diablos tenía que imperar la buena imagen? Y peor aún, ¿por qué demonios «buena imagen» era sinónimo de frescura, lozanía y juventud? Rita había desarrollado su carrera en la televisión y, en los tiempos que corrían, los actores de las series televisivas cada vez eran más jóvenes. «¡Pero si no llegan a los veinte!», se lamentó.

—Señora. —La peluquera se acercó reptando. Rita la frenó con una mirada glacial.

—Señorita.

—¿Termino de ponerle los rizadores?

—Ponme lo que te dé la gana —accedió desanimada, y volvió a recostarse indolente en el sofá. Echó un último vistazo horripilado al programa *Entre y revele su rollo* y pulsó el botón de apagar—. Deberían retirarlo de la parrilla.

¿Cuál era la razón de que a ella no se la tomase en consideración, como a Meryl Streep, pongamos por caso? Tenía cien mil años y seguían adorándola como a una dama de la gran pantalla, no importaban sus arrugas ni la flacidez de sus michelines, que eran muchos y muy evidentes. ¿Por qué con ella eran crueles y despiadados? No tenía cien mil años como la americana, no todavía, pensaba dar aún mucha guerra, a lo mejor Annabel estaba en lo cierto y solo era un bache pasajero que se desenvolvería beneficiosamente.

—Ya he extraviado el mando. Pásamelo, pásamelo ya —reclamó ávida a su peluquera. La mujer, con el peine entre los dientes, le tendió el aparato. Rita toqueteó afanosa hasta sintonizar el canal deseado.

Los periodistas del mundo rosa formaban una media circunferencia en torno al presentador; carroñeros sin escrúpulos ni corazón descabezaban a todo el que se pusiera por delante. Subió el volumen cuando leyó los rótulos con su nombre: «Rita Postín: ¿aventura con un desconocido?»

—Afortunadamente, no incorporan foto del susodicho, igual hasta hay quien piensa que se le puede mirar —murmuró para sí. La peluquera arqueó las cejas.

—Pero ¿qué objeto puede tener inventarse una historia como esa? —inquiría en ese instante Koka Perales, una arpía desgreñada y envidiosa, con cara de pez.

—Darle celos a su novia, ya lo viste.

—Podría haberlo hecho con cualquiera, no hace falta recurrir a un famosillo...

—Será puta... —masculló Rita con un respingo.

—Oye, oye, oye, que estamos hablando de Rita Postín, no de un casposillo cualquiera, que es una actriz de telenovela muy reconocida en España —la increpó Boleto Maya, un gay sofisticado con el que Rita coincidía en los cócteles y estrenos. Siempre insistía en fotografiarse unidos.

—Di que sí, divino. —Rita le lanzó un beso enardecido al televisor.

—Estás antiguo —arremetió Koka con mala leche.

—¿Eso qué significa, lagarta? —La actriz se tiró del sofá como el corcho de una botella de champán. La peluquera se quedó cardando el aire.

—Tiene su público —se defendió Boleto aleteando las pestañas—, y eso hay que respetarlo.

—Tengo mi público, tengo mi público... Un poquito más de énfasis, maricón —gruñó Rita volviendo a sentarse. Apretó la tecla roja y el aparato quedó a oscuras. Miró de reojo a la muda trabajadora del cabello—. No sabes la suerte que tienes dedicándote a lo que te dedicas, cielo. Nunca nadie te contará las arrugas y, menos aún, te las echará en cara. ¿Qué tal las raíces?

La otra fisgoneó cerca de su cuero cabelludo.

—Bajo control, no hace falta color de momento.

—Las canas, peor que la lepra, no las pierdas de vista. —Encendió otro cigarro y expulsó la bocanada de humo directamente contra la pantalla de la tele. Ojalá tuviera enfrente al tal José Carlos para partirle la cara de cebolleta.

Porque era José Carlos, ¿no?

2

Para quedarse helada

Sonó el teléfono de casa, ese que casi ni recuerdo que tengo, y corrí a atenderlo. De hecho, sabía quién llamaba, mi amiga Felicia Palmarés, nos íbamos juntas a esquiar.

—¿Felicia?

—Soy Rita. Estoy hecha puré —me confesó una voz llorosa que tardé en reconocer. Si no llega a decirme el nombre, todavía estoy pensando.

—¿Qué ha ocurrido? ¿Otra vez ha subido el precio de la laca de uñas? —bromeé para quitarle hierro. No vamos a ocultar que Rita se ahoga en un vaso de agua.

—Sin coñas marineras, ¿has visto la tele últimamente?

¿Tenía que ser sincera, honesta, y responder la verdad?

—Pues no, prefiero mil veces un libro. Si no sales tú, ni la enciendo —agregué con premura. Se puso más contenta que unas maracas.

—Hay un imbécil deambulando de programa en programa que afirma ser mi novio. Imagínate, empezó por una sutil insinuación y ya mismo tenemos tres niños y un adosado a pachas. No puedo soportarlo.

—Me hago cargo.

No, mentira. No me lo hacía. Los follones de Rita me sobrepasan. Será porque es artista, y yo, madre curranta.

—Hijo de puta, malnacido —despotricó sin cortarse un pelo. Tenemos confianza, pero mi oído también se resiente.

—¿No existe ningún modo de cerrarle la boca? No sé, una demanda de esas exprés que tanto se estilan —traté de colaborar con mi escaso conocimiento del medio.

—Quimeras, Lola. Para acabarlo de rematar mi representante asegura que la publicidad me beneficiará, que lo deje correr —agregó en un tono lastimero que mostraba cuantísimo le escocía.

—Enfocado desde ese punto de vista... —Eché una rápida ojeada al reloj de pulsera. Pasaba un minuto de la hora acordada con Felicia y ella solía ser tremendamente puntual. Igual estaba ya llamando y comunicaba...

—¿Lola?

—Sí, perdona —reaccioné sacudiéndome el pasmo.

—Te decía que la llames tú.

—¿A quién?

Dios, ¿cuánto me había perdido?

—A Annabel, mi representante, y le preguntes lo de la edad.

—¿Para qué quieres saber la edad de tu representante? —interrogué desconcertada. Rita me sacudió un soplido a través del comunicador.

—Hija de mi vida, vaya si estás espesa.

—Es viernes, Rita, llevo una semana muy ajetreada y ando a punto de salir de viaje. Debe de ser que tengo la cabeza en otra parte.

—Vale, pues lo dejamos —decidió enfurruñada.

—Oye no, que... —Volví a mirar angustiada el reloj—. Lo siento, revisaba unos papeles —la engañé.

—Ah, pues te permito que trabajes... en viernes por la tarde —puso intención y mala uva a raudales en esta última coletilla—, que ya le vale al moñas de tu jefe, va a ser el más rico del cementerio.

—Pero, Rita...

—Calla, calla, yo sé distinguir cuándo alguien está por la

labor y cuándo no. Gracias por escucharme —silabeó con malicia, y me colgó.

Me dejó con dos palmos de narices, el teléfono en la mano, cara de idiota y un saco de piedras en forma de cargo de conciencia sobre los hombros. Deposité el auricular en su sitio a toda prisa y esperé la llamada entrante.

La llamada de Felicia que había dicho estar esperando.

La llamada que no acababa de recibir. Consulté otra vez el reloj. Pasaba de la hora concertada quince minutos. Felicia acababa de comprarse un 4x4 nuevo y habíamos quedado en que me recogería, acomodaríamos las bolsas, los esquís y a los niños, y partiríamos felices y dicharacheras camino de la sierra. Dos días de asueto y esquí. Relax y blanco silencio. Me preparé un té y me senté a esperar.

Veinte minutos más tarde, sonó el timbre de la puerta.

—No hacía falta que subieras... —exclamé al abrir. Pero no era Felicia—. ¿Rita?

—La misma que viste y calza. Ya que estás demasiado dispersa como para atenderme sin tenerme delante, aquí estoy. —Se abrió paso hacia mi salón. Iba en chándal, parecía la Barbie yoga—. Haz el favor, llama a Annabel y pregúntale si todas estas desgracias me ocurren por haber cumplido los cuarenta y seis.

—Pero, Rita...

—A ti te dirá lo que a mí me oculta —rogó con una voz mucho más aguda de lo normal.

Me descompuso su gesto contrito. Rita era un poco plasta. Bueno, corrijo, bastante plasta, pero era mi amiga desde hacía dieciséis años, no podía dejarla en la estacada, sé bien que poca gente la soporta cuando le da la neura.

—De acuerdo, la llamaré —cedí, pensando en darle a Felicia el tiempo necesario. Seguramente, había pillado un atasco—, pásame el número.

—Te marco. —Me arrebató de las manos el móvil que le alargaba y apretó las teclas como si le debiesen dinero. Me lo devolvió expectante—. Espero que bordes tu papel.

Fruncí el ceño. Ella era la actriz no yo. Mierda. ¿Para qué me metía en esos líos a dos minutos de marcharme de finde?

—¿Annabel? Hola, me alegro de oírte. Soy Lola, la amiga de Rita. Sí, sí.

La boca se me quedó seca de pronto.

—¿En qué puedo ayudarte? —preguntó extrañada.

—Pues verás..., estoy... algo preocupada por ella... —Miré a mi amiga, presa de la confusión. Rita empezó a saltar y a hacer aspavientos indicándome que no parase—. Yoooo..., estooo..., esa historia del amante la tiene... la tiene desquiciada.

—Bah, no tiene la menor importancia, ella, que se lo toma todo muy a la tremenda.

—Pero... ¿tú piensas...? —Me quedé en blanco. Rita sacó una libretita y un boli del bolso y garabateó una frase a toda prisa. Me plantificó la libreta delante: «¿Esto le pasa por tener cuarenta y seis años?»—. Quiero decir... ¿no tendrá algo que ver...? —Le di la espalda, incapaz de concentrarme con ella gesticulando sin parar.

—¿Lola?

—Sí, sí, sigo aquí. Es que verás, me preguntaba... —Rita se me coló por el flanco y me adosó la libreta a la nariz— si estas cosas que le ocurren son debidas a... —Rita agitaba la libreta con la nota como una pancarta. Entorné los ojos dudando entre si echarme a llorar o tirarme al suelo de risa— que ya tiene cuarenta y seis años —logré soltar.

—Ni de coña, también los tiene Elle MacPherson, y Rita está pero que muy bien. ¿Sabes cuántas actrices en activo tenemos en ese tramo de edad? Puedes contarlas con los dedos de una mano; el que a los treinta no haya triunfado o se retira o acaba planchando hamburguesas en el bar de la esquina, mientras Rita sobrevive pasados los cuarenta. Podría sobrarle el trabajo. Esto se debe a que es una actriz nefasta, que sobreactúa y tiene caprichos de diva. Ni para culebrones me la piden ya.

—Entiendo, entiendo —respondí queda y opaca como la que más. A Rita los ojos se le salían de las órbitas.

—En fin, puede que la jugada del gordo repugnante este nos salga bien y todo. Voy a colarla en *Fúndete, corazón* este viernes.

—Ah, genial. Bueno, no te entretengo más, Annabel, gracias por todo.

—A ti, chata. Un beso.

Colgué despacio y miré a mi amiga preguntándome si debía mentirle.

—¿Es por lo de la edad? —quiso saber ansiosa.

—Efectivamente. Porque tienes cuarenta y seis años —suspiré mirando para otro lado.

—Joder, lo sabía.

En menos de un segundo estaba llorando como una fuente, desbordada y sin consuelo. Me precipité sobre la cajita de clínex y le tendí un puñado.

—Mujer, cálmate. ¿Quieres un té?

—Quiero morirme, Lola, que no hay justicia en la tierra. —Reprimió un gritito ahogado, como si acabaran de propinarle un buen guantazo—. Se acabó, es el fin, el fondo del túnel, el alquitrán, el lodo del olvido...

—No exageres —repetí, inconscientemente, la tarantela de Annabel. Las dos conocíamos bien la tendencia de Rita a sobredimensionarlo todo: lo bueno y lo menos bueno. Pero si no se serenaba de inmediato, me inundaría el piso.

Sus gritos desaforados atrajeron a mi hijo de diez años. Arrancarlo de la PlayStation es toda una proeza, de modo que imagina la dimensión de los aullidos.

—Mamá, ¿quién se ha muerto?

Estos niños, siempre con sus cosas. Sonreí tensa.

—Nada, cielo, cosas de mayores. ¿Tienes preparada la bolsa? —Cabeceó para ahorrarse contestar—. Ya mismo vendrá Felicia y nos marchamos.

Examinó a Rita bastante mosqueado, volvió a asentir y regresó a su cuarto. Qué alegría de juventud, oye, no se inmutan.

—Se me había olvidado que salías de pícnic —hipó Rita sorbiendo ruidosamente. Tenía el rímel corrido mejilla abajo. Sacó un espejito del bolso y contempló el desaguisado.

—No te preocupes, cuando llegue llegó. De hecho se está retrasando... una barbaridad. Tres cuartos de hora, ni más ni menos.

—¿No es un poco marujona esta Felicia? —Abrió una bolsita y se hizo con el rímel, y para mi asombro, se pintó convulsivamente las pestañas sin eliminar el churrete—. Una casada con niños...

—Lo dices como si fuese una enfermedad contagiosa —me quejé—, su hijo mayor y el mío tienen la misma edad, ya iban juntos a la guardería.

—Ya, pero tú eres una moderna divorciada, en cambio ella...

—No hay nada de malo en estar casada. Daría dinero porque mi matrimonio no hubiese acabado de esa manera tan espantosa —me estremecí.

—Lo peor y lo más rancio: querer casarse y, encima, que dure. Pueblerinas. Tú verás con quién te juntas, te advierto que la conozco bien —repuso con resignación. Y dale que te pego con el cepillo de la máscara—. Espero que aproveches cada día, cada minuto de tu existencia, porque ya ves adónde vamos a parar las cuarentonas, Lola, no somos *na*.

Me sentí ofendida. Hondamente, sí, señor. Primero, porque yo acababa de cumplir treinta y nueve, no me explico esa manía de Rita de querer montarme en la guagua de su generación, en especial cuando hay hombres de por medio. Segundo, porque no comparto su pesimismo respecto a la cuarentena, no veo qué hay de malo en cumplir años.

Pareció que me leía el pensamiento, la muy perra.

—¿Ves lo bien que te parece que estás? Piel tersa, cabello radiante, ojos luminosos, dientecillos blancos como perlas. —Interrumpió la tarea de sobrecargar las pestañas y la emprendió con el pintalabios. Recé para que mi hijo no volviera a asomar la cabeza, no lo había vacunado contra soponcios—. Se viene estrepitosamente abajo de un día para otro. Eterna juventud, ¡ja! —Leñe, pensé que iba a escupirme—. Se esfuma, se evapora como el humo de un cigarro, a la mierda. —Aleteó, histérica, las manos—. Una arruga aquí hoy, un codo colgandero allá mañana y cuando te quieres dar cuenta, ya no eres más una mujer, te has convertido en una piltrafa.

—No lo dirás por ti... —traté de reconfortarla.

—Claro que no, yo estoy estupenda —se revolvió—, pero es que soy artista y llevo toda la vida cuidándome. Veréis las mortales de a pie, veréis, los años no perdonan —sentenció macabra.

Si Felicia no aparecía en los próximos diez segundos, me daba un ataque y de los de no recuperarse. Me rasqué la frente con impaciencia.

—Perdona, voy a llamar a Felicia, tanto retraso me escama, ella suele ser como un reloj.

—Habrá tenido que hacerle al marido una tortillita de última hora —supuso Rita irónica. Gracias a Dios, guardó el pintalabios. Estaba hecha un cromo.

Marqué con nerviosismo el teléfono de mi amiga. No contestaba.

—Conduce fatal, me da miedo que se haya dado un porrazo con el coche, como es grandote y nuevo...

Corté la comunicación.

—Con los autos, lo contrario que con los hombres: mientras más nuevo y grande, mejor. —Se levantó con un amago de sonrisa—. En fin, voy a dejarte con tus ilusiones infantiles, piensa en lo que te he dicho.

¿A cuál de las doscientas malas noticias se refería?

—El mundo se pone difícil para las de nuestra edad. Pronto serás vieja e invisible. La nube de halagos en la que flotamos las guapas es más falsa que la nariz de la Jolie.

Sobre mi cabeza cayó una rueda de molino. Si esa era la verdad, no quería saberla.

La acompañé a la puerta, controlando mis impulsos de empujarla rodando escaleras abajo. La quiero mucho, pero se pone insoportable. Yo estoy contenta con mi edad, de hecho la llevo muy bien, estoy orgullosa de tenerla y de estar atractiva aún. ¿Por qué tenía que joderme el día? Cada cinco minutos me encantaría chillarle: «Tengo treinta y nueve, treinta y nueve, treinta y nueveeeeeeeeeee, ¿te enteras? No cuarenta y seis como tú, no me metas en tu saco, déjame en paz, Rita, recórcholis.»

No le reproché nada.

—Por cierto, Lola —se puso misteriosa—, tu niño me mira mal.

—Chorradas.

—No se me escapa una, los tíos son mamones desde chicos.

—Oye...

Se lo pasé por alto porque estaba en crisis, que si no, la estampo.

Al fin sola y en paz. Volví a llamar a Felicia. Esta vez el teléfono dio la llamada, pero ella cortó. Lo intenté otras dos veces; pasó lo mismo.

—Con lo torpe que es al volante... —gemí. Mis esquís aburridos y apoyados contra la pared se llevaron una mirada ansiosa—. ¿Y si ha chocado con algo y se ha quedado sin piños? Joder, joder, ahora sí que me tiene preocupada.

Hora y media, dos horas de inexplicable demora. En cualquiera de mis intentos, me contestaría un guardia civil preguntando si el amasijo de piernas que estaban sacando los bomberos de debajo del flamante todoterreno era mi amiga.

Me acojoné.

Volví a marcar. Fue una sorpresa oír su voz aturullada.

—Te llamo luego —cortó con precipitación. Algo estaba pasando. Me preparé un bocadillo de *foie-gras*, otro té caliente y me senté delante de la tele apagada con el libro que estaba leyendo. A esperar tocaba.

—¿Cuándo nos vamos? —Si la consola no lo retenía, significaba que mi hijo empezaba a desesperarse.

—Pronto, cariño, Felicia ha tenido un contratiempo —improvisé—. ¿Quieres comer algo?

—¿Se ha ido la loca?

—Rafa, por Dios, no la llames así, un día te va a pescar. —El caradura de mi hijo se encogió de hombros. Mucho morro para tan solo una decena de años.

—Está como un cencerro. Ya he comido galletas.

—Bien —le sonreí cariñosa—, salimos en un ratito. Mira por dónde, Felicia llama; ahora me dirá cuándo porras levantamos el campamento.

Atendí la llamada, toda inocencia. Otro torrente de lágrimas descontroladas. ¿Qué le pasaba hoy a todo el mundo? ¡Era viernes! ¡Mi viernes! ¡Principio de fin de semana, un poco de caridad!

—¡Has chocado con una farola, columna, tranvía, trolebús! —le fui dando opciones para que se desahogara.

—Lola, por Dios, Lolaaaaaaaaaa.

—Nena, serénate y dime qué pasa...

—Me quiero moriiiiiiiiiiiiiiiiiiiiiiiiiiiir... —berreó a pleno pulmón.

Otra.

—¿Has tenido un accidente?

—No. Peor.

—Si estás entera, ya es algo. ¿Salimos para la sierra o no salimos?

—Para nieves estoy yo. Si la idea era dejarme helada, estoy a punto de congelación. —Se atragantó, y yo miré mis esquís con los ánimos machacados.

—Vale, no te apetece hablarlo por teléfono, ven a casa, te doy unos mimos y me relatas la tragedia —asumí pensando que si no le faltaban las piernas, ya era motivo para alegrarse.

Me sorprendió lo fácil que me resultó convencerla.

—Voy para allá.

Tenía que poner a Rafa sobre aviso. Dos locas el mismo día eran demasiadas locas.

—La salida se va a retrasar un poquito. Puedes bajar a casa de Pablo y te llamo cuando sea el momento, ¿te parece?

No le pareció. Se quedó apoyado todo chulo en el quicio de la puerta, interrogándome con los ojos.

—¿Estás tratando de deshacerte de mí?

—Nooooo. Bueno, sí. Viene Felicia y viene con problemas. No quiero que...

Mi hijo levantó el brazo para que cortase el rollo.

—Menuda panda de loros majaretas.

—¡Rafa! ¡Un poco de respeto!

Pero tenía razón.

En menos de treinta minutos, tenía a Felicia hecha un mar de lágrimas, sentada en mi sofá. Justo en la esquina que Rita había mojado con las suyas. Vaya día. Vino acompañada de Juanito, su churumbel salpicado de pecas, al que convencimos y enviamos a casa de Pablo junto con el mío, a dar la lata. Todos, para que la vecina los aguantase. Y a aquellas horas... La próxima vez que me cruzase con ella en el ascensor se iba a liar a mamporros directamente.

—No te lo vas a creer. Cuando te cuente, no vas a dar crédito. —Apenas podía pronunciar palabra alguna. Tenía los ojos hinchados y enrojecidos, y la cara como una ensaimada. Ella siempre se colorea cuando se lleva un berrinche.

—Inténtalo.

—Fui al colegio a recoger al niño —comenzó— con la intención de venir directamente a por vosotros. En la puerta me esperaba un padre..., el padre de otro niño..., un compañero de clase de Juanito...

¡Cielos! ¿Se había enamorado del padre del amigo de su Juanito?

—Me dijo que tenía que hablar conmigo. —Se sonó los mocos y trató de encontrarse los ojos—. Raro, porque no le conozco demasiado.

Ah, entonces no era eso. Menudo alivio.

—Me invitó a café y todo, mientras los niños jugaban a la pelota.

—Nena, o abrevias o me muero de un infarto —la atosigué.

—Me dijo que últimamente tenía muchas broncas con su mujer, que la notaba cambiada, y que hoy... hoy...

Ya no pudo seguir. Derrumbada y todo, puse a su alcance mil doscientos clínex y un café venenoso. Las baterías se le cargaron lo imprescindible.

—Hoy, al llegar a su casa, ha sorprendido a su mujer... en la cama... —el corazón se me salía por la boca. Ni en los seriales radiofónicos he soportado yo mayor intriga— ¡con mi marido!

No pude remediar que se me escapara un grito de agonía. La madre del amigo de su Juanito con el padre de Juanito. ¿Desnudos? Retozando. ¡La Virgen, qué impresión!

—Imagínate al pobre hombre encontrarse la escenita.

—Para no contarlo —coincidí medio desmayada. Es que soy muy empática.

—Yo, que enfrentaba nuestro fin de semana despepitada de ilusión, mira el chaparrón de agua fría. Todas tus llamadas las recibí mientras hablaba con él, y luego... con el guarro con el que tuve la desgracia de casarme —puntualizó con amargura.

—No habrá podido negarlo.

—Pues el muy cabrón lo niega. Se empeña en convencerme de que únicamente tomaban café, tan inocentemente. Le dije que hay miles de cafeterías cerca de la urbanización, ¿por qué irte con nadie a su casa cuando su marido no está? ¿Qué clase de confianza se traen esos dos y desde cuándo?

No supe qué responder. Desde luego, sonaba a tragedia. Y yo que lo había dicho en broma...

—El pobre cornudo trató de darme la noticia con discreción y cautela, se acercó y me preguntó: «¿Qué sabes de la amistad entre tu marido y mi esposa?» Yo le contesté: «¿Aparte de que coinciden en el parque con los niños? Nada.» Qué cierto es lo de que somos los últimos que nos enteramos.

—Felicia, me has dejado de piedra.

Y no exageraba. Tenía los brazos entumecidos, no podía moverlos. Estaba agarrotada de pura compasión. Reparé en lo tarde que era: hora de que los niños dormitaran en sus camas, en vez de mantener en vigilia a un amable vecino.

—¡Señor, los críos! Bajo a por ellos y les hago un par de tortillas, quédate aquí tranquilita.

—Debería irme a casa... —Trató de incorporarse, pero se desmoronó por cuarta vez.

—Ni hablar de la peluca, allí encerrada no haces nada. Tú lo que necesitas es compañía, charla y un buen lingotazo. —Le guiñé un ojo—. Espera, que primero me encargo de los niños. ¿Y Mía? —Mía era su hija menor, todavía un bebé.

—Con mi madre...

Bajé a toda pastilla por la escalera, me deshice en disculpas ante la mamá de Pablo, que salió a recibirme con el delantal demostrándome lo que era ser una auténtica ama de casa y no una descastada trasnochadora como yo. Le cotilleé algo sobre la desgracia familiar de mi amiga, y parece que se apiadó. Empujé a los peques medio dormidos hasta mi piso.

Cuando llegué, Felicia se había escondido en el baño. Sus ruidos se confundían con los gorgoteos de la cisterna. Di unos suaves golpecitos.

—¿Va todo bien?

—Iiiiiiii —fue la lastimera respuesta. Como un avestruz a medio degollar.

—Les hago la cena a los críos.

Miré el reloj. Las doce y media, no me extrañaba la mirada reprobadora de la madre de Pablo.

Monté dos jugosas tortillas con relleno de jamón york y queso fundido y las metí en unos bollos. Un zumo a cada uno, y los mandé al cuarto a que se encerraran.

—Hala, a jugar un ratito mientras deliberamos.

—Tengo sueño —protestó Rafa bostezando y mostrándome la campanilla.

—¿Vamos a esquiar o no vamos? —preguntó Juanito.

—Eso es lo que decidiremos ahora —dije sonriendo con amabilidad y paciencia. Mucha paciencia.

—Vaya rollo... —se quejó Juanito apretando los labios. Miré implorante a mi hijo.

—Vamos, tío, te enseño mi nueva baraja del Señor de los Anillos —lo animó Rafa echándome un cabo. Levanté el pulgar: «Te debo una, campeón.»

Volví a recoger los pedazos de Felicia. Dispersé unas patatas fritas y unas aceitunas en una fuente y preparé dos copas. La mía, flojita; si optábamos por irnos, me tocaría conducir durante dos horas.

—Bébetela sin protestar. —Le metí el *gin-tonic* por los hocicos. Lo miró con desagrado.

—No me entra...

—Esto no tiene que pedir permiso, vamos, te sentirás mejor. Y luego, nos largamos.

—No quiero ir, Lola, te lo agradezco. No me encuentro con ganas... Si subo a la sierra, no encontraré el modo de colocarme los esquís, y si lo logro, me despeñaré.

—Hija, cuánto optimismo —me mofé suavemente—. Lo ocurrido ya no puede cambiarse. Es una putada, pero ahí la tenemos. —Ella fue a protestar; no se lo permití—. Si arreglaras algo quedándote a llorar en casa, amargándole el fin de semana a Juanito, yo misma te llevaría tabaco.

—No fumo —objetó cortante. Pasé de ella y de su comentario agrio.

—Sin embargo, me consta que todo seguirá igual, así que más te vale alejar al enano de la zona de bombardeo, que se divierta con Rafa y se entere cuando puedas contárselo sin berrear. Si te entran ganas de esquiar, esquiamos, si no, tomaremos el sol; pero que nos vamos, nos vamos. Has colocado al bebé, hay que aprovechar.

Fue un sermón de esos de los míos, que no admiten réplica. Felicia tenía las mejillas hinchadas como un pan cocido, pobrecilla. Menudo cabrón el Juan, con la cara de «yo no he sido». Y con una madre del colegio, nada menos.

—Vale —dijo con voz débil—. Los niños se duermen en el camino, nosotras, despacito, conducimos y charlamos. Le daremos un buen repaso a ese soplapollas.

Dos horas de camino separaban mi casa de la sierra. Echamos cuatro y media. No me multaron por lenta de milagro; supongo que era demasiado tarde y hacía demasiado frío como para que el coche de atestados funcionase. Iba haciendo de paño de lágrimas de los pesares de Felicia, que eran muchos. Cascando y llorando, llegamos a la cabaña que tengo alquilada en la estación de esquí; alquilada por una pasta y desaprovechada al máximo, puesto que nunca, pero nunca, nunca, tengo tiempo libre para subir. Mi trabajo me absorbe al cien por cien. Los niños roncaban como benditos casi desde que salimos de Madrid.

—Os laváis los dientes y a la cama —indiqué después de desperezarlos ligeramente con un buen traqueteo. Vi sus caras de protesta—. Vale, a la cama directos. Encontraréis el dormitorio un poco frío, pero prendo la caldera y en un ratito...

Entraron delante de mí, como dos zombis. Felicia cargaba con los esquís y dos bolsas de viaje. Parecía querer flagelarse aposta. Solo le faltaban las botas de esquiar colgadas de los dientes.

—Trae, trae, te ayudo. Tú da las luces y enciende la calefacción, yo me encargo del equipaje.

Se dejó robar como una ancianita indefensa. Pobrecilla. Tan sacrificada siempre, tan trabajadora, tan sin recompensa. Exactamente igual que yo, exactamente igual que el ochenta por ciento de las mujeres españolas después de los estudios. Me entraron ganas de escupir, pero la nieve estaba tan blanca y resplandeciente que me dio cosa.

La cabaña parecía compartir con nosotras tristezas y desengaños, estaba más fría y desangelada que nunca, aunque las vistas a la montaña nevada seguían siendo de cine. Los niños cayeron como sacos en las literas y nosotras nos repanchingamos en los sofás, con las estufas a tope, dispuestas a pasar una larga noche. Preparé unas bebidas y las aliñé con bastante alcohol cuando Felicia no miraba. Ya no había que conducir.

—¿Cómo ha podido pasar? —se lamentó con voz ronca—. ¿Demasiada dedicación al despacho? —Felicia era economista y auditora, de las buenas—. ¿Demasiado estrés, preocupaciones, horas perdidas, cabreos con los clientes? ¿Demasiado poco sexo? ¿Demasiados niños, agotamiento?

¡Rediós!, qué difícil determinar las causas, cuántos «demasiados» en circulación.

—Nena, las cosas pasan porque tienen que pasar y ya. No es culpa tuya, no caigas en la vieja trampa de culparte: «Si yo hubiera..., si yo no hubiera..., esto no habría ocurrido, porque si yo...» Es solo un mecanismo mental cruel y grotesco para hacerte creer que tenías el control, que estuvo en tu mano evitarlo. Pero la verdad es que no podías —resoplé enfadada—. Tienes una profesión y es muy lícito que te hayas dedicado a desarrollarla, no te avergüences, que él bien que se ha ocupado de la suya..., aunque lo que Juan llama «carrera» se reduzca a empujar camillas. Si los hombres llegan de trabajar a las diez de la noche con un humor de perros y solo ven a los hijos el fin de semana para llenarles de mierda la tripa a base de hamburguesas, es un tío ejemplar; pero si lo hacemos nosotras, somos unas zorras malas madres y merecemos la excomunión...

Todo lo solté a bocajarro, como un géiser que lleva demasiado tiempo comprimido y no puede esperar a explotar. Felicia me atendía bebiendo cada palabra con pasión. ¿Eran figuraciones mías o toda la frustración que me había acarreado el divorcio estaba encontrando vía libre y saliendo a dar un garbeo? Proseguí antes de que la inspiración se me esfumara. Feli, al menos, ya no berreaba, así que se me adelantó.

—Tú siempre me has dicho que creías en el amor eterno y en el matrimonio para toda la vida —me reprochó desde detrás de sus párpados inflamados.

—Y te lo sigo diciendo, pero eso solo será posible si encuentras un alma gemela, tu media naranja, una persona que evolucione a la par que tú. Perdona si te digo que Juan hace mucho que se quedó descolgado contigo. Míralo, es camillero y no aspira a otra cosa, no le gusta leer, ni el cine, solo los partidos de fútbol, eructar y beber cerveza. Tú estás aquí arriba —señalé con una mano— y él, aquí abajo.

—Sí, puede... —Sorbió caminito del consuelo. Le alargué otro klínex. La tía ya se había ventilado media caja, pronto no quedaría otra cosa que el papel del culo.

—¿Te apetece una pastillita para dormir? —ofrecí con timidez—. Hay que descansar, los niños no entienden de dramas, y mañana a las nueve nos tienen en punta pidiendo tostadas. Esta cogorza criminal hay que dormirla —casi reí.

—Sí, vale. —Se echó a llorar de nuevo. Apenas quedaban lágrimas en aquellos ojos enormes e hinchados, pero desconsuelo... Desconsuelo quedaba suficiente para parar siete trenes. Ya estábamos lo basante borrachas como para hacerle la pregunta delicada.

—¿La conoces?

—¿Eh?

—A ella...

Jamás el pronombre *ella* sonó tan siniestro.

—Es una guiri de mierda. Británica, creo; guapa, rica y delgada, tócate los cojones. Y encima tengo que pensar que Dios es justo.

—Nadie ha dicho eso, yo no lo digo.

—Lo decían nuestras monjas en el colegio —opuso resentida—, lo decían todo el tiempo.

—Creí que estabas mejor —repuse sin ocultar mi desencanto.

—Pienso en mi niño, en cómo se lo diré y en cómo va a afectarle. Quiere a su padre con locura.

—Y seguirá queriéndolo. Es un hijoputa, no un difunto. De momento vivirá en otra casa, no en otro continente. Peor sería que fueseis pobres y tuviera que marcharse un año a una plataforma petrolífera en el mar del Norte. Además, volvería repletito de sabañones.

—En los huevos —rugió Felicia con rencor.

—Ahí mismo —convine. Y estallamos en carcajadas nerviosas—. Piénsalo, es preferible que Juanito siga sin saber nada.

Amaneció antes de tiempo, o así me pareció. Mi pequeño caballero había tomado las riendas de la situación y preparaba tostadas con garbo y soltura, mientras Juanito, obediente, batía los Cola Caos. Los miré sonriendo. Pobres los dos. Rafa, sin padre desde que nació, porque mi ex era demasiado egoísta como para dedicarle un rato, y después del divorcio... Me desgarraba el alma verlo desde los cinco años con su maletita de allá para acá. Otro tanto le esperaba a Juanito, con sus ojos grandes y su nariz salpicada de pecas. Los hombres, cuando meten el artefacto de mear en coño ajeno, nunca se paran a evaluar las consecuencias, y, para ellos, los daños colaterales son una peli de Tom Cruise.

No me pregunte nadie de dónde saqué los arreos para entretener a los niños unas cuatro horas, evitando que volaran barranco abajo, a la vez que me preocupaba por la inconsolable Felicia en la zona de solárium, enganchada al teléfono como una posesa, tratando de sacarle una explicación convincente a la piedra de su marido.

Fue un fin de semana movidito, pero cuando nos dejaron en casa, la vi más repuesta, más entera. Él le había jurado por sus ancestros que solo tomaban un inocente café, y que mientras charlaban de intrascendencias entró hecho un cafre el esposo celoso y la lio parda. Que la quería, que todo eran figuraciones y maledicencias de ese señor belga, que tiene la mente sucia; que la quería por segunda vez y que le daría una explicación convincente en cuanto se viesen.

—¿Le creo?

Felicia, por tu madre, no me preguntes esas cosas, que te quiero demasiado como para mentirte.

—Prueba —llegué a decir.

—Te llamo y te cuento. Por teléfono parecía sincero.

Recompuse mi sonrisa rota. Por teléfono, los hombres parecen cualquier cosa menos lo que son.

3

Golpes bajos

Mierda. Lunes otra vez. Qué pronto. Ni me he enterado. ¿Soy yo o el tiempo libre corre que se las pela? En la oficina no es lo mismo, doy fe. A ver cómo lo explico para no parecer una completa desquiciada: soy directora creativa en una agencia de publicidad, soporto jornadas maratonianas de dieciséis horas, tengo contratada a una rusa de toda confianza para que se ocupe de Rafa, ya que yo rara vez alcanzo a verlo despierto. Eso sí, desayuno con él todas las mañanas, me aseguro de que se lleve el bollo recién hecho al colegio y lo acompaño a la parada del autobús a las ocho en punto. Después de haberme levantado a las seis y media, dispuesto todo, duchado, vestido y maquillado, para posar el trasero en mi silla cuando las manecillas del puto reloj marcan las nueve. Trabajo a destajo. Leo mails, propuestas de entrevistas, columnas y memorandos a velocidad de vértigo, incluso almorzando en el ascensor. No fallo, no tengo rival. Vivo por y para esa empresa en la que llevo catorce años, toda mi vida profesional.

Pues bien, cuando corro ajetreada de acá para allá tratando de alargar el día como si fuese goma, los minutos se me escurren entre los dedos. No hay pausas, intervalos perdidos o ángulos muertos de aburrimiento. Solo estrés.

Y llega el fin de semana y en cuanto aparece se evapora. No

me refiero solo a este, bastante extraordinario con los mogollones de Felicia y el ingrato de su marido; sino a los fines de semana en general; es lo corriente en mi vida. No dispongo de tiempo para disfrutarlos como debería.

Puse en marcha el coche y empezaron a sonar pitidos por todas partes: los iconos luminosos del salpicadero se encendían a toda velocidad. No me funcionaba el limpiaparabrisas, andaba corta de aceite, necesitaba pasar la revisión obligatoria, la bombilla trasera de la matrícula se había fundido, y, para colmo, acababa de entrar en la reserva.

—Mierda. —Golpeé el volante con la palma abierta—. Voy tarde, no puedo parar a repostar. Me arriesgaré, total, no son tantos kilómetros, bastará —me dije—, tiene que bastar. Leches, conduzco un Audi TT, no un portaaviones.

Solo al ganso de mi superior inmediato se le ocurría emplazarnos a una reunión de contenidos urgente para el número extra de la revista que editamos un lunes a las nueve cero cero de la mañana. Será cabrón..., divorciado, amargado, sin hijos y sin responsabilidades, todo es poco para estrujarnos. Si pudiera pedirles un jefe a los Reyes Magos, lo pediría bien casado, enamorado hasta las trancas y con la *troupe* de *Sonrisas y lágrimas* esperando a que le dedique la tarde.

Pero eso no era posible y aquí me encontraba, a zapatazos con el acelerador, metida en un atasco, mirando con angustia el marcador del combustible.

—Vamos, vamooooooooos —jaleé al personal. Pero la fila de coches seguía siendo interminable y la gente se dedicaba a sacarse pelotillas de la nariz con total resignación.

Poco a poco, el rugiente sonido del motor de mi vehículo se extinguió y quedó reducido a un rumor debilucho. De ahí, a nada.

—¡Dios! Me he quedado tirada, no puedo creerlo. No, no —ojeé el reloj. Las nueve menos cuarto, y lejísimos del edificio donde trabajo—, la reunión...

Mientras pensaba, los coches enfilados detrás de mí empezaron a pitar. Torpemente, apreté el interruptor de *warning* y mis intermitentes les dieron la mala noticia. Algo ocurría, el vehículo de la señorita de delante no piensa moverse. Abrí con timidez la puerta y salí a la calzada para demostrarles que la cosa iba en serio. El conductor que me seguía pegó un acelerón y me sobrepasó a punto de arrancarme la falda. Algún otro utilizó la bocina como arma arrojadiza, pero, progresivamente, se fueron dando por vencidos. Adelantaron con bastante mala leche y me dejaron arrumbada.

—¡Quítate de en medio! —gritó uno a pleno pulmón.

—Ojalá pudiera, imbécil —añadí. Ojalá fuera Wonder Woman para empujar el Audi con una mano y depositarlo en el arcén. Llamaría menos la atención y estaría más feliz. Marqué el número de Bruno, mi compañero del alma.

—Dime que vienes de camino —me atropelló—, el verdugo está que echa chispas.

—Te digo que me he quedado sin gasolina, a mitad del camino —confesé compungida.

—No.

—Sí. Como lo oyes. Por lo que más quieras, envíame una grúa y ven a recogerme.

—Sí a lo primero; nanay a lo segundo. Si no hago acto de presencia en la sala de juntas en exactamente cinco minutos y medio, me cortan la corbata.

—¿Y qué se supone que debo hacer? —lloriqueé.

—Se me ocurre que podrías repostar de cuando en cuando. Y que eches mano de ese noviete que tienes últimamente.

—No es más que un ligue por internet al que ni siquiera he visto la cara, no puedo convocarlo a nuestra primera cita reclamando ayuda en mitad de la carretera. Soy un ser estresado, apiádate de mí. —Mis patéticos esfuerzos por ponerlo de mi lado a menudo no funcionaban. Le teníamos demasiado miedo a Verdugo González, nuestro jefe.

—Pilla un taxi, Lola, y aparece cuanto antes. Hay marejadilla en el estrecho.

Era nuestra frase clave para decir que el ambiente estaba enrarecido, que olía a follón.

—¿Qué se cuece?

—Nadie sabe nada, pero ya sabes cómo andan las cosas. Date prisa.

—Déjate de chorradas y haz el favor de ayudarme, hombre. ¿No ves que soy una débil mujer en apuros?

—Lo único a mi alcance es aconsejarte: ¡corre!

—OK, lo intentaré —me rendí, avinagrada.

—No lo intentes —rugió—, hazlo.

Y me colgó sin contemplaciones.

Tenía razones para estar histérico, todos las teníamos. Hacía escasos días habían despedido a mi ex, que llevaba toda la vida en la firma (de hecho, había sido allí donde nos habíamos conocido y donde habíamos intimado hasta perder el juicio y decidir casarnos). Una demanda por plagio y un escándalo de los que hacen época tuvieron la culpa de que se viera en la calle. Como suele ocurrir en estos casos, nadie sabe la verdad a ciencia cierta, y cuando intentas hurgar, te vienen con que el asunto está en manos de los tribunales y que ya se verá. El padre de mi hijo era director financiero, no sé qué puede tener que ver con un plagio delictivo, pero se rumoreaba que hubo sobornos de por medio. Yo apostaría a que me casé con un hombre tremendamente honrado (vale, también cabrón, malnacido e infiel), que quede claro, y no dejo de preguntarme si en los casi seis años que llevamos divorciados, ha cambiado tanto como para implicarse en algo indigno. A raíz del incidente, una comisión gestora de emergencia, enviada desde Estados Unidos por la empresa matriz, gobernaba nuestros destinos con mano de hierro, nombrando a Verdugo González superior jerárquico, pese a no saber hacer la o con un canuto.

Yo debería estar en esa reunión, debería estar presente, era mi obligación. En lugar de eso, me paseaba, arriesgando peligrosamente mi vida, por la M-30. La madre que me parió.

Mensaje de Bruno.

«Grúa en camino. Para ese taxi y súbete, ya.»

Lo sabía, lo sabía. Se me retorcieron los intestinos. No veía un piloto verde ni por casualidad y ya habían dado las nueve.

Algo en mi interior estalló como una ventana tras un pelotazo. Estaba tan atormentada que ni distinguí al señor de la grúa pegándome bocinazos desde su cabina. Al mismo tiempo, llamaba Felicia.

—Señorita, ¿es este el coche que hay que remolcar? —Asentí—. ¿A qué taller?

Ay, madre, ¿cómo le digo que a la gasolinera más próxima sin que se parta en dos de risa? Me estiré muy digna. Por un microsegundo, parecí Rita.

—Al servicio oficial. —Ya arreglaré el desaguisado más tarde, me entenderé con ellos, aflojaré la pasta...—. Y a mí déjeme en D+D Publicidad. —El hombre puso cara de pasmado, no le hizo la menor gracia que lo confundiera con un taxi—. Lo siento, no puedo faltar al trabajo y no viene ningún... —Le hice un puchero, mi especialidad. Coló.

—Súbase, pero le advierto que no es nada cómodo. —Abrió su portezuela, apuntó al interior y procedió a encadenar mi Audi mientras yo me encaramaba.

Señor, señor, ¿quién coño inventó las faldas lápiz y por qué? Traté de subir la pierna una y mil veces; como la derecha no funcionaba lo intenté con la izquierda, pero nada. El asiento quedaba demasiado alto. Me apoyé de espaldas, sobre las puntas de los pies, deslicé el trasero y conseguí levantarme. Olía a aceite rancio que apestaba.

—Muchísimas gracias por el favor, me ha salvado usted el puesto —dije agradecida, a punto de besarle las roñosas manos.

—De nada. ¿Qué le ha pasado?

—No tengo ni idea —disimulé—, se paró de repente.

—El carburador.

—Seguramente.

—O la junta de culata...

—Eso, eso mismo debe de ser.

Aquel día, que no sale de mi memoria por más intentos que haga, llegué a la agencia despelucada y con la lengua fuera. Me crucé con Bruno por el pasillo y lo abordé. Iba empapelado de expedientes y con cara de funeral.

—¿Has venido paseando? —bramó.

—No, me ha traído el operario de la grúa, a ver si piensas que cazar un taxi en plena autovía es coser y cantar —me molesté—. ¿Qué tal la reunión?

—Han protestado por tu ausencia, les traté de explicar, pero... —Miró sagaz a un lado y otro, como si nos espiasen—. Tengo malas noticias, acompáñame a mi despacho.

—Déjame adivinar —correteé a su espalda tirando de mis tacones de once centímetros—, nos adelantan la campaña de Navidad, nos pilla el toro y tendremos que trabajar por las noches.

—Tú no tendrás que trabajar demasiado —refunfuñó entre dientes.

Se me cruzó por delante de los ojos un relámpago de ilusión.

—¿Van a ascenderme?

Bruno me regaló una miradita que no supe interpretar y guardó un cerrado silencio hasta clausurar con pestillo la puerta de su oficina. Soltó los expedientes y me miró con gravedad.

—Van a despedirte —anunció a quemarropa.

—¡Qué bromista! —balbuceé.

No, Bruno, si es algo, no es bromista precisamente. No tiene ni chispa de humor.

—Va en serio —insistió.

—Todo esto ¿por no llegar a la reunión? Se han pasado.

—Lola...

—Vaaaale, la próxima vez me comprometo a no agotar la reserva y a superar mi alergia a las gasolineras.

Bruno arrugó el entrecejo.

—¿No me habías dicho que había sido algo del motor? —me reprochó.

—No, no, no, no. La gasolina. La ga-so-li-na. —Yo seguía empeñada en tomármelo a chufla, pero el semblante conmocionado de Bruno tiró de mí como un látigo—. Oye, no estarás burlándote... —Negó lentamente—. Pero ¿por qué?

—La versión oficial es que van a amortizar tu puesto de trabajo por «no necesario».

—¿Perdón? ¿He oído mal? —Empecé a verlo doble. O triple.

—Supongo que has oído perfectamente. —Se desembarazó de las gafas y se masajeó el puente de la nariz con la cabeza gacha.

—¿Desde cuándo un empleado al que se le exigen jornadas de casi veinte horas es innecesario? —me escandalicé.

—Lola, sabemos que no es más que una excusa, por eso lo he tildado de «versión oficial».

¡Dios! ¡Era verdad, hablaba en serio! ¡Iban a despedirme sin ningún motivo! Me mareé y Bruno fue capaz de colarme una silla debajo antes de que me estrellara contra la moqueta. Roja. Monísima. La elegí yo.

—¿Te digo lo que pienso?

—Sí, por favor. —La voz no me salía del cuerpo.

—Han desencadenado una caza de brujas contra tu marido...

—Ex marido, Bruno, por favor, precisa.

—Y no se fían de ti. Te quitan de en medio y siguen maquinando maldades con plena libertad, sin que los estorbes.

—No se fían de mí ¿en qué sentido?

—Que puedas pasarle información.

Me puse de pie de un salto.

—¡Eso es ridículo, casi no hablamos desde hace dos años!

—Ellos no lo saben.

—El muy cerdo me puso los cuernos y luego me echó en cara que llevase bien lo del divorcio —expuse con voz aguda—. Está claro que le hubiese encantado que me cortase las venas; como no caí en la tentación, me odia a muerte.

—Te consideran un daño colateral. —Bruno seguía refiriéndose a la comisión gestora—. Alguien los ha envenenado en tu contra, ahora piensan que eres peligrosa.

Volví a dejarme caer, incapaz de asimilar todo aquello. Me quité los zapatos y los mandé tras la estantería de un puntapié.

—Jamás, en catorce años, he dado un problema. He puesto en marcha los planes más ambiciosos de esta agencia, he impulsado los procedimientos de modernización, fui pionera en la implantación del formato de bolsillo y ahora quedo en... ¿un daño colateral?

—Lo sé, cariño, a mí no tienes que convencerme. Habla con el presidente de la comisión gestora. —Bruno se arrodilló a mi lado y me tomó las manos. Eran dos témpanos—. Pídele una explicación, que dé la cara.

—Yo me quiero morir —tartamudeé. Y era cierto, el aire no me pasaba de las clavículas.

—Ya te morirás más tarde. Ve y aporrea la puerta de su despacho.

He de reconocer que si Bruno no llega a tirar de mis axilas, no me hubiese despegado de la silla en milenios. Estado de shock. ¿Se llama así? Blanca como el papel caro. Piernas temblonas. Ni me explico cómo llegué al despacho de Charles Gold, el director de recursos humanos y subjefe de toda aquella pantomima.

—¿Puedo pasar?

—Ah, Lola, adelante, adelante. —Parecía que se alegraba de verme y todo.

No había dudado en instalarse en el despacho de mi ex marido, su víctima. Corrijo: su primera víctima. Yo era la segunda en orden de entrada al matadero. Me indicó con un gesto ampuloso que me sentase. Yo agarré bien los brazos de la butaca para no tropezar.

—Me han comunicado...

—Sí. Debería haber sido más formal, pero usted decidió no asistir a la reunión que habíamos previsto para esta mañana —se ensañó.

—He tenido un problema con el coche. —Lo dejé, seguro que le importaban una mierda mis pretextos—. ¿Puedo... puedo preguntar el motivo del despido?

—Es una medida un tanto drástica, me hago cargo. Pero no le afecta solo a usted, señorita Beltrán, todo el que no tenga a fecha de hoy contrato fijo irá a la calle. La empresa atraviesa una situación de emergencia, y a problemas excepcionales, soluciones excepcionales. —Sonrió con jovialidad y despreocupación, como si me estuviera comunicando el cambio de proveedor de papelería. Sin más.

—Llevo aquí catorce años...

—Dé gracias a la empresa por tan prolífica carrera —me cortó con vehemencia—. El organigrama que propone la comisión de crisis no contempla el puesto que viene ocupando.

¿Qué más podía decir? Allí todo estaba cocido y trinchado. Listo para servir y ponerse ciegos. Se pasaban mis catorce años de duro currele por el forro del Armani. Decidí conservar la pizca de dignidad que me quedaba.

—De acuerdo, Míster Gold. —Me levanté, hice lo imposible por no tambalearme y le ofrecí la mano. Asombrado, me la estrechó con falso afecto—. Supongo que usted no es el responsable de todo esto. Le agradezco su tiempo.

—Encantado de verla, señorita Beltrán. Deja usted muy buenos amigos en D+D Publicidad.

Y una mierda. ¿Dónde están los contactos cuando se los necesita? Si dejase tan buenos amigos, alguien habría peleado por mí.

Me refugié en el baño de señoras y lloré a gusto contándole mis penas al espejo. La chicharra del móvil interrumpió mi soliloquio. Felicia me había llamado seis veces. Me sequé las lágrimas como pude y marqué su número tratando de ocultar mi desesperación.

—Nena, lo siento, he estado superliada, toda la mañana de reuniones...

—Me ha vuelto a mentir —aulló.

—Te refieres a Juan —adiviné.

—Como no me fiaba, le he seguido. Fue a verla, su coche estaba aparcado en la puerta de la casa de esa... puta.

—Vaya por Dios...

—Y cuando se lo echo en cara, me confirma que se entrevistó con su amante, pero para cortar con ella, para decirle que nunca más volverían a verse porque me ama.

No hice comentarios. Cuando existen sentimientos entre

dos personas, no desaparecen de la noche a la mañana solo porque te sorprendan. A saber cuánto tiempo habrían seguido con su romance los tortolitos de no haberlos pescado el marido. Era como meter una cuña donde no cabe.

—¿Qué hago? ¿Le creo?

Dios, otra vez no.

—No sé, Felicia..., supongo que puedes darle una oportunidad. —Por si acaso las ranas crían pelo.

—Necesitaba oírtelo decir, tú nunca te equivocas —suspiró agradecida.

Si supieras..., hasta hace un rato hubiera apostado las dos manos a que tenía un trabajo.

—Vale —sorbió profundo—, te tengo al tanto.

—Hasta luego, nena, no te emberrenchines —le recomendé, y me vine abajo nada más colgar.

Me miré al espejo de nuevo. Tengo el pelo castaño claro, ni una cana. Bien. Mi madre lo tiene negro azabache y empezaron a salirle las primeras a los cincuenta y cinco. Bien, bien, bien. Provengo de una familia saludable, de mujeres bien formadas que no prestan demasiada atención al emperifolle, quizá sea por la vena creativa que nos atraviesa de parte a parte: mi abuelo era un inventor loco, mi padre, autor de teatro, mi madre, modista y diseñadora, mi hermano Felipe es músico. Que nadie me malinterprete, trabajo en una agencia de publicidad. Por descontado que le concedo al aspecto físico la importancia que reclama, pero digamos que no me quita el sueño. Soy de buen ver, no lo voy a negar, con una constitución ósea interesante y un metabolismo agradecido. Quizás abuse de mis genes suertudos. Pero no me ciego, lo que atrae de mí no es mi físico espectacular (¿he dicho espectacular? Claro, es que no lo es, en absoluto), sino mi arrolladora simpatía, las ganas de vivir que dicen que irradio a borbotones... De súbito, recordé algo que Charles Gold había pronunciado mientras me tiraba al barro: «Todo el que no tenga contrato fijo... todo el que no tenga contrato...»

Sé que Gold no tiene nada que ver con mi genética, pero en ese intervalo, mi cerebro parecía una batidora de ideas revueltas. La frase retumbó en mi cabeza como un tambor. Mi equipo lo componían cincuenta personas; de ellas, treinta y cinco estaban con un contrato precario, como quien dice, con contratos basura que las dejaban expuestas a la «medida extraordinaria» de la comisión gestora. ¡Iban a despedirlos a todos! Padres y madres de familia con churumbeles en colegios privados, coches a medio pagar e hipotecas asfixiantes. Tenía que avisarlos, organizar un motín antes de que fuera tarde.

Salí dando tumbos al pasillo y agarré por el brazo a todo el que pude, arrastrándolos a una reunión urgente y clandestina en el despacho de Bruno, que no se mostró muy dichoso. Reuní a cinco. Con Bruno y una servidora éramos siete. Los jinetes del Apocalipsis. No, leches, esos eran cuatro. Jodidos nervios...

—Tengo que alertaros —comencé precipitadamente—, el presidente de la comisión acaba de anunciarme su intención de despedir a todo aquel...

—Lola, Lola, Lolaaaaaa —me chillaba Bruno a la oreja. Yo, como si nada.

—... que no tenga contrato fijo. Nos afecta a todos, no podemos permitirlo, contrataremos a un abogado...

—Lola...

—El mejor.

—Lolaaaa...

—Un ejército de abogados no se saldrán con la suya.

Bruno se interpuso entre mi mitin y mi público, agarrándome por los hombros y zarandeándome para que me callase. De no haber estado yo tan vehemente habría reparado en que a ninguno se le había movido un músculo de la cara. Ante el anuncio de inminentes despidos, ¿qué menos que tirarse de los pelos, aullar como lobos en luna llena o insultar a los jefes y a la puñetera Estatua de la Libertad? Un comentario desabrido, un cagarse en la empresa y en el sistema de la seguridad social, un algo.

Pero nanay. La gente de mi equipo me miraba embalsamada, como si lo que tuvieran delante, en lugar de Lola Beltrán, la de siempre, fuese una chiflada desconocida que se había colado en el edificio por casualidad.

—¿Qué? —jadeé.

—No te canses. No van a despedir a nadie. A nadie más que a ti —aclaró Bruno con lentitud.

Cerré los párpados y me mordí el labio. No podía ser cierto. Los cinco captados miraban al techo, al suelo..., les faltaba silbar.

—Por favor, una camilla —susurré, respirando entrecortadamente. Nada de camillas, pero me tendieron una silla. Mariela, además, tuvo la deferencia de ofrecerme un vasito de agua.

—Lo siento —dijo uno. No sé cuál.

—Yo también lo siento —convino otro igual de difuso para mí.

—Lo sentimos todos, esto es una putada en toda regla.

—Y encima se permite el lujo de reírse de mí... —balbuceé—. Me cuenta una milonga acerca de los contratos y el personal, cuando lo cierto es que van a por mí, directamente a mi yugular.

—Pues sí —suspiró Jan.

—Tengo que irme a mi casa. —Me levanté muda de dolor y describí un par de eses perfectas. Todos me miraban, podía sentir sus ojos ávidos reptando por mi piel. Si permanecía un minuto más dentro de aquel despacho, me convertiría en ceniza. Tenía que esconderme en mi apartamento y lamerme las heridas a gusto, en la intimidad. No en vano, fui, había sido, la jefa mandamás de aquel equipo, y no quería dejarles un recuerdo patético de mi último cuarto de hora.

—¿Estás bien? —se interesó Bruno—. ¿Te llamo un taxi?

Mierda, mi coche, en el servicio técnico. Y los encargados del taller esperando que yo apareciese a explicarles qué iba mal en su mecanismo, cuando lo único que necesitaba eran unos treinta litros de gasolina sin plomo 95 a precio de asalto. Tampoco tenía fuerzas para enfrentarme a ellos. Eran las doce menos cuarto y ya estaba vencida. A casa a llorar, a atiborrarme de helado, y mañana será otro día.

—Sí, por favor. Un taxi rapidito —acepté ronca.

Supuse que cobijarme en mis dominios me calmaría, pero volví a equivocarme. Repté del sofá al dormitorio y de la cama de nuevo al sofá arrastrando el edredón por el parqué, sin saber dónde poner el huevo. Menudo bloqueo mental. Generalmente soy una persona resolutiva, razono y analizo con agilidad, a una cuestión soy capaz de buscarle cuatro interpretaciones, cinco respuestas y diez soluciones en orden de economía y rapidez, todo en un máximo de doce minutos; sin embargo, tenía la mente en blanco. Figúrate, yo, que no puedo meditar porque mi cerebro no para de moverse, el cabrón, siempre considerando y descartando opciones, repasando asuntos en trámite..., yo no era yo. Era un cascarón vacío, una hoja seca, una puta caña hueca buena para nada.

Me acordé del fin de semana en la sierra con Felicia y su cuita. Lo lejos que parecía la mía. Tan lejos que ni la había visto venir. Había sido una necia al pensar que con el hecho de cargarse a mi ex marido los americanos tendrían bastante. Básicamente, porque el asistente del señor con el que me casé es una serpiente venenosa enroscada en la sombra, alimentando la ponzoña de su descomunal envidia, esperando la ocasión para morderle el cuello a su superior y ocupar su lugar. Pues bien, ya lo tenía. El sillón, me refiero. También hubo un tiempo en que me quiso a mí y no me tuvo, claro. Ahora descargaba su ira y su frustración dejándome en el desempleo, desamparada y paralizada de miedo.

Me serví dos güisquis. Podía telefonear a Felicia y decirle que se viniera. Lloraríamos juntas y nos emborracharíamos. Rafa pasaba la semana con su padre, no tenía necesidad de fingir felicidad y alegría delante del peque. Pero necesitaba silencio y soledad. Bebí. Aunque no me gusta mucho el güisqui, seguí bebiendo. Estaba asustada. Y, en algún punto de aquella anodina tarde, me quedé frita con la cabeza colgando fuera del sofá.

Dramático.

El día siguiente se me fue en la cama. Navegando entre una especie de resaca e incubación de gripe asesina que pegaba mis pies al suelo y me impedía llegar con soltura del dormitorio al baño o a la cocina. Mi piso parecía haberse agrandado y ahora era un *loft* de cuatrocientos metros cuadrados con pasillos interminables que solo existían en mi cabeza, para mortificarme.

El tercer día transcurrió de forma similar. Solo Bruno me llamó de cuando en cuando, y, evidentemente, Felicia, a la que había puesto al tanto. El primero me pilló resacosa perdida y con los ojos vueltos. Tronó el teléfono. ¿Lo cojo, no lo cojo? Estaba hecha unas bragas. Puré del malo. Pero el ojo me traicionó y acabé mirando la pantallita. Parecerá mentira, pero casi se me ilumina el rostro cadavérico que me había dejado el asesinato laboral del que había sido víctima. ¡Era Bruno! Ya se habían arrepentido, iban a vindicarme, a reubicarme y a subirme el sueldo a la estratosfera, a incorporarme un masajista al despacho y...

¿Sigo?

—¿Síííííííí? —dije con feliz vocecilla.

—Lola, me están dando la tabarra del taller oficial de Audi, que, por lo visto, hay un TT allí abandonado.

¡Mierda! Lo había olvidado, por completo.

—Ah. —Nada de premios ni nombramientos de la empleada del mes.

—Como las gestiones de la grúa te las hice desde mi móvil particular...

Por el tonillo impertinente dio la impresión de que me pediría un euro por la llamada.

—Ah —repetí anestesiada.

—¿Piensas ir a recogerlo o estás fatal de la muerte?

Menos mal, se compadecía.

—Más bien lo segundo —gemí.

—Yo me encargo. —Qué majo, y generoso—. Ya te enviaré la factura, mona.

—Ah.

Tal cosa no debía de existir, simplemente, le faltaba gasolina, no había nada que reparar.

—Les diré que te dejó tu novio por una *drag queen* y perdiste la chaveta —amenazó sin cortarse un pelo—. Con tanto monosílabo ya no se avanza conversando contigo. Te tendré al corriente.

Su despedida fue tan brusca que ni pude indagar en el arrepentimiento de los americanos ni en la inauguración de una sala de juntas con mi nombre.

—La madre que te parió...

A continuación, antes de poder relajarme y sacarme el veneno del cuerpo, telefoneó Felicia.

—Oye, guapa, ¿estás más animadilla? —me preguntó.

—Sí, ya se va pasando.

Y un carajo, esto no se cura en cuarenta y ocho horas, mona, estar en la ruina es mucho peor que volver a ser soltera por sorpresa.

—Vaya guiño del destino —suspiró—, parece que nos empuja a una vida nueva. Tú, sin trabajo. —No me lo digas, no lo digaaaaaas—. Yo, sin marido; porque este no me la da con queso de nuevo, que tiene la cara de amianto. Sigue con ella, ¿sabes?

—Me lo figuraba...

—Pues no me dijiste nada —replicó dolida.

—Chica, lo imaginé cuando me llamaste —bufé. Otra larga sesión de psicoterapia fraternal no, por favor, que me corto las venas.

—Al final todo encaja —sentenció—. Es la edad, Lola, la edad, que nos pasa factura.

—No te *emparanoies*, Feli, en todos lados cuecen habas, y esto no tiene nada que ver con las patas de gallo.

Que, por cierto, yo aún no sufro.

—Bueno, si necesitas algo, llama, que tengo que recoger a Juanito del colegio. Creo que tendré que hablar con él hoy.

—Sé diplomática, no hay necesidad de causarle un trauma al niño —aconsejé.

—Él no tiene la culpa de tener a un malnacido por padre —farfulló rencorosa.

Espero que no se lo plantee de ese modo, por Dios bendito.

Seguía aletargada, zombi, ida. En un rato de la quinta jornada, llamé a Bruno. Me atendió atropellado y presuroso. Algo frío, la verdad.

—¿Alguna novedad? —indagué con cobardía.

—Absolutamente ninguna, todo sigue como la semana pasada —respondió abrupto.

Como si yo jamás hubiese existido para ellos, como si nunca hubiera sido parte del elenco de esa empresa. ¡Qué amargura infinita!

—Pero las campañas de Navidad, todo mi trabajo pendiente, las modelos preseleccionadas, los reportajes que dejé encargados... se han quedado a medio terminar —me lamenté.

—No te desveles, guapa, aquí no pierden el tiempo, han contratado a otros y se están encargando.

¿A cuento de qué tenía Bruno que ser tan brutalmente sincero?

—¿Que han hecho qué...?

—Con-tra-ta-do. Son tres para hacer lo que tú hacías en un chasquido de dedos. Tres sueldos contra uno, a ver cómo lo justifican. —Sonaba irritado, pero ignoro si con la agencia o conmigo. De momento, me chillaba a mí.

—Pero es ilegal, no pueden...

—Pueden. Le han cambiado el nombre al puesto de trabajo. Ya no es más director creativo, ahora es gestor de maquetación y textos. Y todos contentos.

Me quedó un regusto agrio en la lengua que supe que no se iría jamás, por cien años que viviera. Hablar con Bruno me había costado muchos intentos; desde el despido, su teléfono nunca había estado disponible, al menos para mí, hasta esa tarde. En cuanto al resto..., cuatro personas, en particular, habíamos sido equipo de rutina diaria, codo con codo durante ocho años. No me habían llamado, ni me habían dado el pésame. No organizaron una cena de despedida ni me compraron un regalo. Puede que estuviesen asustados de seguir mi mismo camino, que la cúpula los hubiera amenazado, pero, para mí, nada de eso era una excusa válida. Yo habría pataleado, dado la cara por ellos y programado una sentada en los soportales de D+D Publicidad, como los había cubierto siempre que me lo habían pedido, a riesgo de ganarme una bronca.

Mi desconsuelo, decepción y ganas de vomitarles encima no tenían nombre ni apellido.

Decidí poner fin a aquella conversación llena de silencios embarazosos. Tenía la desagradable impresión de que no estaba siendo plato de gusto para Bruno mantenerla.

—En fin, te voy a dejar, que sigas desriñonándote para esa empresa que tan ejemplarmente se porta con sus empleados más antiguos.

—Suenas avinagrada, Lola.

—No, si te parece, me compro unas castañuelas y les compongo una saeta, que se lo merecen.

—En el fondo, muchos de ellos son buenos chicos. Ya sabes por dónde viene el doblez...

—Bruno, no tienen perdón. La comisión no me conoce, ignora mi trabajo, no sabe si produzco o actúo de florero. ¿Qué menos que una entrevista, aclarar dudas, verificar los chismes malignos que les hayan podido llegar? ¿Cómo se atreven a tomar una decisión terminante y destructiva sin darme la menor oportunidad? —me desconsolé—. Soy una madre de familia.

—Lola. —Abrió una pausa—. Pásate por un psiquiatra.

—¿Cómo dices? —pregunté indignada.

—La terapia, en estos casos, es lo más recomendable, se han portado mal contigo, han sido injustos, necesitas cerrar las heridas...

—Lo que necesito es una escopeta de cañones recortados y ver los sesos de todos los responsables pegados en la pared —rugí desaforada; bueno, quizá me excedí un poquitín.

Bruno carraspeó nervioso. Decidí sacarlo del atolladero.

—De acuerdo, me lo pensaré. Si no puedo soportarlo, visitaré a un loquero.

—Hablas como una ignorante, no te pega —escupió—. Por

cierto, ya que ni te interesa, te comunico que tu flamante descapotable yace en un aparcamiento fabricado a medida, justo enfrente de tu portal. Me lo cobraré en Cardhu, reina mora.

Soportarlo, no sé, lo que no conseguía era dormir. Ni dos horas seguidas. Me despertaban los ahogos, como si el oxígeno se evaporase de la habitación. Felicia me llamó en mitad del insomnio, llorando como una condenada a muerte.

—¡Lola, Lola, ha vuelto a hacerlo!

—¿El qué?

Desafortunadamente, para ella, yo no estaba para coñas marineras a aquellas horas, bastante tenía con lo mío, que los días pasaban de largo y no me dejaban ni una chispa de sosiego.

—A verla. Ha vuelto a verla. —¿Es que le importaba? ¿No me había dicho que iba a plantearle el asunto en serio a su hijo? Lo daba por asumido, qué ilusa soy...—. Me mintió, siguen en contacto. Dios, Lola, creo que se han enamorado, se lo pregunté a quemarropa y, aunque me ha jurado que no, por la expresión de sus ojos... Son muchos años, lo conozco dentro de un saco.

—Pues sal corriendo de ahí —bostecé ancho y largo—, esa ya no es tu historia.

—¿Cómo...? Yo soy la esposa —gimió con el tono ofendido de quien reivindica el islote de Perejil.

—¿Y? —seguí cansina. A base de severas contorsiones atrapé el despertador. Las cinco de la mañana, yo la mato.

—No puedo rendirme sin luchar...

—Vale —accedí—. ¿Qué plan estratégico tienes para la futura conquista?

Fue como si le atizaran un mamporro en mitad del cráneo.

—No debí ser tan crédula, no debí soñar con que la dejaría para volver conmigo —hipó—, ella es mejor.

—¿Mejor? —me solivianté. Creo que el aturdimiento desapareció de golpe—. ¿Por qué es mejor?

—Tiene dos años menos que yo. Que nosotras —puntualizó. Gracias, Feli, gracias por incluirme.

—Ah, claro —repuse con sorna—. Eso lo cambia todo, dos años, uuuuuhhhh.

—Sin cachondeo, Lola, que esto es muy serio. Esa cabrona británica sigue teniendo treinta y siete florecientes primaveras, mientras que nosotras andamos con una pata metida en la cuarentena.

Y dale.

—Te recuerdo que mi maridito me la pegó con una más vieja. —Y mucho más fea—. ¿Intentas que me sienta mal? —espeté.

—¿Cómo dices? —La pobre ignoraba de qué iba el rollo. Mi rollo.

—Que si tratas de que me sienta peor todavía, Felicia. Que me han despedido.

—Pero ¿no se han retractado todavía? —se extrañó—. Eso no puede ser, tú llevas...

—Catorce años en la agencia, dilo, dilo, eché los dientes con ellos; pues aquí muestran su eterno agradecimiento por los servicios prestados así: patada en el culo, listos, ya.

—Pensé que era una broma..., qué abominación, no pueden hacerte esto.

—Pueden, pueden. ¿Te das cuenta, Feli, de que la vida continúa y siguen pasando cosas espantosas todos los días?

—Me doy, es el fin de mi matrimonio.

—Solo el fin de una etapa, lo cual no deja de ser sano. —¿Era yo quien hablaba?, ¿de dónde estaba sacando la moral y el desparpajo?—. Sacúdete las telarañas e inicia una nueva vida.

—¿Es lo que tú vas a hacer?

Mierda, me había pillado desprevenida. Simulé una seguridad y un entusiasmo que estaba muy lejos de sentir.

—Pues claro. Pasarme toda la carrera atendiendo los mismos criterios me anquilosaría. Buscaré nuevos horizontes, no hay mal que por bien no venga, lo habrás oído antes.

—Supongo que tienes razón —se ahogó en resignación.

Yo empecé a desear que la conversación acabase. Volaban mis pocas fuerzas por debajo de las patas de la cama.

—¿Vas a reflexionar?

—Pasaré mi luto, y luego trataré de rehacerme. Y habrá que arreglar el papeleo del divorcio y las visitas de los niños... Señor, suena tan sórdido, yo me casé para toda la vida.

—Nada es para toda la vida, ni siquiera el metabolismo.

—Sí, dicen que a los cuarenta cambia, se ralentiza y todo te engorda el doble.

¿Para qué había tenido yo que decir nada?

—Cuídate, estamos en contacto.

—Lo mismo digo. Oye, que siento que lo de tu empleo sea verdad. Una barbaridad, aún no me lo creo.

—Pues es cierto y verdadero, qué se le va a hacer —repliqué con total indiferencia. Estaría entrando en la siguiente fase: la catatónica.

Pero no. Colgamos y enterré la cara en un cojín, llorando con desesperación. La Virgen de los Dolores, a mi lado, una becaria.

4

¡Qué más quisiera yo!

Pasé de la incredulidad a estar bolinga. De ahí, a la indignación y al estado semihipnótico, pasando de nuevo por la borrachera más criminal. Ahora alguien había apagado mi interruptor sin permiso y me había dejado los cables sueltos. Una tiene una edad, ya le han pasado ciertas cosas; desengaños amorosos, negocios nefastos que te dejan pelada, perderse camino de un pueblo en la serranía de Cuenca... Hubiera apostado a que a los tres días Lola Beltrán estaría de nuevo en la brecha, pero se cumplían ocho interminables jornadas y seguía siendo una piltrafa con los pelos fritos. Reclamé ayuda de mi ex para que se quedase con el niño unos días más, me sentía incapaz de enfrentarme, incluso, a una olla de cocer espaguetis.

—Esos hijos de puta nos han destrozado la vida —comentó aprovechando que yo pagaba la llamada.

—Hummm.

¿Le cuento que soy un efecto colateral generado por las envidias que él suscita? Eso, en cierto modo, le hace responsable directo de mi trágica situación. Será mamón, todavía le odio más.

—A ti y a mí.

—Hummm.

—Bueno, pues lo siento; me quedo con Rafa, no hay problema. Y si puedo ayudarte en otra cosa; ahora estamos en el mismo barco.

¿El mismo barco? ¿Contigo, a tu lado? No, por Dios, antes muerta y despellejada.

—Tocan a la puerta —resoplé.

Era Rita, alias el «Ciclón de Chamartín», que me propinó un empellón agresivo y se coló en mi salón mascullando por lo bajini.

—Hola, Rita, yo también me alegro de verte.

—No te pregunto cómo estás porque es evidente, mírate, un despojo. ¿Por qué no contestas a mis llamadas?

—No es que no conteste, es que a ratos he desconectado todo lo que tenía enchufe y cable, incluida una servidora.

—Enhorabuena, has conseguido asustarme. —Vaya, siempre pensé que lo único que aterrorizaba a Rita era quedarse sin tinte rubio; nunca te acostarás sin saber algo nuevo—. ¿Cómo se está portando tu gente? —Ni preguntes—. ¿Y ese gay tan ideal, Bruno? Ese chico era tu sombra.

—Pues mi sombra se desentiende de mí, más o menos como el resto, y me aconseja que visite al psiquiatra —desvelé contrariada.

—Estoy de acuerdo

—Anda ya.

—En serio te lo digo, un psiquiatra es milagroso. Todas las famosas tenemos que visitarlo en algún momento, la fama impone. —Se paseó por mi mueble bar como Pedro por su casa, eligiendo botellas y preparando un vaso con hielo. Venía vestida a lo Marlene Dietrich, con un traje de pantalón pata de elefante, camisa blanca y unas plataformas como un andamio, sin mencionar su moño horroroso—. Por cierto, que me he llegado a H&M a eso de las seis de la tarde en busca de alguna pieza de la colección exclusiva que Jimmy Choo ha diseñado para los almacenes estos, ¿y qué te crees que me encuentro? Borrado del mapa, ni un triste pañuelo, no quedaba nada de nada... ¡Ah, pero no me chupo el dedo! La dependienta que me informó de que todo se había vendido del tirón por la mañana me lo dijo con cara de culpabilidad. ¡La muy zorra! La colección se la han quedado enterita las putas dependientas y luego nos venden la moto de que ha volado. ¡Nada vuela en quince minutos, señoras! ¡Que ya estamos hartas, que siempre pasa lo mismo, asquerosas...! —Se hizo sitio en el sofá. Yo me aparté sumisa, abrumada por el indescriptible talento de Rita para saltar de un tema a otro sin orden ni concierto.

—Podrías haberme preparado una copa —me enfurruñé.

—Como si no hubieras tenido bastante. —Me examinó con recelo—. Tengo que atajar tensiones, Lola, al final Annabel acertó y el follón este del gordo empalagoso está dando sus frutos, voy esta noche a *Fúndete, corazón*, y mañana puede que a *Achúchame, que me molas*. —Se giró con vehemencia y la cara iluminada, como una bombilla—. ¡Vente!

—¿Qué dices? —me horripilé.

—Vente conmigo a la tele, te entretendrás, lo pasarás bien. Es en directo.

—No, gracias. Rita, no tengo energía para meter un pie en el zapato.

—Les diré a todos que eres mi secretaria personal.

Entonces, menos.

—Te lo agradezco, en serio, pero no.

Compuso una mueca de huraño desencanto.

—Tú sigue aquí petrificada como si el fin del mundo hubiera llegado. Te han echado como a un perro, bueno, ¿y qué?

Eso, visto con ese optimismo, ¿y qué?

—Que conste que te advertí y no me quisiste escuchar. —Meneó el dedo con suficiencia.

—Me advertiste..., ¿sabías que me iban a despedir? —Me preparé para saltar sobre ella cual pantera del Amazonas.

—Haces oídos sordos a todo cuanto te digo, pero ya estás mayor, Lola, no eres ninguna niña, y recuerda dónde trabajas. —Abrió una pausa grandilocuente que se me clavó en el alma—. En publicidad, ahí donde la imagen fresca y desenfadada ordena y manda. Ya llevabas mucho tiempo en el candelero, demasiado. Es fácil deducir que te han cambiado por dos de veinte.

¡Ostras! Puede que fuera verdad. Pero no me daba la gana reconocerlo.

—Yo estoy igual de maciza que cuando tenía veinte, la única diferencia es que ahora me cuesta más trabajo —aseguré estirando el cuello cuanto pude.

—Puede, pero lo que tienes lo tienes, y ellos lo saben. Hueles a antiguo.

Rita debería estar en alguna parte haciendo encaje de bolillos, la muy petarda, en lugar de en mi salón, arrancándome los pocos jirones de dignidad que conservaba.

—Insisto, preciosa. ¿Me acompañas a los programas? Anota que ponen un *catering* de muerte —contrajo el gesto—, claro que ya apenas podemos comer sin ponernos como toneles.

Negué con tanta violencia que a punto estuvo de desatornillárseme el cuello. Luego volé a la cocina y puse la escoba boca arriba tras la puerta, encomendándome a todo el santoral para que Rita ahuecase el ala. Cada día que pasa la soporto menos.

Yo antes no era así, era dulce y encantadora, amable y buena anfitriona. Va a ser que es verdad, que cierro los ojos a conciencia y los aprieto para no ver lo evidente, pero me planea encima y pronto se me abalanzará como un meteorito.

En cuanto me quedé sola, troté a mi dormitorio. Me miré en el espejo. Parecía Bella, la de *Crepúsculo*. Rectifico, parecía la madre de los Cullen. Soy Lola y voy de culo, cuesta abajo y sin frenos, lanzada, oiga. Quiero decir que pronto cumpliré los cuarenta, a partir de hoy en once meses y catorce días. ¡Vaya palo! Estoy cagada, ¿para qué lo voy a negar? Lo he estado negando hasta hoy, pero tengo, gracias a Dios, unas magníficas amistades emperradas en que salga de mi error. A estas alturas he leído cincuenta mil cosas sobre la cuarentena. Bueno, más que leer las he escuchado. No sé por qué diablos pongo la oreja con tanto interés cuando se trata de oír cosas espantosas que te ponen la piel de gallina. Lo dicho. Cincuenta mil y ninguna buena. Que si la flacidez de un día para otro, que si arrugas nuevas cada cuarenta y ocho horas, que si el metabolismo frenado sin remedio...

Un cataclismo. Desgracias en serie y, por lo visto, no hay modo de librarse de ellas.

Rebusqué en el armario de los chismes y acabé colgando un calendario tamaño toalla de ducha, donde iría marcando con templanza los días tal cual transcurrieran, como los condenados a muerte. Y cuando por fin el Día D me alcanzara, respiraría hondo y me sometería a mi horrible destino. El calendario había sido un obsequio del restaurante exótico balinés adonde fui a celebrar mi cumpleaños con todo el equipo de mi ex empleo.

Mierda de agencia, ya los echo de menos.

A lo que iba, mi incontestable destino: convertirme en una anciana inservible e invisible. Lo dice Felicia, lo afirma Rita, lo claman los americanos que se han apropiado de D+D Publicidad. ¿Quién soy yo para llevarles la contraria?

¿Anciana?

—Vamos a ver —le digo al espejo de mi tocador—, si la esperanza media de vida de la mujer española es de casi noventa años, los cuarenta no son ni siquiera el ecuador. Aun suponiendo que lo fueran, estaríamos en la mitad de nuestra existencia, lo que implica que queda otra mitad.

¿Acaso no es eso una noticia inmejorable?

Me senté en el tocador, un armatoste que adquirí en un anticuario para darle algo de glamour a mi escueto apartamento amueblado en Ikea. Porque si algo tengo ya a esta edad, gracias a Dios, es sentido de lo práctico. Total, que me miré en el espejo, algo emborronado por unas manchas imposibles de quitar, y estudié minuciosamente cada rasgo de mi perfil. Yo era mona, bastante mona, ¡monísima, coño! Había sido miss a los veintidós. Vale que fue Miss Málaga y que Málaga no es Nueva York, pero ostentaba un título de belleza en mi currículo, de lo que no muchas, con diez años menos, podían presumir, y te aseguro que con treinta ya a ninguna se lo van a dar.

Contuve la respiración expectante.

De momento, todos mis pellejos guardaban la compostura, replegados donde se supone que era su sitio. Pero... ¿cuánto tardarían en derrumbarse? ¿Cómo envejecería mi cara? ¿Cayéndose hacia un lado? ¿Hacia abajo? ¿Por arriba? ¿Por la zona de la boca? ¡Ay, madre, qué estrés! Tiendo a reírme elevando los mofletes, de modo que bajo los ojos se me forman unas simpáticas arruguitas. De hecho, aquí están, aunque no muy marcadas todavía. Parece que ese modo de carcajearme me librará por un tiempo de las patas de gallo. Atisbo a otras tipas mucho más jóvenes con ellas pegadas y creciendo saludables. Yo no las conozco. Suspiré. Después de todo, puede que el futuro no sea tan negro como lo pintan.

Sin embargo, me arrugaré por otro lado.

Debía reconocerlo. Estaba aterrorizada. Y me sentía indefensa como una niña pequeña a la que abandonan en un parque sus padres juerguistas. De golpe y porrazo, se me había caído encima el agotamiento atroz de tantos años de llevar la batuta en mi equipo, de resolver follones, de tomar decisiones resuelta cuando todo Dios se quedaba *in albis*, de ser la fuerte, la dura, la que no sufre o al menos no lo exterioriza, la que puede con todo... De repente me volvía flácida y flemática, me negaba a ser responsable por un solo minuto más. ¡Ni de regar las plantas, vaya! Me sentí hoja al viento. Que me llevasen por donde quisieran y a la velocidad que se les antojara. Estaba en mi derecho.

Una voz tétrica me asaltó desde el armario empotrado: «No te relajes, vieja decrépita. Te ves bien, pero será por poco tiempo. La cuarentena hará estragos en tu yo completito a pasos de gigante.»

Hice lo único que podía, dadas las circunstancias: echarme a llorar como una becerra.

Detesto abrir una revista y encontrarme a Rita poniéndose en evidencia. Pues allí estaba. Después del mal trago de su ridículo en *Fúndete, corazón*, que conllevó la suspensión inmediata de la emisión de *Achúchame, que me molas*, más que nada por prevenir infartos, le tocaba el turno al mundo del colorín, en papel impreso. Y con textos del tamaño de un camello egipcio en negro resaltado, de los que te abordan la retina y se quedan allí permanentemente. No como las palabras y el griterío, que se los lleva el viento, no. Redactados en piedra.

En la tele sobreactuó cuanto pudo y jugó a la ambigüedad, torpemente y sin saber. De seguro, Annabel le habría impartido unas cuantas indicaciones, pero, admitámoslo, Rita es muy borrica. Bajo kilos de espeso maquillaje, su piel se adivinaba asfixiada y marchita, y chorreaba falta de confianza.

Eso era lo peor.

¿Adónde habían ido la naturalidad y el desparpajo de mi amiga? Para empezar, se encasquetó un vestido estrafalario de esos de «me echo un trapo por lo alto, lo retuerzo con tres moños y lo sujeto todo con un cinturón de raso». La postura en sí, con los pies entaconados y retorcidos bajo la silla de invitada, ya era una aberración. Los hombros encogidos, la mirada temerosa. Nada de desafiante y chula. Que no se me olvide comentar que volvió a tropezar con el nombre del presunto amante.

Hasta que pasó, llevaba carrerilla.

—Y quiero indicar que ese chico con el que últimamente me relacionan, ese Juan José, no es más que un amigo.

—Juan José —repitió la presentadora catatónica—. ¿Quién es? ¿Alguna nueva primicia que nos desvelas, Rita?

—Er... ohhh... hummm... er... —Miró bastante agobiada más allá de las cámaras y desde las sombras algún alma caritativa debió de soplarle la solución al dilema, porque aclaró muy aliviada—: José Rafael, José Rafael, es que en la intimidad le llamo de otra manera —corroboró con gesto picarón.

—En la intimidad, dices, pero acabas de asegurarnos que se trata de un simple conocido —recordó la periodista con maldad.

—Bueno, ¿quién ha dicho que los amigos no tengan intimidad?

Así, la fueron arrinconando, y como las rígidas plataformas de quince centímetros de madera no le permitían huir al galope, allí se quedó, hundida en lo grotesco. Fue de cine.

Rita se había vuelto demente y maniática con aquello de que las jóvenes venían pisando fuerte, cobrando más barato y mamándosela a los productores. Quizá por eso, últimamente, le había dado por salir de juerga con una actriz de veinticuatro primaveras bastante menos guapa que ella, pero que pegaba y le permitía colarse en fiestas y estrenos. A la pequeñaja le entregaban un premio y Rita, borracha como una cuba, en mitad de la ceremonia se subió al estrado y empezó a hacer posturitas, mientras a su joven amiga se le ruborizaba hasta la raíz del cabello. Contaba la revista, aparte de adornar los desgarrantes comentarios con fotos imposibles, que un micrófono accidentalmente abierto había captado su frase del mes:

—Vaya mierda de fiesta, no vengo más a estos putos premios. Si al menos el alcohol no fuera de garrafón...

Al hecho, le siguió su sarta de tropiezos, la revelación de su ropa interior color carne y su lengua de trapo buscando a gritos un lápiz de labios. Había vuelto a invadir el escenario, doblándose los tobillos con cada paso. Señaló a un periodista.

—Búscame el *lipstick*, eh, tú mismo..., se me ha extraviado el carmín, búscalo.

Un camarero caballeroso se había hecho cargo del mal rato de la joven actriz, que solo acertaba a murmurar: «¡Oh, Dios, oh, Dios!», y se había llevado a Rita, a rastras, fuera del local.

De toda la sórdida historia se hacían eco las revistas del corazón. En portada. Despelleje general. No faltaba ni una. Y si querías imágenes, YouTube, a tu disposición con los vídeos de sus desmanes.

Resolví que Rita necesitaría un hombro en el que llorar. En cuanto a mí, era hora de pensar en recomponerme. Así que me calcé un vaquero pitillo, botas de montar, camisa crema y *blazer*, y la invité a comer sin comentarle nada. Me insistió en que fuera un lugar sumamente discreto. La noté destrozada, aunque a mí no me costó menos poner el pie en la calle.

—Siempre pensé que a los cuarenta tendría dos óscares en el aparador, un oso de oro en la mesita de noche, una palma en la cocina, dos goyas en la terraza junto a las petunias y un puñetero león de oro rugiendo en el retrete —se lamentó mareando la aceituna dentro del Martini Bianco.

—*Pa* montar un zoológico —bromeé.

—Sí, tú te cachondeas, pero no salgo de ser doña Francisquita en el serial de las cuatro.

—Doña Francisquita es un papel muy digno, que gusta mucho a tu público —la consolé sacando fuerzas de flaqueza—. Lo bordas.

—Gracias por adularme, pero tú y yo sabemos que no soy precisamente Meryl Streep en *Memorias de África* —silabeó. Me sobrecogí. Rita parecía sensata y pronunciaba con cierta reflexión, como si pensara antes de hablar.

—Casi nadie es Meryl Streep en *Memorias de África* —objeté resuelta.

—Te he traído un regalo —me sorprendió de buenas a primeras.

—¿A mí?

Jo, qué *ilu*.

—Claro, fue tu cumpleaños y como preferiste pasarlo en compañía de esa manada de patanes que tenías por compañeros... —me amonestó—. En fin. —Rebuscó en su bolso y sacó una preciosa agenda llena de ilustraciones coloreadas. No es por ser malpensada, pero para mí que era de segunda mano—. Mira qué bonita.

La examiné con embelesada cortesía. En efecto, estaba más trillada que la moto de un hippy.

—Me encanta —juré.

—Me la regalaron cuando cumplí los cuarenta —desveló—. Si te fijas, cada mes incluye una fabulosa sentencia que te ayudará a superar el tránsito. Atiende con cuidado esos consejos, a mí me sirvieron.

—Oye, pues... gracias —¿Hacía falta recordarle que había cumplido treinta y nueve?—. Es de esas que sirven para todos los años, ¿verdad?

—Sí, pero tú empieza a usarla desde ya, que deduzco que te hace falta.

Dejamos transcurrir un rato tonto en el que a ninguna le apeteció hablar. Yo miraba al vacío con cara de gilipollas desempleada y Rita se miraba las uñas.

—El caso es que me han convocado para un *casting* —comenzó, dejándome atónita—. Una nueva serie televisiva que se emite en franja líder.

—¡Vaya, genial! —exclamé.

—Es mañana por la mañana. —Me agarró la muñeca con fiereza—. Lola, tienes que acompañarme, no puedo ir sola.

—Pero, Rita... —me resistí.

—Me expondría a un ataque de pánico y el papel de Belinda tiene que ser mío.

La miré anestesiada. Pobrecilla, congestionada de puro miedo. Total, yo tenía todo el tiempo libre del mundo (maldita sea), y ya había hecho lo peor, salir de mi enclaustramiento. No me había derretido al sol como los vampiros, así que ¿por qué no?

—Iré.

Diría que el resto del Martini se lo zampó aliviada. Tanto, que encargó dos más. Puede ser que Rita se esté entregando a los placeres de Baco con demasiada alegría, temo por ella.

Puse el despertador, algo que no hacía en días. Una promesa es una promesa. La cafetera chisporroteaba sobre la vitrocerámica inundando el apartamento con un intenso aroma. Yo, entretanto, me revisaba con sumo cuidado ante el espejo del baño, que tiene una luz criminal. Me descubrí una nueva arruga. A la altura del canalillo. Para ser exactos, justo en el maldito canalillo. En cuanto me saco el Wonderbra por los brazos y cesa su función *push up*, mis tetinas flotan libres y a su aire. He de decir que se conservan en muy buen estado, por fortuna, pero esa dichosa arruga era como un rizo rebelde en una cabellera sedosa. Se bifurcaba hacia las clavículas como un Jesús crucificado, te juro que me puso más negra que el carbón.

Invertí kilos de crema hidratante tratando de reducir su relieve, pero me seguía estorbando. Cualquiera que me viese, parecía un albañil extendiendo mezcla con frenesí en el chalé de su cuñada. Tengo la completa seguridad de no haberla conocido hasta ahora, me refiero a la arruga.

Me calcé un vestido estampado en rojo por ver si pasaba de funeral a festival, medias tupidas negras y botines del mismo color. Gabardina, bolso al hombro y a correr. Tenía que ir a por Rita, no podía permitir que se retrasara. Agarré el volante de mi TT, que me echó una mirada de franco resentimiento.

—Ahora te vas a portar como un hombrecito y vas a arrancar a la primera —le ordené con un tono meloso.

Obedeció y llegamos al portal de la Postín ronroneando con la radio bajita. Mi recién instaurado pero todavía enclenque estado de ánimo no me permitía ponerla a tope. Mi amiga apareció pintada como una puerta y con una vestimenta cubierta de volantes y perifollos que le ponía diez años encima.

—¿No vas muy vestida? —indagué sin atreverme.

—Yo sé a lo que voy. Voy a impresionarlos. En la vida han tenido una actriz de mi categoría en plantilla. Verás qué prueba.

La vi tan afianzada en sus afirmaciones, que me convencí yo también. En el trayecto repasó una y otra vez, obsesivamente, el guión, dándoles a las frases un tono afectado, impostando la voz en exceso. En cuestión de veinte minutos, sin retenciones, alcanzamos los estudios, que imponían a cualquiera. Más a una novatilla ajena como yo.

Rita entró apartando gente con ademanes exagerados, preguntando por el director de *Belinda corazón de fuego*. Nos condujeron a la quinta planta, enmoquetada y decorada con exquisito gusto.

—Esperen aquí, por favor —indicó la asistente.

—Qué chica más mona —observé. Me arrepentí en el acto.

La mirada que Rita me clavó fue como una saeta en mitad de la frente.

—Estas aspirantillas a actriz se las dan de listas. Opositan a un trabajo de secretaria, vulgares ayudantes, y escalan y trepan hasta hacerse con un papelito de extra. De ahí a figurante, de figurante a figurante especial, los que tienen frase, para que lo sepas...

Desconecté. Me lo había contado miles de millones de veces. Es más pesada que el arroz con leche, pero no lo sabe.

—... y al final, se quedan con tu silla.

—Desde luego, qué diabólicas —respondí como una autómata.

La mozuela apareció por segunda vez en nuestras vidas y Rita la acribilló con una mirada torcida.

—Síganme, sean tan amables. El *casting* es en el estudio. —Sonrió.

—El director de la serie es Juan Manuel Abellán, ¿no es cierto? —El tono de Rita era cortante.

—El mismo, un encanto, ya verán.

—No hace falta que me lo describas, lo conozco desde hace tiempo, hemos trabajado muchas veces juntos —pormenorizó Rita.

Empujó la puerta doble y nos asaltó la penumbra salpicada de focos unidireccionales. Inmediatamente, me encogí. Era un plató como Dios manda, con un par de cámaras enfocando el mismo ángulo, donde un hombre alto y bien parecido manoseaba unos folios y se desesperaba tratando de sacar una frase coherente de la chica que temblaba sobre la equis marcada en el suelo.

—Nena, tranquilízate, somos todos amigos, intenta no ponerte nerviosa —recitó él, más calmado—. A ver, comenzamos... ¡Acción!

—Yo no sé qué tiene que ver... —La chica inició su frase y a continuación rompió a llorar. El director levantó los brazos por encima de su cabeza e hizo señas a su ayudante para que acudiera. La chica mona que nos acompañaba echó a correr.

—Esa frase que ha declamado la penca esa... —cuchicheó Rita a mi oreja— es la misma de mi separata..., apenas tiene treinta años, no pensarían probarla para el papel de Belinda, ¿no?

—Sea como fuere, está a punto de desmayarse —colaboré. En efecto, el director pedía que se la llevasen y le suministraran un café bien cargado en vena.

—La siguiente —tronó. Rita galopó hasta enfrentarlo. Yo la seguí despacito. El tal Juan Manuel la recibió con aspecto cansado.

—Yo, yo, soy yo, la siguiente —se presentó Rita haciendo aspavientos.

—¿Tú?

—Estoy convocada para este *casting*, hablasteis con mi representante, Annabel López. —Se desvió un paso para que el haz de luz la iluminase por completo—. Rita Postín —agregó algo molesta por tener que identificarse.

—¡Ah! ¡Oh, Rita, perdona, perdona, está resultando un día agotador! —Le estampó dos besos en las mejillas y yo me permití un relax—. Tú venías por el papel...

—Belinda.

—Belinda —repitió con desconcierto Juan Manuel—. Pues tenemos un problemita, la actriz que daba la réplica ha tenido que ausentarse. —Chasqueó la lengua—. ¿Te vendría muy mal dejarlo para mañana?

—Por supuesto, eso no puede ser, tengo otros compromisos —explicó Rita con reticencia—, puedo hacerlo sin réplica, soy una profesional.

Pero Juan Manuel no la atendía, miraba alrededor como un náufrago en busca de un madero al que asirse. En estas, chocó conmigo y me hizo una seña con el dedo.

Me llevé las manos interrogantes al pecho. Él asintió. Me acerqué.

—¿Te importa? —Me alargó los papeles. De primeras, me resistí a aceptarlos.

—Que si me importa ¿qué?

—Darle la réplica. —Miró a Rita—. Viene contigo, ¿no?

—Sí, pero..., bueno, Lola no es...

—¿A qué te dedicas?

—Soy contable en una oficina —improvisé. Hubiera debido decir «era». Fuese lo que fuese mi profesión, ya no era más «soy» sino «era». Ese verbo en tiempo pasado me encogió los intestinos. Estaba en el paro, en el paro, en el más terrible de todos los terribles paros. Y encima, los próximos que cumpliría serían los cuarenta. ¡Ay, qué congoja!

—Fantástico, haz de secretaria. —Volvió a empujarme con los folios.

Revisé el texto por encima. OK, lo pillo, primero me muestro amable y complaciente; acto seguido me voy enfadando; y en el tercer paso, mando a Belinda a la mierda.

—Preparada —afirmé.

—¿En serio? —Juan Manuel me miró con una mezcla de incredulidad y admiración. A partes iguales.

—En serio —repetí.

—Bien, colocaos aquí. —Nos agarró a las dos del brazo, una a cada extremo de la equis. Rita se mantenía rígida—. Cinco y... ¡acción!

Oía a Rita como quien oye llorar. Su voz sonaba vacía, hueca, metálica, qué sé yo. Sin energía, monocorde y tediosa. Acrecenté mi énfasis, me esforcé por meterme en el papel, seguramente, era culpa mía, que no me ensartaba. Pero mis esfuerzos no llegaron a puerto. Ella ya había decidido antes de entrar que obtendría el papel sin pasar por ninguna estúpida prueba.

Entonces cayó la bomba. Juan Manuel botó de su silla de director y se plantó delante de nosotras.

—¿Quieres hacer ahora el papel de Belinda?

Cielo santo, me estaba mirando a mí. Me quedé patidifusa. No hice ese viaje sola, por descontado.

—¿Cómo dices?

—Que os intercambiéis los textos. —Cruzó los dedos como aspas. Rita se enfureció.

—A ver, Juan Manuel...

—Rita, te lo ruego, estoy agotado, llevo más de ocho horas de rodaje ininterrumpido y ahora este *casting*. Te lo pido por favor, pónmelo fácil —suplicó en un tono que no admitía objeciones.

Para convertir a Rita Postín en una muda, ya tuvo que ser tajante el muchacho. Por cierto, qué mono.

Nos pusimos al tajo. El inesperado cambio de roles pilló a Rita con la guardia baja, y su compromiso con el personaje rodó lastimosamente por el suelo. Hasta yo, que no entiendo ni papa de interpretación, tuve que admitir que había sido una completa calamidad. Juan Manuel se aproximó y yo me noté temblona. Coño, ¿ya me gustaba? ¿Yo no estaba deprimida?

—¿Harías el papel de Belinda? —Quería saberlo, con una sonrisa perfectamente calculada.

—Lo... Acabo de hacerlo...

Vaya. Un sordo distraído. Guapo, pero sordo.

—No me refiero a la audición, me refiero a la telenovela.

La tensión podía cortarse con cuchillo panadero. Juan Manuel esbozó una sonrisa.

—Te estoy ofreciendo un trabajo.

Rita reaccionó primero, como es lógico. A mí esas cosas repentinas, por lo general, me desenchufan.

—No digas tonterías, Manolo, Lola no es actriz. —Rita no consintió en morderse la lengua por más tiempo. Era eso o ahorcarse.

—Pues lo hace de puta madre, a mí me basta —me defendió él. Bajé la cabeza y hundí los ojos en el suelo sembrado de cables.

—No hablas en serio —rio Rita—, el papel de Belinda es para mí.

—No, no lo es —persistió firme—, se lo estoy ofreciendo a ella. —Me señaló con descaro.

—Y tú lo vas a rechazar, ¿verdad que sí, que lo vas a rechazar? —Me atenazó iracunda. Sus ojos echaban chispas.

—Claro, claro, lo rechazo —tartamudeé.

Juan Manuel puso los hombros a la altura de sus orejas.

—Tú te lo pierdes, es un papel fijo, con trama, y cobrarías unos siete mil al mes. Eso sí, el rodaje es diario.

El corazón me dio un vuelco.

—¿Siete mil al mes? —Por mi mente circularon los recibos de la hipoteca, el colegio del niño, las clases particulares de mates, los entrenamientos de fútbol y la tarjeta de crédito. Sufrí un vahído. Al reponerme, Rita cacareaba a punto de lanzarse contra el director, sacarle los ojos y comérselos al ajillo.

—Ella no va a aceptar, Manolo, no insistas. Yo lo haré.

—No me gustas como Belinda, no das el perfil. Si tu amiga lo rechaza, buscaré otra actriz. —Me miró detenidamente antes de golpearse la mano con los folios enrollados—. Piénsatelo, toma mi tarjeta.

—¿Y qué jodido perfil se supone que tiene Belinda? ¿Más joven y tersa? ¿Más tetona? —El volcán de nombre Rita explotó, y cuando Juan Manuel, finamente, se retiraba, le lanzó los improperios a la espalda. La cogí del brazo.

—Rita, por Dios...

—Esto no es más que una puñetera telenovela de tres al cuarto sin presupuesto, no te creas tan importante, Manolo —continuó gritando como una desquiciada—, que tú y yo sabemos que estás en el canal porque no te han dejado hacer cine...

Ay, madre, de allí nos echaban a escobazos. Sacudí su brazo.

—Rita, te estás pasando...

—Y solo porque yo no haya pasado por tu cama... —A grito pelado. Hasta el cobrador del gas nos espiaba en aquel plató.

—Rita, cállate...

Ni caso. Todo su mundo se ceñía a sus voces y a aquella fornida espalda a la que chillaba, y que ni siquiera se molestó en responder con otro insulto. Haciendo acopio de toda su cachaza, el muy cabrón se las apañó para indicarme por encima de los aullidos de Rita:

—Lola, llámame.

Rita se desgañitó hasta que Juan Manuel cerró la puerta tras de sí. Enseguida se estiró el vestido y la emprendió a manotazos con los volantes.

—Anda, vamos a marcharnos de aquí con viento fresco —propuse—, necesito un café triple si es que lo sirven.

Para mi sorpresa, Rita se desentendió de mi mano con un tirón.

—Ni lo sueñes, usurpadora. Yo me voy en taxi.

5

Diciembre: te cambiará el metabolismo

Tras echarle un par de vistazos temerosos a la agenda, lo primero que hice fue ponerme a régimen. Dieta salvaje, para ser precisos. Dar el primer paso me costó un mundo, porque nunca me he privado de nada. Me gusta el deporte, lo hago por afición, de jovenzuela era famosa por mis tablas de gimnasia, y en el internado, una legión de seguidoras me acosaba pidiendo dirección y clases particulares. Pero lo del metabolismo frenándose a pasos agigantados llegó a obsesionarme, y localicé un régimen de esos de mil y poco calorías.

Al tercer día no podía con mi cuerpo, jamás había pasado tanta hambre. Tiritaba de frío por la ausencia de calor interno y mi enclenque sistema no me daba para caminar. Hice del sofá mi trinchera. Otra vez una niña asustada y convertida en ovillo.

—Mamá, ¿qué hay para merendar? —Era Rafa, con los deberes recién terminados. Merendar, merendar, qué palabra tan mágica. Bollos, cacao, magdalenas...—. ¿Puedo prepararme un bocata de paté?

—Puedes —dije cubriéndome la cara con un cojín— siempre que yo no lo huela siquiera.

—Vale.

Lo escuché trastear en la cocina, es muy apañadito. Insistí en que no era necesaria tanta información, pero, ya que estaba, se preparó un Cola Cao caliente y me lo contó. Yo salivaba a marchas forzadas, pensando en las dos hojas de lechuga y los setenta gramos de garbanzos cocidos que me había zampado para almorzar. En las tripas tenía montada una fiesta.

—Mamá...

Horror, pavor, venía hacia mí con la bandeja en la mano. Hasta aquí llegaba el olor.

—Rafa, te lo pido por lo que más quieras, aléjate de mí. Tengo tanta hambre que te pegaría un mordisco.

No se compadeció. El muy cabronazo ocupó el fondo del sofá y le metió un mordisco salvaje al bocadillo. El aroma del paté sabrosón inundó mi pituitaria. Agarrada al cojín para no abalanzarme, tragué saliva.

—No entiendo lo de ponerte a régimen —confesó—, si no estás gorda.

—Pero lo estaré.

—¿Quién lo dice?

—Todo el mundo. Rita, Felicia...

—Mamá, esas dos están como un cencerro.

—También lo afirman los libros.

—A esos me los creo más, pero si son libros que leen tus amigas... —meneó la cabeza jocoso—, tampoco me fiaría.

—A ver, Rafa, tú no puedes entenderlo, tienes diez años y el privilegio de ser un chico. Los hombres no engordáis con tanta facilidad como nosotras; para colmo, llegada una edad...

—Otra vez con eso —bufó. Una vocecita sensata me dijo al oído: «Atiéndelo, atiende lo que dice el niño.» Pero me volví sorda de vocación.

—Es la verdad, no es plato de gusto, pero hay que aceptarlo. Si continúo comiendo igual que hasta ahora, en pocos meses pareceré una ballena.

—Si ves que coges peso, entonces te pones a dieta, pero ponerte ahora sin que te haga falta... —Se encogió de hombros.

Parece mentira lo razonables que llegan a ser los críos.

—Es que pareces mayor, desde que no comes, estás... fea.

A ver, a ver que yo me aclare..., ¿dónde nos hemos perdido? Porque este inhumano sacrificio, este no poder ni con mi pelo, esta sensación permanente de insatisfacción y de necesidad vital de meterme algo entre las muelas no es sino para lucir más juvenil, linda y gallarda.

—Estooooo..., Rafita, guapo, no necesito tanta honestidad, con un «deberías dejarlo» me apaño —mugí luchando contra el impulso de volar a la cocina y prepararme un sándwich club de seis pisos.

—Mamá, tres días y ya te veo peor. —Sorbió el Cola Cao. A mí de pensarlo me dio un telele.

—Es que me han ofrecido un trabajo en la televisión —justifiqué con debilidad.

—Pues querrás salir guapa, digo yo. Mira, esas cosas colgando no las tenías antes. —Alargó un brazo. Yo ahogué un grito histérico.

—¿Qué cosas colgando?

—Aquí. —Se palpó el cuadro mandibular, yo hice lo propio, y, ya que estaba en el lío, tanteé cautelosa las mejillas. Cierto, todo estaba más laxo y colgandero.

—¿Crees que debería mandar la dieta al carajo?

—Te voy a preparar un gofre de esos instantáneos, me salen de vicio. —Se levantó voluntarioso dejando abandonada la bandeja con medio bocadillo.

¡Al ataquerrrrrrrrrrrrrr!

—Rafa, de camino, si quieres, prepárate otro bocata. El que tenías ha ido de misiones a desiertos inexplorados.

Sacó la cabeza por encima de la barra de la cocina, con el gofre a medio desempaquetar. Me atrapó con la boca saturada de migajones.

—Jolines, mamá...

Fue llenarme el buche y sentirme inmediatamente mejor. Coño, qué alivio, lo que debe de ser hacer huelga de hambre hasta desfallecer. A mí tendrían que encadenarme, sí, pero no para impresionar a la prensa sino para evitar que atracase la despensa.

Entretanto, Rita hacía caso omiso de mis llamadas. De mis cientos de llamadas suplicantes. Creo que estaba enfadada conmigo. No veo el porqué, pero ella es así, muy suya. Me sorprendí marcando otro número, el del director de *Belinda corazón de fuego*, extraído directamente de su tarjeta.

—Juan Manuel, soy Lola Beltrán, la amiga de...

—Lola, genial, pensaba que no me llamarías.

Porras, me reconoció sin pistas.

—Si te digo que llevo cinco días retrasando el comienzo del rodaje y esperando que te decidas, ¿qué me dices?

—Que me dejas de piedra, porque debe de haber cinco mil actrices dispuestas a matar por ese papel, contando por encima, y yo no soy nadie.

—¿Has oído hablar del flechazo director-actriz? —Oh, no, si se declaraba, me cortaba las venas—. Cuando tienes el personaje en mente tan claro como el agua, y desfilan caras, gestos, movimientos y ninguno te colma y, de repente..., llega. Llegaste, llegó Belinda en persona. —Menos mal, nada de amores—. Eres tú, Lola, no puede ser ninguna otra, y no me vengas con que no has estudiado interpretación, porque cuando el encaje es perfecto, es perfecto. Total, están metiendo de actores a los niñatos de *Operación Triunfo*...

—No estuviste muy fino que se diga, poniéndome en un aprieto delante de Rita —me quejé.

—Ya sabemos lo temperamental que es, entiendo que te dominase el pánico. Pero estas cosas pasan y ella lo sabe de sobra, lleva más años que yo en la profesión.

—Ni se lo recuerdes —rogué.

—Bueno, basta de charloteo. ¿Cuándo empezamos? Tengo un equipo de veinte personas ansiosas por arrancar.

—Lo siento, Juan Manuel, no va a poder ser. Voy a decirte que no.

—Tiene que haber algún modo de convencerte. Si es por lo de la preparación, ni te inquietes, cuando estés en plató...

—Podría echarle cara, pero no, no es eso —respiré hondo. No puedo creer que fuera tan mema, siete mil euros mensuales, siete mil, Rita, hazte cargo. Y yo, desempleada—. No puedo hacerle esa faena a Rita, no volvería a mirarme a la cara.

—Puede que te ofenda si te aseguro que perderías poco...

—Sí, me ofendes, es mi amiga desde hace siglos.

—Rita no está pendiente más que de su ombligo, es una ególatra reconocida. Será afectuosa mientras le sigas la corriente; saca un pie del plato y estás perdida —advirtió, y por el deje autoritario parece que sabía de qué hablaba.

—Lo lamento, Juan Manuel, puede que ella sea así, pero yo no. No podría vivir con mi conciencia.

—Tengo un método infalible para que las conciencias se marchen a hacer gárgaras y no nos amarguen la existencia.

—Que no, te digo —sonreí queda—, no insistas. —Mentira, me chiflaba que insistiera. Oí el suspiro de Juan Manuel al otro lado de la línea.

—Estoy planteándome seriamente acometer otro proyecto y aparcar a Belinda. Ese personaje es tuyo y ahora que sé que existes no puedo remover Roma con Santiago para encontrar otra tú. ¿Estás segura de que no cambiarás de opinión? ¿Puedo tentarte con una cena?

—No, no, gracias —me escudé.

—¿Almuerzo, desayuno? Te pago un crucero. De lujo. A donde quieras y con quien quieras.

—Que nooooooo —reí por no llorar. No podía ser que boicotease mi propia felicidad de esa manera.

—Vale, Lola, mensaje captado. Aún tendrás unas semanas por si recapacitas. No dejes de llamarme.

—Chao, Juan Manuel, eres un cielo de persona.

—Lo sé, lo sé, pero tú vas a quedarte sin comprobarlo —lloriqueó apelando a mi sentido común.

Debía de haberlo dejado olvidado en los grandes almacenes o en el parque. No recordaba habérmelo incrustado en el cerebro desde que dije adiós a D+D Publicidad. Acababa de echar por la borda una magnífica oportunidad de:

- Ganar siete mil al mes y dejar de ser pobre de solemnidad.
- Ser famosa.
- Conocer chicos guapos.
- Ser famosa.
- Realizar un trabajo fetén y divertido. Interesante, novedoso.
- Ser famosa y darle con mi fama en el careto a la plantilla completa de D+D Publicidad.

¿Se puede ser más imbécil?

No corrí al baño a suicidarme colgándome de la cadena del váter porque me crucé con Rafa en el pasillo. Este niño lo oye todo, pero todo, todo.

—Ya no vas a currar en la tele —dedujo con sagacidad.

—Pues no.

—Mierda, se lo he contado por Tuenti a toda la clase. Ahora se reirán de mí, creerán que me estaba marcando un puro.

¿Un puro? Pero ¿qué dice este crío? Será un farol. Vi clara la oportunidad de enseñarle una lección de vida, de esas que nos tocan a las madres.

—He rechazado el trabajo por lealtad a una amiga. En esta vida, uno debe tener sus principios, sus prioridades.

—Al primero de mis amigos que haga una gilipollez como esa lo elimino del Tuenti por idiota —fue su resuelta contestación.

Si no podía convencerlo, tocaba ir al espejo a realizar ciertas comprobaciones después de que Rafa hubiese advertido mis pellejos colganderos y yo me hubiera acongojado. No había exagerado ni pizca, la cara se me había venido abajo como un muro en demolición. Allí, sobre el tocador, se burlaba la puta agenda con el marca páginas en la sentencia: «Te cambiará el metabolismo.» ¿Por qué nadie me advirtió de la segunda parte de esta frase de mierda? Decía mi santa abuela que a partir de una edad, o te *amojamas* o te *ajamonas*. Mejor jamona que mojama, ¡qué leches!

—Espero que todo vuelva a su lugar en cuanto recupere lo perdido, si no, asesinaré a Rita, y santas pascuas.

Por cierto, Rita. Volví a intentarlo. Habían transcurrido tres horas desde la última intentona. Sí, esa después de la cual juré por mi bisabuela que no habría otra. Pero la culpabilidad me puede, me presiona y me convierte en un sello. Rita será tonta perdida, pero es mi amiga y a mí me importa. Sonó un buen rato y finalmente saltó el contestador. Ya había ocurrido otras veces.

—Rita. Soy Lola. Entiendo que te sientas mal —furiosa, sería más acertado— y todo eso, pero quiero que sepas que he llamado a Abellán y le he dicho que se olvide. No voy a aceptar ese trabajo, te lo prometo. —Abrí una pausa indecisa—. He pensado irme fuera unos días, ha sido idea de mi hijo, fíjate; mi ex accede a quedarse con él mientras tanto. Estoooo..., te veo a la vuelta. Un beso. Adiós.

Miré hacia la puerta. Rafa me espiaba desde el umbral con los vaqueros por debajo de los cachetes del culo, los calzoncillos de Quicksilver al aire y la sudadera con capucha dos tallas por encima de lo necesario. Explicarle a Rita que había sido Rafa quien propuso que me largase de viaje era del todo innecesario, pero creo que lo hice para que no pensara que yo, además de una amiga detestable, era una madre insensata y pendenciera que dejaba colgado a su churumbel en cualquier parte y se marchaba a vivir la vida.

—¿He hecho bien? —pregunté temerosa.

—Lo del viaje es de puta madre, molaría poder irme contigo.

—Tú, con tal de saltarte el colegio...; me refería a Rita.

Levantó ambas manos en plan apache.

—Ah, eso. Ni idea, son cosas de mujeres. Piénsalo, mamá, te lo pasarías mejor conmigo.

Iba a soltarle una fresca de las mías, pero sonó el timbre de la puerta. Felicia, en persona, con su hija pequeña colgada de la chepa. Es un bebé hermoso, con una cabellera plagada de bucles dorados y una mirada picarona. Hacendosa yo, me puse a preparar café.

—¿Cómo va todo? —pregunté por preguntar, de sobra la notaba agobiada.

—Tengo un abogado peleón que se encargará del divorcio —siseó la última palabra, señalando con la ceja a su hija.

—Feli, que tiene trece meses, no te apures, que no se entera.

—Por si acaso. Estoy llevando a Juanito al psicólogo infantil para superar el bache y no sabes cuantísimas cosas estamos descubriendo.

—Lo que no sé es cuantísimas polladas puede meterte en la cabeza —me ofusqué—. Lo mejor con los adolescentes es hablarles como si fueran personas, sin tapujos.

—Preadolescentes —detalló ella taimada—. ¿Y qué son, perros?

—Quería decir personas adultas. Son capaces de entenderlo todo. ¿Leche y azúcar?

—Ni lo uno ni lo otro, ya sabes, la dieta feroz. He cogido tres kilos con la mierda del estrés postraumático. Y ahora... ahora van las cosas y se ponen peor.

—La británica, preñada —aventuré llevándome las manos al pecho.

—¡Calla, calla! ¿Cómo se te ocurre? —Hizo una cruz con los dedos—. Se trata de mi interna filipina, cometí el error gravísimo, imperdonable, de creer que todas estaban cortadas por el mismo patrón.

—Mujer, sosiégate, que te va a dar algo —le aconsejé tomando asiento a su lado después de colocar a la bebita en la alfombra, a nuestros pies, rodeada de muñequitos.

—Es que estoy muy mal —lloriqueó—, se marchó de vacaciones a su tierra, natural, pobre mujer, cuatro años lleva sin ver a la familia. La agencia se comprometió a enviarme a otra. Bien, me dije, es un mes, ¿qué puede pasar? —Se interrumpió y clavó en mí unos ojos mendigantes—. ¿Te importaría cambiarme este té por un *gin-tonic* bien cargado? Gracias. Y la recibí con los brazos abiertos —prosiguió mientras yo cumplía mi misión—. A la sustituta, digo. —Se frenó de súbito. Temí que me reclamase un cigarrito de marihuana, ¡y con el niño en casa!—. ¿Crees que estaría muy mal visto si llorase a moco tendido aquí mismo?

—¿A nuestra edad? Haz lo que quieras, hija, yo me pongo el mundo por montera cada dos por tres, y que se mueran los feos.

Seré falsa, bellaca y mentirosa...

—Di que sí —se alegró preparando la llantina a base de manosear klínex—. Esa mujer es un espanto, no sabe limpiar, no hace las camas, solo estira los edredones por encima para despistar, puso dos veces la lavadora con la misma ropa ya limpia...

—Hay que ser torpe —me admiré.

—Y ayer mismo se me cayó la niña por la escalera. Nada grave, pero a ver quién es la guapa que la deja a su cuidado con un mínimo de tranquilidad. Y yo me pregunto, ¿para qué la tengo, para qué le pago? Pues para eso, para mi tranquilidad, pero no. —Su incesante verborrea comenzó a marearme y a ella le falló el engranaje de aguantar el tipo y se lanzó al berreo—. Una salvaje; se encierra en su cuarto, se pasa el día viendo telenovelas, y, en el colmo de la caradura, ni me despierta por la mañana, ni prepara desayunos ni nada. Mírame los ojos. —Dos auténticos huevos fritos, palabra—. Estoy levantada desde las ocho y la capulla no ha hecho café. Estaba preparándolo yo misma, y acordándome de su parentela, cuando se ha levantado legañosa y me ha preguntado si los niños tenían colegio. No había terminado de decir no, y ¿qué te crees que hizo? —Me largó un manotazo enfático en el hombro que me dejó lisiada—. ¿Qué te crees que hizo?

—Beberse tu café, arrancarte la tostada de la boca —participé, no me fuera a arrear otro golpe.

—¡Se volvió a acostar! ¡La muy perra fue y se metió en la cama de nuevo!

—¡Qué fuerte, cómo está el servicio! —Era verdad; yo procuro no depender de internas ahora que puedo, pero soy capaz de entender la angustia de Felicia con dos niños pequeños y acostumbrada a la buena vida. Para ella, equivale al fin del mundo.

—He tomado una decisión crucial...

—Mira por dónde, yo he tomado otra.

—La mía primero —me arrolló—. Devolvérsela a la agencia y que me la cambien por otra. O por una externa que no duerma en casa, no sé qué será mejor. ¿A ti qué te parece?

—Creo que no se trata tanto del número de horas como del tipo de persona. Deberías darle una oportunidad a la nueva interna que te envíe la agencia.

Felicia se secó las lágrimas con el corazón encogido.

—¡Ay, Dios! Estas cosas solo me ocurren a mí. Y tú ¿qué decías de decisión?

—Que me marcho a Roma de vacaciones.

—¡Válgame! ¿Por cuánto tiempo?

—No demasiado. Diez días. Pero van a ser los mejores diez días de mi vida.

De nada sirvieron sus aspavientos y sus protestas al enterarse de que viajaba sola.

—¿Has perdido el juicio? Podrían secuestrarte, violarte, qué sé yo.

—Bien, Felicia, enhorabuena, has conseguido sonar como mi madre. No voy sola, llevo seis novelas en el equipaje, en realidad, pesan más que la ropa.

Biiip, mi móvil avisaba de la entrada de un mensaje. Lo enganché al vuelo. Contestación de Rita: «No estoy enfadada. Pásalo bien. Cenamos juntas cuando vuelvas.»

—Es Rita.

—A ella también debe de sonarle a desquicie —adivinó Felicia apuntando a mi teléfono—, únete a un grupo, Lola, un grupo de solteras interesantes, harás amistades y puede que hasta encuentres el amor de tu vida.

—Para quien lo busque. No es mi caso —afirmé rancia.

—No pretenderás seguir sola el resto de tu vida, hace mucho que te separaste y esas tonterías tuyas de contactos por internet no llegarán a ningún puerto, ya es hora...

—Feli —la interrumpí con cariño pero con dureza, que esta se embala y no hay quien la pare—, de momento, lo que más me preocupa es el asunto del trabajo. No negaré que estoy aní-

micamente hecha papilla. Un cambio de aires me vendrá fenomenal, buscaré inspiración e ingeniaré una campaña publicitaria del copón que me abra las puertas de una nueva agencia.
Como ves, tengo todo bajo control.

—Pues sí, eso parece —admitió a regañadientes—. Ya quisiera yo. Es que siempre has sido magnífica, Lola. Aparte de
parecer ocho años más joven que todas nosotras, tienes espíritu de ave fénix.

Eso debe de ser un homenaje por las veces que me han quemado. Felicia las conoce todas.

6

Rumbo al País del Macarrón

No sabría calcular con exactitud el tiempo que hacía que no me enfrentaba a una maleta de vacaciones y a la ardua tarea de configurarla. Presumo de no necesitar mucho equipaje, cuatro trapos, media docena de bragas y andando, pero luego meto las bolsitas de aseo y el puñetero bote de gel en conjunción con el champú, la mascarilla y demás hierbas, y se comen el espacio disponible. Pero todo, todo.

De las tres habitaciones de las que dispone mi apartamento, dos están destinadas a roncar, la de Rafa y la mía, y la otra la utilizo como vestidor. Hace siglos lo decoré con cierto gusto y coloqué en el centro un híbrido entre mesa y tarima la mar de práctico. Alcé la maleta y la abrí en canal allí mismo. Dos vaqueros, dos *leggins*, calcetines, camisetas y jerseys de lana para combinar fueron a parar dentro. Qué desorden, qué estercolero textil me rodeaba, las estanterías pedían a gritos una reorganización. Algo no cuadraba.

Acariciarme la barbilla y dar con la tecla siempre vienen en el mismo paquete, y esta vez no fue una excepción. Era la ropa laboral lo que chirriaba en mi nueva vida de desempleada sin futuro, tanto traje de chaqueta estirado oliendo a jefa que tiraba de espaldas quedaba fuera de lugar. Arramblé de un tirón con todas las perchas y tras sopesar dónde colocarlas, las arrojé con su contenido al suelo. A continuación, tuve lo que viene siendo un acceso de locura: a la porra camisas satinadas, gasas, faldas de cuero por debajo de la rodilla, pantalones de pinzas, *blazers* a juego, jerseys modositos y camisetas básicas para colar bajo las chaquetas. Largo de mi vestidor usurpadores de la creatividad.

Al cabo de un rato de faena reparé en la cantidad de espacio que me quedaba libre. Me enjugué el sudor de la frente, convencida de mi decisión. Ahora se distinguían perfectamente unos cuantos pantalones de *sport*, camisetas y un par de camisas tipo safari, chaquetones marineros y plumones de colores cálidos, botines y botas. Punto pelota. Todo a la vista y bien a mano. Observé con agotamiento el tremendo montón que formaban mis carísimas prendas de ejecutiva publicitaria. Cada una de ellas representaba un día de entrega a los mamones de D+D Publicidad.

—Joder, qué rápido has hecho la maleta. —Era Rafa, con algo en la boca soltando migas, para variar.

—Me faltan cositas, no pienso llevarme mucho. —Me giré hacia él y crucé los brazos sobre el pecho—. Todavía dudo si es buena idea.

—Te vas en *Navidades* —alegó mi hijo.

—Por eso mismo.

—Pero me toca pasarlas con papá. No vas a estar aquí sola, y la abuela..., como dices que te pone de los nervios. —Eso es una verdad como una catedral de grande—. Insisto. Sal de vacaciones y diviértete, hace un montón que no vas de viaje.

—Hummmmm... —titubeé.

—Así calientas motores y en primavera me llevas a Disneyland París.

Le di un puñetazo simpático en el hombro. Jodido crío, siempre barriendo *pa* dentro.

—Vale, me has convencido.

Doblé una camiseta en rulo y la lancé dentro de la maleta.

—Canasta —celebró Rafa regresando a su cuarto.

Volví a contemplar ensimismada el amplio espacio desocupado. De acuerdo, ahora que pienso pasarme la primera sentencia de la agenda por el forro y comer como siempre, es decir, como una auténtica cerda, me compraré un par de accesorios y una máquina de correr. Puedo acoplarlos aquí mismo. Bruno estaría orgulloso si pudiera verlo. Tenía la insoportable manía de darse un garbeo por mi vestidor siempre que me visitaba, para criticarlo con comentarios despreciables. Como por ejemplo: «A ver si pones en orden tu armario y tu sentido común.»

Esa frase lapidaria la soltó cuando todo el mundo sabía que mi ex me ponía los cuernos y yo me empeñaba en defenderlo. Claro, que no se te ocurriera devolverle la pelota espetándole que él también tenía sus cosas. Si le tocaba sufrir un desengaño amoroso, Bruno desarrollaba una serie de patologías preocupantes, como la decoración compulsiva. Imposible olvidar la época aquella en la que le dio por empapelar los despachos con plumeros. Plumeros en jarrones, plumeros dentro de cajas, plumeros en el borde de las mesas, plumeros sobre las butacas a los que debías pedir permiso antes de sentarte aunque fueran reuniones urgentes de contenidos...

Suspiré. No podía ser que lo añorase, con lo mal que se estaba portando. Para haber sido uña y carne tantos años, me asombraba su falta de apoyo. En fin, yo me marchaba a Italia por prescripción filial, a pasar las mejores Navidades en aislamiento que nadie ha vivido jamás. ¿Qué más puede pedir una soltera?

Solo poner un pie en el aeropuerto y ya me estaba arrepintiendo. Era un pez nadando a contracorriente; la gente caminaba como conducía, a base de acelerones, demasiado pegados al trasero de quien le precede y de mal genio si no se respeta su sentido de la velocidad. Retumbaron en mi cabeza las miles de conversaciones mantenidas en estos ratos perdidos de espera, cuando viajaba con mi equipo en busca de la localización ideal para una sesión de fotos o la reunión del mes con el cliente que pensaba dejarse una pasta publicitando su producto. Recordé con morriña la cantidad de objetos de lujo, cremas y perfumes que me traía de vuelta; no volvería a pasar.

Revisé mi tarjeta de embarque, arrasé con el quiosco de prensa y pedí un capuchino coronado de nata. Las últimas palabras de Rafa al despedirse habían sido: «Tráeme un regalo, no olvides que es Navidad.»

Para la edad que tenía, era sensato y maduro. Demasiado, diría yo. Sonreí sin querer. Ese futuro modelo de Calvin Klein en pequeñajo me tenía atrapada, y, aunque jugaba a hacer de madre y de padre (el que le tocó en suerte es un cero a la izquierda en eso de los consejos útiles) con fines educativos —lo que me obligaba a estirar el dedo con severidad más de una vez—, lo cierto era que nos llevábamos de fábula. Por sorprendente que resulte, a veces sus consejos me sirven más que los de mis amigas. Y en esta racha singular que yo atravesaba, sintiéndome una menor de edad sin seso, iba a resultar que mi hijo destilaba la sensatez de la que yo carecía. Cosas más raras se han visto. Tampoco es que mis amigas sirvan de mucho cuando las cosas se tuercen.

Sincronización. La Palmarés llamando. Pulsé el botón verde del móvil preguntándome por qué no era Rita y cómo era que le duraba tanto el enfurruñamiento.

—¿Has llegado?

—No, cielo, salgo ahora, a las once y media.

—Ah.

—¿Vas a encargarme algo? Te advierto que un romano, como no sea en miniatura, no me cabe en la maleta; me costaría un pastizal en exceso de equipaje.

—No, pensaba que debía haberme pirado contigo.

Me dejó sin habla. Cielos, ¿había escuchado mal? Me introduje el dedo en el oído por si tenía un tapón. ¿Felicia, mi Felicia, para la que la noción de arriesgado y salvaje se limita a colocarse una cazadora vaquera sobre su *twin set* de angorina?

—¿En serio? Hubiera sido genial —aseguré forzada. El hecho de que Felicia tratase de disuadirme hasta el último momento me daba bofetadas y me obligaba a espabilar. ¿Y ahora esto?—. ¿Puedo preguntar a qué viene ese sorprendente cambio de opinión?

—Pues a que me estoy comportando, exactamente, como se supone que debo comportarme, y no me gusta —replicó con irritación.

—¿Que es...?

—Como una cuarentona.

Ya. Y eso que no les había echado un vistazo a las «sentencias» de mi agenda depresiva.

Mi lado cotilla salió a relucir y confirmó que algún bicho tropical la había picado. Y yo sin tiempo para averiguaciones. ¡Qué coraje!

—Quiero decir que decidí confinarme en casa haciéndoles pasteles a los niños, porque ya no tengo edad para locuras. Pero he estado pensando..., Lola, yo no he hecho locuras en toda mi vida —sonreí compasiva—, ¿no va siendo hora de empezar? Cuando quiera darme cuenta me estarán enterrando.

—Pelín exagerada, mona —reí—, pero más razón que un santo. No comprendo el empeño planetario de hacernos sentir mal solo porque tenemos una cifra u otra en el carnet de identidad —expuse con la boca chica, sufriendo espasmos en todos los miembros.

—Se me hace muy cuesta arriba lo del divorcio, Lola. Tener que verlo sin poder romperle los dientes..., compréndelo.

—Me hago cargo. Bueno, esta vez ya no puede ser, pero prepararemos un viajecito juntas para el verano y lo pasaremos teta.

—¿Me lo prometes? —exigió con voz de niña pequeña.

—Te doy mi palabra de bucanero.

—Un viajecito de escape...

Las palabras de Felicia quedaron flotando en el aire. En efecto, es lo que hacía, escaparme, borrar mi figurita del mapa incapaz de enfrentar la realidad del despido. Desde mi divorcio, me había centrado obsesivamente en mi trabajo, descuidando todo lo demás, y ahora recogía unos desagradables e inesperados frutos. Me estaba bien empleado por gilipollas, ciega e incauta. A todo el mundo debería golpearle una experiencia así una vez por lo menos. Y no, no es en absoluto el afán revanchista el que me lleva a afirmarlo. Es la certeza de que de otro modo nadie espabila.

Apuré mi café y me dirigí caminando lento hacia la zona de seguridad. El hilo musical hacía de acompañante. Y mis mil revistas. No eran tan terribles las cosas, si lo pensaba bien, empezaba a vivir.

Unas tres horas después, recuperaba mi maleta en el aeropuerto de Fiumicino y tomaba un taxi. Qué alivio que se llamen igual en todas las partes del globo, al menos tienes asegurado el no quedarte arrumbada por no controlar el idioma en cuestión. Arrojé a la papelera toda mi prensa y conservé únicamente el pequeño diccionario español-italiano que había adquirido a modo de salvoconducto. El trayecto del vuelo lo empleé en flagelarme, revisando la calidad de los anuncios publicitarios, sacándoles las tripas, ideando modificaciones. Iba a tener que escribir bien grande en un cartel «de momento, ya no eres más publicista» y clavármelo en la frente con una tachuela.

Me encantó el hotel. Estaba tan rendida que hubiese saltado de alegría por una tienda de campaña, pero era fenomenal, y en pleno centro. Escogí un tres estrellas por aquello de mantener el equilibrio entre confort y economía, quién sabe cuál sería el destino de mis paupérrimos ahorros de aquí en adelante o cuándo me contrataría otra firma en Madrid. Rubriqué mi ingreso, dejé la maleta en la puerta de la habitación y me acerqué a fisgonear por la ventana, estirándome como hacía de adolescente.

—Oh, vaya.

Bueno, de acuerdo, no era Versalles lo que tenía delante, sino los sillares del grueso muro del edificio de enfrente, pero era un palacete antiguo con mucha solera y unas rejas de hierro macizo de al menos seis siglos atrás. Una reliquia, vamos. «Estoy en Via di Pallacorda, a pocos minutos de Piazza Navona, no puedo quejarme», me dije tras correr las cortinas y lanzarme en plancha a aquella jugosa cama *king size*, reservada para mí en exclusiva.

Me quedé sopa de inmediato.

Abrí un ojo y miré con dificultad la esfera del reloj. Madre mía, las diez de la noche, del tirón, ya estaba agotada, ya. Muchas tensiones se habían pegado al colchón por efecto del roce y habían resbalado hasta el suelo de tarima de madera para nunca más volver. Qué alivio no ver un *mail* ni en pintura, ni escuchar el pito que Bruno pone por voz cuando se agobia, chillándome no sé qué de las maquetas puestas del revés. Qué satisfacción saber que ningún pasillo me traerá la espeluznante visión de Verdugo González, Charles Gold, el enanito calvo, y su secuaz femenina Denise, alias Medusa. En lugar de peinarse, metía los dedos directamente en el enchufe del baño, y ya, desde el primer día, tuvimos un encontronazo. Yo aparcaba mi Vespa (en cuanto no llueve, doy de lado a mi pobre coche) mientras ella hacía cabriolas con un coche de esos americanos espantosamente grande. Las ganas de traérselo de equipaje, cuando podría haber alquilado uno pequeñito y circular en paz por Madrid.

Claro que por aquel entonces yo ignoraba que Medusa formaba parte del escuadrón de la muerte americano que acababan de enviar a por nuestro pellejo. De modo que me permití reírme de su nula pericia, preguntándole, cuando empezó a pitarme como una condenada, si necesitaba una pista de aterrizaje para sus maniobras. Le sentó como un tiro, obviamente. Desde entonces no había podido ni verme. Pues a la mierda también.

Di señales de vida a mi pequeñajo, que se dedicó a contestarme con monosílabos porque ascendía de nivel en el videojuego y despistarse sería su fin. Pedí un sándwich de pavo al servicio de habitaciones, un helado italiano (por Dios, ¿cómo no?), una botella de Lambrusco y un bol de patatas con salsa. Me zampé todo delante del televisor y volví a meterme en la cama, a soñar con los angelitos.

¡Un *angelo*, madre, un *angelo*! ¿Os sabéis el chiste?

Asuntos pendientes: despojarme de las legañas, desayunar, vestirme con estilo desenfadado, comprobar que la batería de mi *laptop* está cargada, meterlo en su funda, coger la máquina de fotos, lanzarme a recorrer avenidas.

Me encanta el bufé de los hoteles, me pongo morada. Bollos de todas clases y colores, mermeladas, fiambre, zumitos... Paso del dulce al salado y vuelta a empezar. Cuando por fin me cansé de tomármelo con calma, puse la bailarina en la calle, aspirando fuerte todo aquel olor a ruina legendaria. Paseé sintiéndome plena y superlativa. No es que fuera el mejor instante de mi vida, probablemente otros me hayan llenado más, pero me sentía palpitar. Tenía la inequívoca sensación de que nada había terminado, y si la posición de una en la tabla de ánimos se pudiera medir, Lola Beltrán escalaba y arañaba el siete, por mucho que la agorera de Rita intentase hundirme, robarme la ilusión. Yo la conservaba, la defendía con uñas y dientes por no ser una ilusión cualquiera: era el porvenir, en general, lo que me excitaba.

¿A que suena bien? No está mal como conclusión tras una decepción del tamaño de un tanque blindado.

Callejeé durante horas, sacando fotos de cada rincón que me inspiraba. De los que no también, si eran bonitos, qué diablos. Roma es una ciudad maravillosa, eterna, tan llena de encantos que es imposible no quedarse bizco. Un chico con una Vespa cruzó a toda velocidad el paso de peatones en el que yo me adentraba. Cuando estaba a punto de gritarle un improperio, se giró y gritó entusiasta:

—Eh, *bella ragazza*!

Y me sonrió arriesgando su integridad, porque al retorcer la cabeza dejó de conducir como manda el Señor y estuvo a punto de estrellarse. Tenía el pelo oscuro y revuelto, vaqueros gastados y gafas de sol. ¡Qué mono! Lo perdoné enseguida. Fue entonces cuando me percaté de que estaba hambrienta. En realidad, mi estómago parecía un perro callejero sentado sobre sus patas traseras, jadeando. Me detuve en una *trattoria*.

Utilicé la mesa para que la pizza y mi ordenador portátil hicieran migas. Tomé notas sin descanso y planeé directrices para futuras campañas publicitarias que iban a ser la bomba. A saber por qué se obstina la gente en atraer a las musas desde un despacho cochambroso atestado de papeles, cuando ellas prefieren revolotear a sus anchas en mitad de una plaza: tú no obstaculices; te tomas diez cafés tan ricamente y escribes lo que te dicten, que vena no te va a faltar.

Así de pacífico transcurrió mi primer día, y el segundo y el tercero. Acumulando ideas, anotaciones y piropos de los romanos. Se infló mi ego a la par que mis pies de tantos kilómetros recorridos, pero todo lo di por bien empleado. Tanta despreocupación y holgazanería deberían estar multadas. Fue al quinto día cuando decidí cambiar mi sofisticado *laptop* por una simple libreta y un boli, plagiando a los miles de artistas que pueblan las calles de la ciudad, dibujando bocetos y garabateando frases.

Allá donde fueres, haz lo que vieres.

Al sexto día en una cafetería preciosa cercana al hotel, saboreaba un capuchino que me estaba sentando de muerte cuando Felicia se interpuso entre la tranquilidad absoluta y yo. Así y todo, me alegré de oírla.

—¡Viajera! ¿Cómo te va la vida?

—Contentísima, Feli, esto es la pera —respondí con frenesí. Pareció decepcionada.

—¿En serio?

—Sin relojes, ni horarios, ni jefes dando por el culo.

—Según internet, no tienes más de cinco grados —refunfuñó.

—Llevo un plumas de esquiar infranqueable, no te preocupes, no voy a resfriarme.

—No, si no me preocupo, es que no estará la calle para muchos paseos, y meterse en la habitación de un hotel a ver llover...

Se sorteaba un «vete a la mierda» y Felicia acumulaba papeletas a velocidad de vértigo. Se salvó porque el impresionante moreno de la mesa de enfrente no me quitaba ojo. Por Dios bendito, era el vivo retrato de Clive Owen. Me cogió mirando y sonrió de medio lado. Hummmm, qué sexy, qué seductor. De repente, las frases negras de Felicia dejaron de hacerme pupa.

—Oye, Feli..., ¿tratas de consolarte por no haber venido? —repliqué con dureza—. Quiero decir que lamento mucho que estés pasando por lo del divorcio tú sola y todo eso, pero...

—No digas esa palabra, no la digaaaaaas —aulló con tono agudo.

—¿Cuál, divorcio?

—¡Que no la pronuncies!

—Divorcio, divorcio, divorcioooo —me ensañé—, más vale que te acostumbres y dejes de darle importancia, no es más que un estado civil, creí que quedaba claro que viuda es mucho menos recomendable.

El morenazo seguía inspirando mis pasiones más animales. Mis bragas empezaron a humedecerse sin mi permiso. Felicia, ajena a todo, se desmoronó.

—Te echo mucho de menos, no lo puedo remediar —sollozó. Me conmovió hasta tal punto que dejé de ponerle ojitos al guaperas.

—Anda, mujer, anímate, ya mismo me tienes ahí para hacerte mimitos.

Señor, para lo que hemos quedado...

—¿Cuándo te vienes?

—En cuatro días, nada —le resté importancia. Felicia tenía su propia barra de medir.

—¿Cuatro días? Con los transcurridos serán diez, ¿y para qué quiere nadie estar en una ciudad diez días? Es demasiado tiempo —consideró.

—Me marcho mañana a un pueblecito de la playa, quiero cambiar de escenario.

—Pues vente a España zumbando, porque estamos en pleno invierno y en la costa te vas a quedar pajarito.

—Quiero ver el mar, Felicia —repetí muy seria, plantándome. El moreno me dijo adiós desde lejos y se marchó. Maldita fuera. ¿Se iba sin dejarme un papelito con su teléfono, ni abordarme directo y sin trabas? ¿Dónde quedaba la fama de casanovas de los italianos?—. Acaba de esfumarse un aspirante a ligue —protesté omitiendo, educadamente, que era culpa suya.

—Ah. Estás muy despendolada.

—Lo normal, Feli, lo normal.

Empaqueté mis cosas con una pericia y una rapidez nunca vistas. Apenas había adquirido dos camisetas con un simpático eslogan de Roma, una para Rafa y otra para mí. Los bultos no se habían desarrollado y tomé el tren rumbo a Fregene. Desde mi hotel en Roma me reservaron una habitación en lo que deduje sería una suerte de pensión. No eran más que cuarenta kilómetros, pero llegué tan cansada del traqueteo que invertí otra tarde completa en recuperarme durmiendo a pierna suelta. Por si alguno de los proyectos que llevaba en mente se convertían en realidad al volver a casa y no me quedaba tiempo para roncar. Y la tarde la empalmé con la noche, más feliz que una perdiz. Debí de dormir como catorce horas seguiditas.

En el bufé del desayuno todo tan casero y tan entrañable como en una casita rural. Las mesas cubiertas con manteles blancos calados, con jarroncitos de flores frescas. Apenas estábamos cinco personas en el comedorcito: cuatro chicas y yo. Luego apareció una señora bastante mayor con pinta de cocinera versada, repartiendo tostadas y tortillas a diestro y siniestro. Desde un lugar recóndito, que sería la cocina, la radio local tronaba a toda pastilla.

De repente, una idea genial empezó a tomar forma en mi cerebro. Una idea profesional, rompedora. Una vuelta a los sesenta..., inspiración de aquel pueblito donde el tiempo parecía haberse detenido.

—¡Ostras, claro que sí! —grité sin poderme contener. Una de las chicas se me acercó con un plato de jamón cocido en la mano.

—¿Eres española?

—De Madrid —respondí con amabilidad.

—Nosotras también, qué casualidad. —Me sonrió franca—. Oye, si estás sola, puedes sentarte en nuestra mesa.

¿Cómo le explicas a alguien tan cortés que estás divina, y que, en concreto, como quieres estar es sola, pero no sola de triste y arrumbada sino sola de estupenda y por decisión propia? Quise huir antes de que fuese tarde, no tenía energías para hacer amigos, para caerle *genialmente bien* a nadie. Pero a la vez, temí pecar de antipática, y contra todo pronóstico...

—Sí, gracias, te lo agradezco mucho.

Y trasladé de mala gana mis cosas a la mesa de al lado, algo más grande.

Cuatro pares de ojos me recibieron con avidez. Demonios, ninguna de aquellas chicas sobrepasaba los treinta años, ¿qué pintaba yo en ese grupo? Unas palabritas, las justas para no resultar grosera, y me pierdo, que hay que explorar la playa.

—Chicas, Lola es madrileña, como nosotras —me presentó Melania, que se atiborraba de jamón cocido sin escrúpulos.

—Hola, soy Ana —dijo una morena con melena lacia, partida en dos, por encima del hombro.

—Yo, Tamara —dijo la rubia con rizos. Tan falso lo uno como lo otro. Pelo frito. Qué espanto me da. Se me vinieron a la cabeza todos los acondicionadores que he lanzado a la fama en los últimos diez años.

—Yo soy Georgina, pero puedes llamarme Gio. —Tenía una cabellera pelirroja insultantemente salvaje, millones de pecas repartidas por la piel y los ojos azules.

—Encantada —repuse apreciando el gesto afable de las chicas.

—¿Cómo es que viajas sola? Estábamos mirándote y haciendo apuestas —rio Tamara con su cantarina voz.

—¿Apuestas?

No sé si me agradaba ser el punto de atención de cuatro jovenzuelas ociosas.

—Sí, Gio y yo afirmábamos que viajabas sola, Ana y Melania, que no, que eso era imposible.

—Una chica tan guapa no puede ir sola a ninguna parte. Esa es nuestra tesis.

—Vaya, gracias por lo que me toca —me ruboricé—, pero sí, viajo sola, lo siento por la porra y por quien la haya perdido.

—¿Lo veis? —saltó Gio triunfante.

—¿Cómo te atreves? Qué pánico... —Ana abrió los ojos con desmesura.

—Bueno, no estamos en el Líbano —la desestresé—, he pasado unos días en Roma buscando inspiración...

—¿Ahora se llama así? —Tamara golpeó traviesa con el codo el costado de Melania. Las dos graznaron como ocas en primavera.

—No he venido a Italia a ligar —advertí sin perder el buen humor.

—Nosotras sí, por descontado —contestó Gio muy seria.

—A docenas —convino Melania—. Todos los que caigan y más.

Haciendo gala de una discreción rara en mí, las repasé una a una, como si fueran modelos en un *casting*. Muy guapas no me parecieron, con la sola excepción de Gio debido a su exotismo, pero eran lozanas, rezumaban vitalidad. Es bien conocida la fogosidad calenturienta de los italianos en general, de manera que no tardarían mucho en llevarse el gato al agua, el *pichabrava* no se caracteriza por ser excesivamente selectivo.

—Y tú te vienes con nosotras —resolvió Melania convirtiéndose en portavoz. Parecía la jefa. Sonaba a jefa.

—No, nena, en serio te lo agradezco... —traté de escabullirme. La vi lanzada.

—Nada de excusas, no vamos a permitir que una compatriota esté sola, ni hablar del peluquín.

—Pero es que necesito...

—Necesitas un buen polvo, como las demás —se carcajeó Tamara retorciendo sus relucientes mofletes.

—En serio, me apetece muchísimo dar una vuelta con vosotras, pero...

—Vamos a conocer el pueblo.

—Tengo que trabajar —corté.

—Pero tú no estás aquí por trabajo —apuntó Gio con una chispa de incredulidad—. ¿O sí?

—Colecciono ideas que me servirán más tarde —sonreí rígida—, tengo algo entre manos...

—¿A qué te dedicas? —quiso saber Ana sacándole brillo al interior de un yogur.

—Publicidad. Trabajo en una agencia —suspiré.

Se formó un pequeño alboroto.

—¡Qué guay! —chilló Tamara.

—Conocerás a gente famosa —supuso Melania sin ocultar su admiración.

—¿A Hugo Silva? ¿Conoces a Hugo Silva? —se agitó Tamara mirando a sus amigas.

—Sí, bueno, no mucho... —Me frenó el alarido de la rubia, en pleno comedor. Menos mal que estábamos más solas que la una.

—¿Y a Miguel Ángel Silvestre?

—A ese no. —Apreté los labios.

Si les llego a contar que fui yo la que diseñó la campaña del mozo para el perfume *Hombre*, me montan un club de fans allí mismo. Me refiero a la campaña original, no a la edulcorada que editaron luego. En la mía, el Duque salía de surfero matutino, mojadito y sabrosón, luciendo tableta de chocolate, y luego de esmoquin... Aunque esa es otra historia, mejor que la aparque, bastante cabreo me pillé en su día.

—Bueno, pues cuando vuelvas, localizas el teléfono y nos avisas —planeó Melania con ojos golosos.

—Es que no va a poder ser, lo he dejado.

El comedido barullo de antes trocó en escándalo. Todas sorprendidas.

—Pero ¿cómo puede alguien dejar un trabajo tan... chulo? —se horrorizó Tamara con las manos en las sienes.

—Tengo un jefe insoportable —mentí—, además, ya estaba harta.

—¿Cómo vas a estar harta en tan poco tiempo? —me acorraló Ana.

A ver..., ¿cuándo había yo aludido a mi antigüedad en la empresa? Efectivamente, era un dato no mencionado. ¿Tenía acaso cara de becaria novata? Me agarré al cojín de la silla. Quia. Estas muchachuelas me tomaban por una de su quinta. Agárrate que hay curvas. No supe si derretirme de placer o salir corriendo.

—Es un curro muy estresante y quema mucho —terminé, empleando aposta términos juveniles y coloquiales—. Hacemos un trato, me dejáis trabajar esta mañana y por la noche me uno a la cena. ¿Hace?

—Si prometes contarnos mil y un cotilleos de tu agencia, te ponemos un piso, maja —bromeó Melania.

—Pues en eso quedamos.

7

Enero: se acabaron las marchas.
No te queda energía y las resacas son matadoras

—Y una mierda como un sombrero mexicano.

Eso tan fino fue lo que me salió del alma al leer la estúpida sentencia de la no menos estúpida agenda que Rita me había encasquetado. Había querido echar un vistazo al mes siguiente y era como un pasaporte a la infelicidad, a los complejos sin fin. Bastante tenía yo con debatirme entre lo que me mostraba su cruda realidad y mis todavía ingenuas creencias. Que me dejasen en paz con la cuarentena y con mi histerismo intrínseco. Por lo pronto, esa noche saldría de copas y pensaba liarla parda.

A ver, me explico: la sentencia, de una crueldad sin par, me revolvió las tripas, porque si hay algo que me sobra a mí, es energía. Mis nuevas amigas andaban todas entre los veintisiete y los veintinueve y habían tenido que echarse la siesta tras visitar un mercadillo. Yo recorrí el pueblo de cabo a rabo, saltando como las cabras, con un cerebro en fulgurante actividad que consumía glucosa a mansalva, y aquí me tenían, más fresca que una lechuga. Decidí en ese mismo segundo que no usaría la agenda ni como bloc de notas, pero me pasearía por sus absurdos y castrantes dichos, a fin de violarlos. Quedó dicho: un duelo entre Lola y sus ganas de vivir y... aquello, no apto para cardíacas.

El pueblo tenía pocos restaurantes, pero como era una zona turística y selecta, eran divinos. Me calcé unos vaqueros gastados, un top de ante color rosa y mi inseparable plumón contra el gélido exterior. Un poquito de chapa y pintura, léase «maquillaje», y nos reunimos en el vestíbulo del hotelito.

—Vaya, chica, debo reconocer que estás impresionante —se admiró Gio, azorándome con una de sus miradas contenidas. Esa chica causaba en mí una turbadora fascinación.

—Voy en vaqueros —me defendí con mofa.

—Estás impresionante —insistió en un tono tajante.

Habían reservado mesa en el restaurante Dal Pioniere y me sorprendió encontrarme el lugar repleto de visitantes. El árbol de Navidad, del que colgaban palomas de cristal, adornaba una esquina como una lluvia de estrellas, y ardían velas resplandecientes. Un escalofrío de deleite me recorrió la espalda como a una quinceañera.

—Qué bonito, qué bonito todo —hipé.

—Encima, la guía Michelin dice que la comida es insuperable, está considerado el número uno de la zona —nos animó Ana arrimando la silla y desdoblando la servilleta a toda leche.

—Me muero de hambre —susurró Tamara. Sus kilillos de más ya me daban alguna pista.

—Así que has decidido cambiar de trabajo. —Melania volvió a colocarme en la picota. No creo que mi futuro profesional fuese el mejor tema de conversación. En fin, respondí, no quería ser grosera.

—Sí, igual me lo monto por mi cuenta —insinué imprimiendo a mi tono una jovialidad excesiva.

—Tamara y yo somos azafatas —explicó Melania revisando la carta—. De congresos, de exposiciones, de lo que se tercie. —Miró a su amiga—. De momento, no nos quejamos.

—Yo sí me quejo. Son demasiadas horas encima de los tacones, me están saliendo juanetes.

—Pues te los operas y en paz —la instruyó Melania con dureza—. Yo lo hice, los mandé al cubo de la basura y ahora hasta sandalias me pongo.

¿Juanetes? ¿Cómo podían chicas de su edad sufrir por esas menudencias...? Sacudí la cabeza, Ana me estaba hablando.

—Yo trabajo en una oficina, de recepcionista. Nada excitante, las únicas que tenéis algo creativo que contar sois Gio y tú. Gio es escritora.

La miré con renovado interés. Renovado, ya tenía mucho acumulado de antes.

—Así que escritora...

—Bueno, no sé si se le puede llamar así, todavía no he publicado una mierda —dijo con acritud.

—Ah. —Abrí la boca, pero lo que iba a comentar era una impertinencia. Mejor me callaba.

Claro que para responder a mis preguntas mudas ya estaba Tamara.

—Si te intriga de qué vive entretanto, te diré únicamente su apellido: Suárez —silabeó ahuecando la voz.

—Suárez los de... ¿Suárez? —aullé.

—Sí, querida, los joyeros de toda la vida. Tenemos una amiga ricachona que puede permitirse el lujo de escribir día tras día y no ganar un chavo.

—Lo dices como si te escociera —espetó Gio. No la conocía lo suficiente para adivinar si estaba mosqueada o de cachondeo. Decidí cambiar de tercio por si acaso.

—¿Os habéis fijado? Desde aquí se escucha el rumor de las olas.

—Yo me fijaba en otras... maravillas de la naturaleza. —Melania hizo con la cabeza una indicación que todas perseguimos.

Joder. La mesa del fondo. ¿Una despedida de soltero o algo parecido? Cuatro pedazos de ejemplares del género complementario, brindando y pasándolo chupi, arremolinados en torno a unos tanques de cerveza. ¿Por qué suele haber una mesa de chicos solteros por cada mesa de chicas solteras que se ocupa en un restaurante? Noté en la barriga un cosquilleo indecente. Impropio de los cuarenta, me habría regañado Rita. Pero ¿qué podía hacer yo si mi espíritu no se doblegaba ni se sentía primitivo ni decrépito?

De mis lujuriosas cavilaciones me sacaron los alaridos de Tamara y Melania, enlazadas por los brazos y proponiendo el primer brindis de la noche:

—Por nosotras, que somos cinco macizas jóvenes...

—Más españolas que el jabugo —corroboré yo. Se rieron, qué monas. Y había dicho cinco, cinco jóvenes. Incluyéndome. ¿Te enteras, Rita?

—Que se lo van a comer tooooodo, pero tooooodo, toooodo, en Italia.

—Todo el *penne rigate* disponible —volví a hacer un chiste. A descojonarse toca. Gio me miró con patente admiración.

—Vaya, tendré que echar mano de ti, compañera, cuando me decida a escribir una comedia.

—No te fíes, son restillos de mi anterior oficio, no sé improvisar una rima —dije modesta.

—Ya será menos —murmuró aterciopelada clavándome una mirada como una alcayata.

Me removí nerviosa en mi silla. Algo tenía esa chica que me producía desasosiego. O me lo ocasionaba yo misma al notarla tan pendiente de mí. Qué sé yo, ya llevaba unas cuantas cervezas.

Tuve la tentación de sugerirles una buena botella de vino. En mis tiempos de publicista de moda, me aficioné e incluso me apunté a un curso de enología. No es que fuese una experta, pero podía mejorar el mantel de nuestra mesa y todas me lo agradecerían, sabía exactamente qué pedir para disfrutar un vino de calidad sin arruinarnos. Pero no, no estaba dispuesta a tomar de nuevo decisiones que afectasen a una pluralidad, como en mis tiempos de ejecutiva agresiva. Aquello había pasado, ahora yo era una hoja al viento que simplona e inconsciente se dejaba llevar. Obligué a mis músculos a aflojarse y me repetí mentalmente:

—Soy una hoja al viento, soy un tapón de corcho flotando en un charco, soy una hoja...

No pasó mucho tiempo antes de que unas oleadas de miraditas trasvasaran de una mesa a otra como vientos alisios. El tonteo puro y duro, servido en bandeja. Melania tomó el testigo y sacó un cigarro del paquete, pero, adivinando sus intenciones, Gio, más rápida e imaginativa, se lo arrancó de los labios y se puso en pie guiñando un ojo.

—Enseguida os lo traigo.

Se dirigió a la pandilla masculina con tal contoneo de caderas, que nadie en su sano juicio hubiera podido resistirse a aquella antorcha de mujer de cremoso escote. Los comensales se giraron a su paso.

—¿Alguno de vosotros tiene fuego? —la oímos susurrar.

En menos de un minuto, estaban todos apiñados en torno a nuestra mesa, haciéndose sitio a codazos, pidiendo vino italiano y champán a raudales, dispuestos a sembrar la mejor noche de sus vidas. Vaaaaale, seré completamente sincera, los recibimos con los brazos abiertos, nosotras éramos las primeras interesadas en divertirnos, y me incluyo porque ya me consideraba una más.

Cuando se vació el restaurante, los camareros sacaron más botellas, asegurando que eran invitación de la casa. Cualquiera sabe, íbamos tan pedo podríamos haber pagado hasta los toldos. Salió el cocinero y propietario y todos se unieron a la fiesta. Recuerdo que bailamos una apretada *lambada*, varios *sirtaki* y sabe Dios cuántas cosas más, hasta que Gio cruzó conmigo un gesto de hastío y bajamos las dos a la playa, embutidas en los anoraks. La pelirroja puso cara de asco.

—Ya está bien de italianos, son como los argentinos: pegajosos, no te los despegas ni con agua caliente —masculló aspirando una bocanada de aire.

—Creo que nos hemos escurrido sin que se den cuenta. —Dejé ir una risita. Ella sacó un paquete de pitillos, se puso uno en la boca y me ofreció—. Gracias.

Caminamos a lo largo de la playa, con una luna llena espectacular, redonda. No voy a negar que hiciera frío, pero la calidad de nuestros plumones y los tres litros por barba de alcohol consumido ayudaban a no notarlo. Desde la orilla escuchábamos las carcajadas del festín en el restaurante.

—No te confíes, alguno sí habrá debido de darse cuenta de que nos hemos escapado —aseveró Gio con retintín—. El tal Enzo no te quitaba la pestaña de encima.

—¿Enzo? Ni idea ¿Cuál de ellos es? Creo que ya estaba demasiado borracha para retener nombres guiris cuando se han presentado.

—Ese que parece un querubín, rubio con ricitos. El que chapurrea español que da gusto oírlo.

—Ah, ese. —Ni idea—. ¿Y dices que me miraba?

—Insistente y ardorosamente —puntualizó.

—Ya será menos...

—Venga, Lola, no disimules, tú debes de tenerlos haciendo cola en Madrid, di la verdad.

—Pues... —titubeé. ¿La sacaba de su error respecto a mi edad?

—Los tienes —confirmó tajante sin que yo participase.

Mejor dejar las cosas como estaban. Gio me agarró por la cintura y las dos giramos de vuelta al restaurante, describiendo unas perfectas eses de borrachinas por la arena.

—Así que escribes... —comenté con deje casual, embriagándome de aire marino. Pronto la única agua salada que olería sería la de cocer patatas.

—Bah, garabateo, hago como que escribo, pero me distraigo.

—Me parece superinteresante, ¿nunca te has planteado escribir para una revista? No sé, textos publicitarios, están muy cotizados.

Gio me observó incrédula.

—Ese no es para nada mi estilo.

—Ah, ¿no? ¿Y cuál es?

—Poesía —abrió una pausa— y novela erótica.

Me subió un calor rarillo por entre los muslos.

—Ah. —Allí estaba yo con mi conocido repertorio de exclamaciones tontas cuando me ponía nerviosa o no sabía qué decir; Gio tenía esa capacidad, la de dejarme de piedra. Se quedó mirando el mar.

—¿Estará muy fría?

—¿No pensarás...? Estamos en diciembre —alerté rígida como una sardina arenque.

—¿Por qué no? —rio—. Que no se diga que las españolas cuando besan, no besan de verdad.

—¿Y qué tiene eso que...? —No me dejó terminar, me estampó un beso en todos los morros y a continuación salió como una flecha hacia el agua.

Por alguna razón oculta en mi subconsciente, me sentí pletórica y la imité. El helor del agua me despabiló para, enseguida, dejarme lacia. Creo que perdí el conocimiento. Lo último que vi fue a Gio pegando saltos como una mona y yo a su lado, haciendo lo propio.

Recuperé la noción del mundo real delante de una chimenea, envuelta en mantas, con los pies descalzos sobre un cojín y una taza de humeante chocolate en la mano.

—Ya os vale, cafres, locas. —Melania se descojonaba. Gio y yo parecíamos siamesas, una sentada pegadita a la otra, y en lugar de gemir como hubiera sido de esperar nos reíamos.

—¿Dónde estamos? —dejé caer.

—Os hemos rescatado del mar como a dos náufragas de mierda —aclaró Tamara bizqueando. Evidentemente, la pea no se le había pasado a nadie.

—Ha preguntado que dónde estamos —insistió Gio con mal genio.

—En casa de Mariccio —informó Ana examinándonos desde lejos, no fuese a contagiarse.

—¿Quién coño es Mariccio? —ladró.

—Yo mismo. —El dueño de la casa nos sonreía desde su uno ochenta y mucho de estatura—. Hemos puesto vuestra ropa a secar. ¿Estáis bien? ¿Necesitáis algo?

Saber quién diablos nos ha desnudado. El mismo temor se apoderó al tiempo de las dos: abrimos mínimamente las mantas y oteamos el interior. Vestíamos una especie de pijamas o chándales holgados.

—No os agitéis, señoritingas, nos hemos encargado nosotras en la habitación del fondo, nadie ha osado tocaros el tanga —aclaró Melania con su acostumbrada autoridad.

—*Come vai?*

¡Guau! Voz sexy donde las hubiera. ¿Cuál era la identidad del pedazo de pibón que acababa de acoplarse a mi lado? Recordé los datos identificativos que me había facilitado Gio: rizos rubios, rostro de querubín, sí, siempre que al querubín le quites los saludables mofletes y los sustituyas por un mentón cuadrado, una mandíbula ancha como un bolso. Debía de ser Enzo.

—Se nota que en Madrid no hay playa —bromeó.

—Vaya, vaya —completé recordando la canción—. Lo sé, es un chiste malo. —Nadie se rio lo más mínimo, ni yo siquiera.

—Tomaos el chocolate —indicó con amabilidad—. Tiene un chorrito de *brandy*.

Pues ya ves, más alcohol, lo que nos faltaba.

A la tarde siguiente nos invitaron a una barbacoa a cubierto en casa de Mariccio. Una preciosa casita cuyo coqueto jardín con sicomoros pude admirar antes de que cayera la noche. Me había pasado el día sobando como una quinceañera, un sueño profundo y reparador del que desperté mejor que nunca. Una ducha templada, un maquillaje ligero y de nuevo a los tacones, guapa a reventar. Me sorprendió ver las ojeras de mis nuevas amigas y sus movimientos retardados.

—No puedo con mi alma —aulló Melania encogiéndose por el esfuerzo de caminar.

—Hablad bajito, me retumba todo en la cabeza —se quejó Tamara.

—Por Dios, estoy muerta, *moría, matá* —juró Ana—. ¿Dónde está tu mala cara, perra? —Ese delicado piropillo venía dedicado a mí.

—No tengo mala cara casi nunca, si duermo... —confesé.

—Las guapas estas que encima tienen buenos genes son un asco —se trabó Melania.

—Una mierda.

—Una basura como amigas. Yo tengo las cervicales vueltas del revés —escupió Tamara.

—Oye, no estaréis hablando en serio —me asusté—. Si os hace más felices, me pinto ahora mismo dos círculos negros bajo los ojos.

—Mujer, solo bromeaban —Gio acudió en mi ayuda—, estas *pilinguis* son así, todo brutal sinceridad, pero nosotras trataremos sus comentarios con el desprecio que se merecen.

Cinco minutos de barbacoa bastaron para confirmar mis sospechas: acabaríamos al mismo nivel de embriaguez que la noche previa, aunque pasaba del baño. Mariccio había dispuesto dos mesas, una repleta de cosas para picar y la otra con bebidas, alcohol de quemar, mayoritariamente. Enzo chamuscaba con gracia las chuletas en la barbacoa. Al llegar, no se me escapó que me buscó con la mirada. Gio me dio un codazo y me guiñó un ojo en un claro «a por él».

Sin embargo, yo no las tenía todas conmigo, no estaba segura de querer ir a por nadie. A fin de cuentas, y, aunque todos lo ignoraran y me tomasen por una más del grupo generacional, con un millón de años más que ellos, no podía ser tan patética. Pero en fin, ya sabemos cómo son estas fiestas, el güisqui corriendo a raudales, los altavoces en el jardín escupiendo decibelios y las hormonas revolucionadas, que para algo somos jóvenes. Melania no hablaba, arrastraba la lengua por el suelo.

—Y todas somos de Madrissssss...

¡Jesús! ¿No les habían contado eso la noche anterior? Ah, claro, no me acuerdo, yo estaba buceando con Gio en las aguas del Ártico. Menudas gilipollas, la pelirroja y una servidora.

La contemplé a distancia. No era precisamente un bombón en el sentido clásico o estricto del término, pero poseía un atractivo innegable, su pelo rasgaba el aire como una tea prendida y sus ojos azul hielo, en lugar de mirar, perforaban. Poca gente, hombre o mujeres, podría resistirse a un carisma tal. Ensimismada estaba yo en mis pensamientos, a punto de recordar el roce de nuestros labios, cuando Enzo se deslizó por detrás con un ramillete de flores silvestres en la mano. Se arrodilló teatralmente e hizo como que me las entregaba.

Todos corearon una ovación y yo quise arrojarme de cabeza al arriate de las margaritas.

—*Per la ragazza spagnola che ha rubato il mio cuore* —recitó llevándose la palma abierta al pecho.

Ya estamos. Estos chicos del Lacio...

Pero enseguida se puso en pie, aferró mi cintura, dio un suave y calculado tirón y me plantificó un beso de tornillo, desconcertante el primer segundo, indescriptiblemente placentero los otros... muchos. A nuestro alrededor, los asistentes a la barbacoa aplaudían como si aquello fuera la última de Cameron Diaz.

—*Io da grande, voglio essere Enzo* —oí pronunciar entre risitas—. *Gesú, Gesú, voglio essere Enzo Cerutti!*

Había sido un beso a traición y eso lo hizo mucho más romántico. Aparte, el tío besaba de vicio, tengo que reconocerlo, y cumplían varios meses que no me enrollaba con nadie; además, cuando me lancé, fue un calentón momentáneo sin nada más que ofrecer, y... oh, cielos, otro estrujón del mancebo contra su musculado pecho sesgó de un tajo mi aluvión de pensamientos. Disfruta, Lola, y cállate ya, por la Virgen del Carmen. No se presentan ocasiones como esta todos los días.

A Enzo se le veía dichoso y satisfecho, con sus varoniles antebrazos rodeando mi cintura, susurrándome cositas dulces que yo apenas entendía en el hueco de la oreja. Me puse al frente del pequeño mueble bar de Mariccio a servir copas como una descosida. No en vano, la ilusión incumplida de mis años universitarios era ser una *atracativa* camarera en los bares de moda. Mi padre puso el grito en el cielo y ahí se acabó mi vocación, igualito que si la hubiésemos tirado por un barranco.

Hubo muchos más besos y la sobremesa empalmó con la cena y la noche estrellada. Conforme avanzaban las manecillas del reloj mi energía se multiplicaba y explosionaba desparramada. Me convertí en una farola de la Puerta del Sol. Por lo visto, era la única a la que emborracharse y trasnochar le causaba el extraño «efecto halo». De poco le servía a Ana ser la más joven, despatarrada en una silla con ojeras de enferma terminal. Melania reptó hasta mi bar.

—Dime cómo te mantienes en pie, sobre esos infernales tacones y con cara de recién levantada, bruja.

—Será efecto del achuchón de Enzo en el cuarto de baño hace un rato —se entrometió Gio por encima de nuestros hombros, más pícara que nunca. Los ojos de Melania se desorbitaron, pero su pasmo remitió con un gesto de asentimiento.

Se alejaron ambas, y no sé por qué yo decidí sacar de su error a Gio en lugar de a Melania.

—Oye, que Enzo y yo no... —jadeé.

—Ya lo sé, tonta, pero ellas no. Déjalas que sufran.

—Serás mala y perversa... —me descompuse. Normalmente, jueguecitos como aquel acababan en pelea verdulera.

—Aquí no tenemos ningún ciego, de las cinco eres la guapa, el momento *striptease* de la despedida de soltero —fraseó con desparpajo—. Enzo es el *guapérrimo* cachas. ¿A quién habría de extrañarle?

Acababa de pasarse varios pueblos y una gasolinera. Eso era igual que dar por hecho que el polvo caería tarde o temprano. ¿Qué pasaba con mi honra? ¿Iba la Lola cantando por peteneras que le iba la marcha y que se follaba al primer macizo que se le cruzara por delante, apoyada contra la pared del baño? Pues iba a ser que sí. De repente, las caras de todos, sus ojos vidriosos achampanados, me gritaban como en el circo romano:

—Que se lo tire, que se lo tire, que se lo tireeeeeee.

A Enzo lo tenía de nuevo encima, adosado como un percebe. Repartiéndome por todo el cuello blandos besos que convirtieron el liso manto de mi piel en un puercoespín.

Pues mira por dónde, voy a quedar por encima de todas vuestras sucias suposiciones, calentones del carajo, veinteañeros salidos. Hoy, la Lola duerme sola.

Llevé a cabo mi plan. Con el colchón en exclusiva, dormí a pata suelta esa noche, con la satisfacción que produce el que alguien como Enzo babee por tus huesos. Empecé a cavilar que lo de la cuarentena no era más que una actitud, cada cual tiene los años que tiene su espíritu. Me lo confirmaron los cuatro rostros cetrinos que me encontré en el comedor a la hora del almuerzo.

—Mira, pero si las bellas durmientes han bajado —me cachondeé. Venía del pueblo, con una cesta de mimbre colgada del brazo.

—La cosa va de cuentos, pareces Caperucita —bramó Ana con voz aguardentosa de camionero trasnochado—, no me puedo creer que hayas madrugado.

—Desayuné como la una esta mañana, solita, sola.

—Hijaputa..., qué aguante... ¿De qué parte de Madrisssss eres? —La del Madrisss era Melania, siempre era Melania.

—De la normal, chica, sin estridencias.

Tomé asiento en la única silla libre. Quisiera no tener que decir que me observaban con reverencia, pero lograron abrumarme.

La señora de la cocina nos sirvió entre sonrisas. Olían a gloria sus pucheros.

—Hoy es mi último día, vuelvo a España.

—Ooooooh.

Me congratula decir que lo corearon las cuatro. Estaban decepcionadas.

—¿No subes con nosotras a Venecia?

—No, chicas, otra vez será, tengo responsabilidades en casa que me reclaman.

—Pero si estás sin trabajo —adujo Tamara cual lince.

Ya, pero tengo un hijo de diez años que... No, mejor seguir disimulando. ¿Para qué estropearles la ilusión?

—Tengo que ponerme a buscar curro con urgencia, montar y sacar algo en claro de todas las ideas que llevo apuntadas antes de olvidarlas. Por otra parte, mi presupuesto se ceñía a diez días, ni uno más ni uno menos.

—Si necesitas... —ofreció generosa Gio.

—No, cielo, te lo agradezco, pero ya tengo el billete, cumpliré con el calendario.

—Entonces, esta noche ni te vemos; Enzo y tú tendréis una despedida acorde con las chispas que saltan cuando coincidís en el mismo cuarto —dedujo Ana, bostezando sin taparse la boca.

—No me explico cómo no te lo trajiste anoche, arrastrando de una oreja. —Melania sacudió la melena.

—O de otro sitio más interesante —cacareó Tamara—, me figuro que debe de tenerla como un calabacín grande.

—¿Para qué se lo iba a traer si ya lo exprimió en casa de Mariccio?

Todas miramos a Gio. Yo, con reproche. Las otras, con cara de «ah, es verdad, no recordamos haberlo presenciado, pero es que estábamos como cubas».

—Bueno, pues esta noche, la desbandada, el homenaje. —Gio hizo un gesto con las manos imitando un gran luminoso—. El acabose.

—¿Es bueno follando? Ya me entiendes. ¿Fogoso, como se espera de un auténtico italiano? —soltó Melania. Me dejó helada.

—¿Cómo la tiene? —suplicó Tamara con ojitos de conejo asustado.

—Divino. Todo divino —me escurrí—. Hale, a comer, que se enfría y la señora se cabrea.

Lo cierto es que yo barajaba una invitación para cenar en la intimidad con Enzo, pero aún me debatía entre si aceptarla o ignorarla cortésmente, y pasar mi última noche con las chicas. Las vi poner morros por no haberme extendido dando detalles de las virtudes del macizo, pero como no iban a tragarse que no me lo había tirado, ¿qué otra cosa podía hacer? Mirar al horizonte y dejar que fantasearan.

—Estoooo..., me ha invitado a cenar esta noche —anuncié insegura—, para despedirnos.

—¡Qué romántico! —Tamara pegó un brinco en su silla que a punto estuvo de mandar a la porra la sopa.

—El caso es que no sé si aceptar. —Ocho pupilas malsanas clavadas como alfileres en mi cara. Hasta podía sentir los pinchazos—. Oye, también querría despedirme de vosotras, él llegó el último.

—Ya lo dice la Biblia, que los últimos serán los primeros, y nosotras nos hemos educado todas con monjas. —Gio tomó la batuta asumiendo el sentir del grupo—. No se hable más, te largas a cenar con esa obra de Miguel Ángel, y luego te lo tiras tres o cuatro veces, a la salud de tus amigas. —Hizo un floreo con la mano.

—No nos debes nada, nena —convino Melania modosita y comprensiva por primera vez desde que la conocía.

No es por presumir, pero me da que lograron convencerme.

Para cuando empezaba a marcharse el sol por detrás de la línea del mar y Enzo me esperaba en el zaguán de la pensión, Lola, experta en viajes relámpago, ya tenía dispuesta la maleta. Por si las moscas, por si no dormía en casa, por si terminaba mi romance con el minuto justo para pillar el avión... Me metí en la ducha y estuve un rato mirándome los pies. Luego me embadurné los muslos con una crema reafirmante de caviar del súper que prometía ponerme el culo más prieto que a Jessica Biel. Estaba de oferta a dos euros con noventa y cinco y me había comprado diez tubos. Por favor, por favor, que funcionase.

Me hubiese gustado vestir de otro modo, mi renovado yo me pedía seducir, encandilar, pero hacía un frío del demonio, nada de falditas. Volví a recurrir a mis vaqueros pitillo con botas altas y una camiseta de Tim Burton, de la novia cadáver, mi fular alrededor del cuello y la cazadora de cuero de aviador forrada de borreguito. A Enzo se le alegró la cara cuando me vio. Casualidades de la vida, salvando las distancias, rizos rubios y demás, él parecía el protagonista de *Top Gun*.

—*Sei bellissima*.

Buen recibimiento, sigue por ese camino, chico, y te ganas la mamada de tu vida.

No puedo negar que lo pasé como los indios. Habría mentido si hubiese dicho que estaba cansada, no, señor, estaba a tope, igual que él. A lo mejor eran las ganas reconcentradas de meternos mano lo que nos mantenía a cien, porque las cuatro veinteañeras estaban roncando desde las cuatro de la tarde, y más que dormir, perdieron el conocimiento. Mi experiencia y madurez me facilitaban ampliamente aquello del desenvolvimiento, atrás habían quedado mis atranques cuando un chico me dirigía un cumplido o los embarazosos silencios de la conversación en las primeras citas cuando quieres quedar de puta madre y de enrollada, pero apenas lo conoces y no sabes si tocar el fútbol o el tiempo o sonreír todo el rato como una boba. No. Soy lo que viene siendo una mujer hecha y derecha que sabe comportarse con soltura y espontaneidad. Y Enzo me lo agradeció. Por activa y por pasiva, con su lenguaje corporal y con el otro.

—*È fantastico parlare con te, linda. Si puo parlare di tutto con te, sei intelligente...* —Adelante, continúa, di que no tengo nada que envidiar a esas tontainas postadolescentes—. *La maggior parte delle ragazze che conosco sono un poco...* ¿aburridas? *e cosí...* —Dudó al escoger la palabra. Pestañeó y me tomó la mano—. *Non prenderlo come un insulto alle donne pero sono cosí...*

—Imbéciles que solo sirven para follárselas —acabé la frase por él. Levantó los ojos agradablemente sorprendido.

Ya que estaba, envalentonada por el rico vino, decidí ir a por todas.

—Y no queda ahí la cosa, son las acompañantes de los dos placeres: el que te da cuando te las tiras y el que te produce cuando las echas de tu cama.

Enzo dejó ir una estridente carcajada.

—*Io non lo avrei descritto meglio, mi sembrava un po scortese*, pero sí. —Volvió a mirarme con intensidad. Una intensidad insoportable, arrebatadora—. *Sei una donna stupenda.*

—Lo sé, lo sé —admití sin falsa modestia. De no haber estado tan «alegre» no me hubiese atrevido, desde luego—. Es lo que soléis comentar los hombres que ya andáis hartos de jovencitas insulsas.

—*Ma anche tu sei molto giovane* —objetó.

—Me refería a... más jovencitas todavía. —Sonreí entornando los párpados, seductora. Primer asalto antes del ataque definitivo—. Vale, pues no me gustan esas cosas; es por solidaridad innata con mi género. A las mujeres se les debe respeto, Enzo. Siempre, siempre.

El postre cayó entre bragas húmedas y unas irreprimibles ganas de saltar el uno sobre el otro. Por debajo de la mesa nuestros vaqueros se rozaban y las rodillas se juntaron para abrirles paso a los muslos. Su calor humano, en contraste con el frío nocturno, me revitalizaba. Salimos del restaurante con la tripa satisfecha y cogidos por la cintura.

—*Vieni a casa?* —preguntó gentil—. *Non è molto grande, è un appartamento normale...*

Apoyé un dedo sobre sus carnosos labios para que no siguiera disculpándose por memeces.

—Será perfecto —dije tan solo.

Lo fueeeeeeeeeeeeeeeeeeeeeeeeeeeeeeeeeeeeeeeeeeeeeeeeeeeeeeee eeeeeee.

Dios, cómo estaba el italiano. Menudo cuerpo de pecado, tableta de chocolate, muslos torneados, ancha espalda, duro por aquí, duro por allá. Las hendiduras entre sus músculos parecían esculpidas con cuchara de helado. Y de la entrepierna ni hablamos. No sabía dónde agarrarme y cuando por fin lo tuve dentro, temí perder el sentido de puro placer, en oleadas violentas. Era como comerse una tarta de chocolate de kilo y medio, sin remordimientos, sabiendo que no solo no te engordará, sino que te dejará un tipo de infarto.

Hasta osé decirle cositas picantes al oído:

—Me gustas más que comer con los dedos, cacho cabrón.

No estoy segura de que me entendiese, pero a juzgar por sus gemidos, chillidos y demás repertorio, se lo pasó fetén. En honor a la verdad, debo admitir que yo lo seguí a pie juntillas. ¡Ay, *omá*! ¡Qué rico esto de ser lo suficientemente segura como para gozar sin decoro en la cama! ¡A la mierda los complejos de cuando tenía veintiocho años! Que si la celulitis, que si la teta, que si la postura... Viva la naturalidad y las ganas de pasárselo bien, concentrada en lo único en que hay que concentrarse: el órgano de máximo placer, léase, el cerebro.

Después de los éxtasis (cuatro, cuatro, cuaaaatro), nos acurrucamos y dormimos las horas que quedaban hasta mi marcha. Estaba decidida a pasar por la pensión no solo a recoger la maleta, sino a achuchar a mis compañeras de aventuras. Enzo se empeñó en trasladarme al aeropuerto, negándose en redondo a la posibilidad clásica del taxi de toda la vida. A las niñas se les saltaron las lagrimitas.

—Lola, has sido todo un descubrimiento, querida —alabó Melania abrazándome con pasión.

—Un amor de persona —convino Ana emocionada.

—La guerrera marchosa —avivó Tamara con voz ronca de resaca de tres pares de narices.

—Espero verte de nuevo por Madrid —musitó Gio a mi oído, apartándome el cabello conforme se aproximaba. Su tibio aliento me trajo a la memoria el beso en la playa. La miré directamente a los ojos.

—Llamadme. Iremos de cena y nos daremos un homenaje.

—En cuanto a él —Melania señaló a Enzo, que esperaba paciente en la puerta después de colocar mi equipaje en el maletero del coche—, te lo cuidaremos.

—Es un rollete sin importancia —me hice la desentendida. Y no mentía, la verdad, ¿qué otro futuro podía prever en aquel momento?—. Si se deja, os lo beneficiáis, que merece la pena.

Las chicas palmotearon encantadas con la información. Nuevos besos y abrazos y nuevas promesas de reencuentros y juramentos de que no le tocarían un pelo al adonis. Quince minutos más tarde, Enzo conducía camino de mi regreso, con la palma de su inmensa mano apoyada en mi rodilla.

—Me gustaría no perder el contacto contigo —rogó con un pucherito—, *ti importa se ti scrivo?*

—No, por favor, puedes hacerlo —sonreí sobrada—. Tú me cuentas tus cosas, yo te cuento las mías, y nos distraemos. Apunta mi dirección...

—*Quello che piú mi interessa in questo momento è conoscerti meglio* —aseguró. Su voz era grave y bien timbrada; sexy, en una palabra—. Conocerte profundamente.

—Bueno, más profundamente de lo que me conociste anoche... —divagué recordando cuando me penetró. Dios. Pensé que llegaría a la campanilla y sonaría.

—Te hablo en serio, Lola, eres una chica muy, muy especial.

Me gustó más lo de *chica* que lo de *especial*. *Especial* ya me han llamado otras veces. *Chica*, teniendo en cuenta que había pasado la mayor parte de mi tiempo libre con veinteañeros de la agencia o con Rita, cada vez menos.

8

Febrero: puede que prescindan de ti en tu trabajo

Madre del amor hermoso, la de cosas que se le acumulan a una en cuanto se despista un par de semanas. Abracé a mi hijo, lavé el coche, abracé a mi hijo, fui al supermercado a reponer víveres, abracé a mi hijo, limpié la casa hasta caer rendida, abracé a mi hijo, mi hijo me pidió de rodillas que no siguiera haciéndolo, pero que a cambio, si tanto lo adoraba, podía prepararle un buen bocata de Nutella. Cumplí como madre y luego fui a comprar un ambientador para el coche, que apestaba a tabaco rancio.

—Prometo firmemente no fumar en ese bendito descapotable, y rajarle el gaznate a cualquiera que lo intente.

Mi convicción era firme mientras descerrajaba la lata y la colocaba en el primer hueco disponible.

Enseguida me llamó Felicia para darme la bienvenida a grito pelado.

—Nena, me muero de ganas de verte, si vieras la cantidad de cosas que te tengo que contar —parloteaba como una ametralladora a todo gas, sin darse un respiro. Bien pensado, ¿no era yo, que volvía de tierras lejanas, la que debía contarle?—. Pues eso, que me paso por tu casa y te pongo al día.

—Estoy un poquito cansada, Feli. —Directamente vagueando en el sofá, dándole curro al mando a distancia.

—Llegaste anteayer y te he dado dos días de cancha. Tiene que ser ya —insistió *porrúa*.

—Vale, generosa, te espero —cedí riendo.

Entró por la puerta a trompicones con un pantalón tan apretado que se le marcaban hasta los lunares, más propio de Rita que de ella. Realmente, esta Felicia distaba una pizca de la que había dejado hacía dos semanas. El infame gusanillo de la curiosidad me aguijoneó.

—Bueno, bueno, bueno... —Se sentó toda excitada, balanceándose atrás y adelante como un títere—. Sin preámbulos. Tengo novio.

Abrí la boca, la cerré, la volví a abrir y animé a mi lengua a que dijera algo.

—¿Novio?

Di que sí, Lola, qué original.

—Es piloto, ni más ni menos. —Le brillaban los ojos. Ni rastro de la depresión acumulada semanas atrás. Debía de haberla atado a un pedrusco y tirado al océano.

—Oye, pues... me dejas muerta, pero... genial. Lo de Juan... —Me frenó con un ademán tajante.

—Prácticamente resuelto, en manos de los abogados, claro. Firmaremos en breve. Ni que decir tiene que ha puesto el grito en el cielo cuando se ha enterado de lo de Rodolfo, me llamó despendolada delante de los niños.

—Rodolfo es tu novio —deduje sagaz.

—En efecto. Es piloto —se repitió orgullosa.

—Para matarlo y cortarlo a cachitos, y me refiero a Juan. —Será posible la caradura que le echan algunos—. Voy a preparar café.

—Una infusión, mejor, ¿tienes hierbaluisa? Es que Rodolfo es muy sano y muy espiritual, me está ayudando a superar esta fase de negación de mí misma...

—A base de hierbaluisa —resumí. El tal Rodolfo ya me caía como una patada en el hígado—. Pues no, va a resultar que no me queda. Si te conformas con un poleo...

—Pues café —se resignó—, por una vez y si no se entera...

—Felicia, a ver si con este, y que conste que al pobre ni lo conozco, te va a pasar como con Juan, otra vez de felpudo.

—¿Cómo dices?

—Que para variar pienses un poquito en ti misma.

—Ya pienso, ya pienso, por eso estoy con Rodolfo; vamos a conocer el mundo entero, gratis y en primera clase.

Se me avinagró el gesto.

—No me refería a eso precisamente.

—Tú no te alegras. —Abrió con desmesura sus grandes ojos—. Te conozco metida en un saco y sé que no te alegras.

—No es eso, Feli, tesoro...

—¿Preferirías que siguiera con el indeseable de Juan?

¿Cuándo había dicho yo tal infamia?

—Nada de eso, pero estás muy sensible, muy necesitada de cariño y... —Sonó el timbre y deduje que sería Pablo en busca de Rafa—. ¡Rafa, abre!

Tres veces tuve que gritarle hasta que mi retoño soltó el mando de la consola y acudió a la puerta. Señor, qué tranquila estaba yo en Italia.

—Tu amiga —comunicó Rafa arrastrando los pies de vuelta a su tugurio.

—¿Mi...? ¡Rita!

Fui a recibirla con los brazos abiertos, pero ella se quedó rígida al percatarse de la presencia de Felicia, como una cría a la que se le adelantan y le roban el bizcocho. Últimamente no se caen demasiado bien. Pero eso no me restó alegría.

—Ya que Mahoma no va a la montaña... —comenzó rezongando como es su estilo. Tomó asiento en el sofá a prudente distancia de Felicia, revisándola como si la midiera—. Vaya, si está aquí la prueba en carne y hueso de que hay vida después de los Dodotis.

—Por supuestísimo que sí —arreció firme Felicia Palmarés.

Rita chasqueó la lengua ahorrándose el «no me lo creo». Me conozco sus tiros y este iba lanzado con bastante mala baba.

—Solo tienes que mirarme a mí —la apoyé sujetando la infame bandeja de los cafés.

—¿Me lo dices o me lo cuentas? Te recuerdo que estuviste tres años enclaustrada de tu casa al trabajo cuando nació tu churumbel.

—Eso fue una decisión propia —me defendí.

—Y una mierda.

—Podría haber contratado a una niñera, otras lo hacen.

—Y te hubiesen comido los remordimientos. Que no, Lola, que no me convences, que los niños son una rémora ahora y siempre. Prefiero seguir siendo libre.

¿Alguien pretendía que se quedase preñada? Ella se lo guisa, ella se lo come, se saca una conversación del sobaco y va, encima, y se cabrea. Si es que esta mujer es tonta y en su casa no lo saben. Resolví contraatacar con idéntico armamento.

—Prefieres seguir estando sola —precisé.

Me dirigió una mirada despechada.

—Veo que vuelves igual de borde que te fuiste —silabeó.

—Eres tú la que llegas amargada, Rita. Joder, menuda visita la tuya, íbamos a tomar café tan ricamente.

—Deduzco que estorbo porque no he sido invitada. —Se puso en pie como una bala. Le agarré la manga y de un tirón la obligué a sentarse de nuevo.

—Eres gilipollas, cada día más. Sabes que me ha faltado poco para saltarte encima y comerte a besos cuando te he visto aparecer. Merienda con nosotras, que Feli también se ha presentado por el morro.

—Oye...

—A callar las dos y a comer. ¿Nadie me pregunta qué tal lo he pasado?

Cruzaron una mirada de consternación. Vaya tela. Yo para aquel entonces ya había decidido que no contaría de la misa la mitad.

—No he hecho nada especial. He paseado mucho, leído mucho, fotografiado rincones increíbles, fusilado cientos de pensamientos negativos, cargado las baterías y hecho una cura de sueño —resumí dicharachera para que no sospechasen.

Así y todo, Rita entornó los ojillos.

—Y de follar ¿qué?

—Qué dices, no iba a eso. —Miré para la cocina muy afectada.

—Los italianos se cepillan a una escoba con falda, y más.

—¿En serio? —Los ojos de Felicia eran sartenes industriales.

—Es del dominio público —Rita la miró con desprecio—, no me extraña un pelo que no lo sepas.

—Bueno, conocí a mucha gente, en los hoteles, ya sabes. —Meneé la cabeza—. Pero no tenía el cuerpo para coñas.

—Para ese tipo de coñas —recalcó «tipo»—, el cuerpo de una mujer siempre está dispuesto. Si quieres, te esperas a que se te caigan los pellejos y los tíos salgan en estampida en cuanto te desabroches la falda.

La amargura de su tono merecía una respuesta acorde. Me arrellané en el asiento y la miré con atención.

—Ahora que lo mencionas, me he cargado dos de las sentencias de tu puta agenda para cuarentonas deprimidas. —Me miró con incredulidad—. Ni el metabolismo caracol, ni adiós a las marchas. De hecho, tumbé a cuatro veinteañeras dos días seguidos.

Pero Rita es más larga que un día sin pan, sabe arreglárselas para darles la vuelta a las cosas y acabar teniendo razón.

—¿Tumbarlas? ¿De qué me hablas, si no has puesto el pie en los bares, *curadesueño*? Además, siempre ha habido veinteañeras acabadas y flojas; en todo caso, tuviste suerte.

—Me he apuntado a un curso *on-line* de alimentación y dietética —proseguí como si nada. Pensaba inscribirme al día siguiente, ya lo tenía decidido. Felicia asistía embobada a un partido de tenis entre Rita y una servidora.

—No me digas que piensas ponerte a estudiar a tus años.

Y dale. Me pone enferma siempre con lo mismo.

—No sé a qué te refieres con eso de mis años. Soy una persona, y hasta el día en que me muera puedo empezar cosas... —repliqué muy digna.

—Lo peor es que no llegues a terminarlas. Te empeñas en negar la evidencia, pero la evidencia acaba cayendo por su propio peso. Mira, como ejemplo, la ley de la gravedad.

—A ver —puse los ojos en blanco—, sorpréndenos.

—La puta ley de la gravedad se empeña en no ser clemente con mis tetas.

—Ya quisieran muchas, Rita, no te quejes, que es un pecado.

—Los cuarenta, Lola, los cuarenta. Yo me quiero morir, y tú, si no quieres morirte, es que eres ciega, pero de comprarte un perro lazarillo, ya.

—¿Tan mal nos ves? —intervino Felicia sin alzar la voz, intimidada por la seguridad arrolladora de Rita.

—A ti, peor que a ella —atajó. Feli palideció.

—No le hagas caso —bromeé—. Doy fe de que está como una cabra.

Trajinar en mi ordenador con motivo de mi curso *on-line* me trajo una inesperada aunque grata sorpresa. Unos trescientos correos, todos de la productora de *Belinda corazón de fuego*, firmados por Juan Manuel, rogándome encarecidamente que no los dejase colgados. Por lo visto, la orden era posponer hasta el infinito el comienzo del rodaje hasta que yo no diera el sí. Como las novias.

A ver: siendo honesta conmigo misma, tanta insistencia me halagaba. Luego estaba el hecho de que Rita me había reputeado y acusado de querer robarle el papel delante de amigos y conocidos; vilipendiada por todo Madrid. Poco tenía que perder, peor no iba a quedar, ya me tenía por los suelos. Y no digamos lo bien que me vendría el salario de lujo. Disolvería mis problemas financieros como el Wipp Express las manchas. Me lo pensé dos días y acepté. ¡Qué coño!

Si algo me había procurado el viaje conmigo misma, además del convencimiento de que podía hacerme pasar por una de treinta sin despertar sospechas, era una inquebrantable seguridad y confianza. Resolví cargarme una a una las sentencias de Rita, achicharrar las tenebrosas estadísticas de mi amiga, probarle que lo de las cuarentonas no es más que un tópico, que, por cierto, nos hace mucho daño, porque dejamos de comportarnos de forma natural para adoptar las absurdas reglas de conducta que nos imponen los pesimistas. Iba a restregarle por la cara todo mi mundo de posibilidades y la realidad de que los cuarenta son los nuevos veinte.

A tomar por el culo Rita y sus cantinelas.

Eso sí, si iba a ser actriz y me iba a exhibir delante de una cámara, habría que tomar medidas. Y la primera de ellas se llamaba «lucha contra la celulitis». Reservé cita en una clínica especializada para una primera consulta informativa, y camino de ella paré en el bazar de los chinos en pos de alguna chuchería.

—No puedo creerlo, ¡qué ladrones!

Agarré con furia la misma lata de ambientador para coche que había comprado cuatro días atrás por casi siete euros, la misma, mismita, a setenta y cinco céntimos. No había acabado de pronunciar el insulto cuando ya tenía a un chino molesto colgado de la chepa.

—*Nosotlos* no *ladlones, nosotlos plecio lazonable*.

—No, si no va por ustedes —me disculpé señalando la puta lata—, es por los de Lorauto.

Salí zumbando, que encima y todo llegaba tarde.

La recepcionista, poco cuidada para ser la cara visible de una clínica de estética, me pasó a una sala cuadrada y de helado blanco nuclear con una camilla y un par de aparatos siniestros. Me alargó una bata de celulosa de un solo uso y me indicó que cuando estuviese lista, apretase el botón verde. ¡A la orden!

Me bajé los pantalones, me encasqueté la bata y me miré los muslos. ¡Mierda! ¿Acaso se las habían apañado para instalar luces de techo con el efecto opuesto a las de los probadores del Zara? ¿Dónde estaba mi celulitis? ¿Adónde habían ido a parar mis desafiantes cartucheras? Todo lo que podía ver a la luz de aquellas formidables bombillas eran las piernas de una veinteañera. ¿Era posible instalar treinta de aquellas en mi casa y en la playa, por favor?

Mis gorduras se habían evaporado. Bien, chata, me dije. Ahora, a hacer el ridículo delante del doctor. Es algo parecido a lo que me ocurre cuando después de comerme mucho el coco, decido, indefectiblemente, cortarme el pelo. Cojo hora en la peluquería y la mañana del Día H, el hijoputa amanece sedoso, con cuerpo, volumen y un aire retro que apabulla. ¡Hay que joderse!

Apreté temblorosa el botón verde y el médico vino raudo a mi encuentro.

—Vamos a ver esas piernecitas —me dijo con cierto aire paternal, totalmente impropio, porque siendo generosa, yo le sacaba diez años. Cuando tímidamente aparté la bata, su expresión cambió, bajó más la cabeza, se ajustó las gafas y volvió a acercarse aún más si cabe. Pensé que me metería la testa entre las piernas— ¿Qué es lo que quiere usted que elimine?

—La celulitis. Si no la ve es por efecto de la luz —me escudé señalando al techo con el índice tieso como un ajo.

—No existe celulitis operable en estos muslos —diagnosticó.

—Haberla hayla —me emperré—. Simplemente, que no es visible.

—Pues si no es visible, no se gaste usted los cuartos, alma de cántaro, que estos tratamientos cuestan un pastizal —se enderezó reajustándose de nuevo los anteojos—. Señora, lo que usted tiene es la flaccidez propia del estado de la piel a partir de ciertas edades, no se apure demasiado, las he visto peores.

—No me consuela demasiado, he venido a por soluciones no a por ánimos.

—Esto no se opera, empeoraría, daríamos la epidermis más de sí. ¿Sabe lo que le diría si yo en vez de ser yo fuera mi madre, que en paz descanse?

—No, ¿qué?

—Que la va a castigar el señor por quejarse sin motivo, y se pondrá gorda, gorda de verdad.

Será cabronazo y pájaro de mal agüero.

—Entonces, ¿no piensa tratarme?

—Podría engañarla, las mujeres de su edad magnifican y exageran todo lo que tienen, pero me ha pillado en el día de las tres buenas acciones y voy a concentrarlas en una única persona, usted —me dio una palmadita en la espalda, como si fuera su sobrina—. Hala, a vestirse y a disfrutar de un helado, que se lo puede permitir. Luego, dieta sana y algo de ejercicio ligero pero diario. Un paseo de treinta minutos a buen paso será suficiente.

Y me dejó sola para que me vistiese y me comiese la cabeza. «Yo sigo creyendo que tengo celulitis, diga lo que diga este señor de blanco. Él no puede comprender lo exigente que es el público y lo chivata que es una cámara con veinte aumentos, así que iré a otro médico. Una cosa es que yo me sienta como una lechuga y otra muy distinta es que de verdad vaya a creerme que he vuelto a los dieciocho. Por cierto, me he apuntado a un par de clubs de esos cibernéticos donde conoces gente. Solo por distraerme, claro, ahora que ya no salgo con la gente de la agencia, Rita apenas me dirige la palabra y Felicia anda atareada con su piloto... Continúo con mi pretendiente por internet, pero no me decido a conocerlo; será su *nick*, Pimpollo, lo que me frena. Sinceramente, estrenarme como actriz, formarme como nutricionista y conquistar una a docenita de ciberligues alternativos no va a estar nada mal. Los apuntaré como objetivos del mes. Ah, se me olvidaba. Abrir un hilo de consejos dietéticos en el foro *Mujer-Salud* es otro de los propósitos. Me chifla esto de mantenerme ocupada. Me insufla más energía aún de la que tengo.»

En el primer día de rodaje, no todo fueron parabienes. Quiero decir que aunque Juan Manuel me recibiera como agua de mayo, su empecinamiento y mi falta de decisión me habían granjeado muchos enemigos por anticipado. El equipo estaba hasta las bolas de esperar a la «diva caprichosa» que no terminaba de dignarse a honrarlos con su presencia. Claro está que yo no soy así, de hecho, ni soy diva siquiera, pero ya llevaba el cartel colgado en la frente nada más aparecer.

—Empezaremos grabando solo un par de secuencias el primer día —me indicó Juan Manuel la tarde de antes—, para que vayas cogiendo tablas y confianza. Este es tu guión, lo memorizas y te limitas a ser tú.

—Tengo el suficiente aplomo para confesar que estoy cagada —gemí con una mueca que le hizo reír.

—Mujer, no hay de qué preocuparse. Tú eres Belinda, Belinda eres tú, ten claro eso y actúa con naturalidad.

—¿Naturalidad cuando te enfoca una cámara?

—Nada de una, tres, preciosa, y te observa el equipo al completo. Y cuando te equivocas juntan las cabezas y te despellejan, pero de todo eso acabarás pasando —aseguró con una firmeza que me llevó a creerle.

Y allí estaba yo en la puerta de maquillaje y peluquería sin atreverme a traspasar el umbral por miedo a que me echasen los perros. Me santigüé (hacía siglos que no practicaba el movimiento en cuestión), aspiré aire y entré con la mejor de mis sonrisas. Andaban arremolinadas, cacareando y fumando junto a la ventana abierta. Todas se giraron a mirarme.

—Buenos días, soy Lola Beltrán.

—Ah, sí, pasa, por favor, siéntate aquí —me orientó una chica pintada como una puerta con un moño a lo Amy Winehouse.

—¿La peinamos primero? —irrumpió otra con cutis de porcelana—. Deberíamos peinarla primero.

La peluquera se me acercó brincando y me manoseó el pelo.

—Lo tiene limpio, no hace falta lavar. ¿Recogido o suelto?

—No sé, ¿qué pone en la escaleta?

—En la escaleta pone los horarios de las secuencias, idiota, no cómo peinamos a los personajes.

—Jo, tía, pareces nueva.

Y se *deshuevaron* de risa sin molestarse en explicarme de qué iba el rollo. A mí, que ni siquiera sabía qué narices era una escaleta. Sonar, sonaba mal...

—Cógele una cola de caballo.

—Bien arriba, que la estiliza.

No, una coleta noooooo, que se me verá la papada, me afligí en silencio. Y las arrugas del cuello y...

—Eso estará bien. Una cola de caballo juvenil, ideal para Belinda.

«Te equivocas, manceba —estuve a punto de explotar—, Belinda soy yo y si yo tengo arrugas, aunque sean incipientes, son las arrugas de Belinda y habrá que taparlas del modo que sea.»

Pero como me limité a apretar los dientes, la peluquera se hizo dueña de mi cabellera, cepillándola con vigor arriba, abajo, a un lado, al otro; y me tiró del pelo hacia arriba, como en un potro de tortura.

—Si te duele, me lo dices —ladró.

—No... no te preo... preocupes —balbucí. Quería caer bien a toda costa, no dar problemas, borrar la primera impresión de impresentable engreída.

—Pues eso.

Del sillón de peluquero, salté al reclinable de maquillaje. Amy Winehouse se puso manos a la obra. Yo cerré los ojos y me entregué con devota resignación. Juan Manuel asomó la cabeza por la puerta.

—¿Qué tal va eso?

—Bien, bien —corearon las chicas.

—Bien, bien —repetí yo sin poder abrir más que un cuarto de ojo.

—En diez minutos, en plató —indicó.

—No veas lo bueno que está el Hamilton —bufó la peluquera nada más cerrarse la puerta a sus espaldas.

—Para hacerlo padre del tirón. Mmmmm, rico, rico —jaleó la que me pintaba. Y todas celebraron la idea con un monumental barullo.

—¿Hamilton? —me aventuré a preguntar.

—El dire. Es su nombre de guerra, no me digas que no lo sabes —agregó manejando el pincel con escepticismo.

—Pues no, lo conocía por Juan Manuel. Lo conozco poco —me vi obligada a aclarar.

Se cruzaron diez miradas rebosantes de significado. Y ninguno bueno.

—Suponiendo que eso sea verdad, debes de ser la primera protagonista que no lo conoce hasta las alcantarillas —consideró Amy levantando irónica una ceja.

Resoplé. Yo no me he acostado con el director y no pienso

hacerlo, ¿me oís? No. Pienso. Hacerlo. Cómo está el mundo, Facundo.

Lo mejor del rodaje, el cachondeo y el *catering* interminable. Miles de donuts, tortas, pasteles de todas clases y colores. Había de todo menos hambre, las actrices ayunaban por prescripción artística. Pero yo no era profesional, era *amateur*, que nadie se dejase engañar por mi protagonismo eventual en esa serie. De modo que a comer. Piqué a cada rato y me hice amiga de todo el equipo técnico. Los chicos encargados de los cables son más sencillos de tratar que las víboras de chapa y pintura; en realidad, son más simples que el salpicadero de un Panda, si tienes buen culo (y yo lo tengo), eres agradable (yo lo soy) y tienes buenas tetas (las mías se defienden), tienes el noventa y nueve por ciento del trabajo hecho. Asienten a lo que cuentas y te ríen los chistes, aunque no siempre te miren a la cara.

El final de la jornada llegó pronto. Juan Manuel, alias Hamilton, se acercó apresurado y me echó el brazo por los hombros. Instintivamente, me retiré. No permitiría que la gente se lanzase al cotilleo fácil.

—Has estado soberbia, Lola. ¿Qué tal, cómo te has sentido?

—La verdad, mejor de lo que temía. Ha sido como... jugar a ser otra persona.

—No, no seas otra persona, eres Belinda, recuérdalo.

—Sí, sí —me llevé la mano a las sienes—, soy Belinda, Beliiiiiiinda.

—Vaya guasona hemos fichado —observó—. Ahora te paso los guiones de mañana. Tienes solo esta tarde para memorizarlos.

—Ningún problema. —Este no se figuraba los toros con los que había tenido que lidiar—. Lo que me alucina es acabar a las tres de la tarde. Dios mío, tengo medio día libre, cuánto tiempo hacía que no disponía de...

—Nada de libre —me decepcionó—, tienes que estudiar.

Hice un gesto de salirme de madre.

—Joder, Hamilton, solía abandonar mi despacho en la agencia a las once de la noche como media. Esto me lo como con la gorra.

—¿No eras recepcionista, o secretaria... o contable? —Me miró escamado. Me mordí el labio y él se rio—. No te preocupes, ya me encargué de averiguar quién eres en realidad, señorita mete-trolas Beltrán. Se te da bien mentir, que lo sepas.

—No sé de quién me hablas —fingí buscar alrededor—. Me llamo Belinda, para usted, Belinda corazón de fuego.

Tres, dos, uno, acción. Continuaron mis rodajes, se incrementó el cabreo de Rita, que ya negaba conocerme, y subieron como la espuma mis contactos «sentimentales» en la red. Sin querer descartar del todo las lecciones de la experimentada Ritiña en esto de las relaciones a partir de los *titantos*, ya que defendía con tanto ahínco que a los cuarenta nos volvemos invisibles, opté por jugar a ser la mujer invisible a través de internet. Y funcionó, vaya si funcionó.

Ante mi teclado se desplegó el más amplio abanico de especímenes masculinos con el que podría haber soñado en mis años de casada aburrida. Particularmente, opino que la década de los treinta es espeluznante, estresante, da miedito. En solo diez años tienes que forjarte una vida, y procura que sea medio buena o te tildarán de fracasada para los restos. Tienes que buscarte un trabajo, agenciarte un marido, una hipoteca y unos niños. Encima te toca criarlos. ¿Quién querría tener treinta de nuevo? Eso sin mencionar la angustia desmedida a la que te somete el puñetero reloj biológico. Yo, por mi parte, ya he cumplido, pero había que escuchar a Rita, sí, la misma Rita que ahora despotrica de los bebés, berreando porque se le pasaba el arroz, aferrada a la esperanza de que algún despistado la preñara antes de que fuera demasiado tarde. No ocurrió, y me temo que ya no ocurrirá; se le nota a la legua ese vacío.

Durante dos meses mi vida discurrió entre un placentero ir a grabar por las mañanas, un memorizar guiones haciendo mohínes delante del espejo por las tardes y un chatear como una posesa por las noches. Las chicas de Fregene me llamaron y salimos a cenar un par de veces, pero su ritmo ya me aburría, siempre lo mismo, bailar, emborracharse y, al final, yo me llevaba los gatos al agua. Los rubios y los morenos, los altos y los bajos, los atléticos y los gordinflones, caían todos como moscas, cual serie de dominó. No era cuestión de físico, sino de soltura, esa que solo concede la edad y el que te importe un pimiento morrón lo que el mundo piense. Así que me comporté como una chica solidaria y dejé de importunarlas. Creo que, a excepción de Gio, no les importó mucho.

Tenía yo otras miras: en plató, se cocía algo para quitarme de cuajo el aburrimiento.

Algo que yo, de momento, me resistía a creer. Situémonos. Tras semanas de trabajo, Belinda, la del corazón fogoso, iba tomando cuerpo, ya no era un error de bulto en la cabalgata de mi vida, y los guiones viraban hacia tramas más creíbles. Pues bien. Ahora yo era la desafortunada destinataria de una herencia que «los malos» pretendían arrebatarme. Un alma caritativa me endiñaba un abogado pesetero que finalmente me traicionaría, circunstancia que el hijo menor de «los malos» conocía de antemano. Y hete aquí que el muchacho se apiadaba de Belinda y surgía entre nosotros la chispa del amor juvenil.

Ya ves. Como si le importara a alguien.

El actor elegido para dar vida a Jorge Vallinclán, el enemigo reconvertido, estaba bueno de morirse. El típico galán de telenovela. Exactamente igual de jactancioso. Figúrate si lo era, que a punta de pistola obligó a los guionistas a que le pusieran al personaje su mismo nombre; y por ende, a cambiarle a toda la familia de «los malos» el apellido. Con una vuelta de tuerca pasaron de Rupérez a Vallinclán por obra y capricho de Jorgito, el de los ojos como los faros de un Land Rover. Las tenía a todas locas, lo cual incrementaba su desquiciante egolatría.

Empezó esforzándose en hacerme reír. Justo cuando nos tocaba alguna escena dramática de dificultad, le daba la espalda a la cámara y me hacía mohínes. Yo me dedicaba a ignorarlo, y, hablando en plata, a huir de él como de la peste. Pronto sus devaneos y coqueteos varios se hicieron tan evidentes, tan del dominio público, que me abochornaban sus persecuciones, consciente de que todo quisqui murmuraba a mis espaldas. Hay que ver cómo son los tíos: todo el personal femenino babeaba a partes iguales entre Hamilton y él, pero tenía el tío que empecinarse en la que menos caso le hacía. O sea, yo.

Yo, al principio, en mi línea, sin coscarme. Andaba demasiado ocupada confeccionando regímenes hipocalóricos para las chicas de peluquería y maquillaje, o chapa y pintura. El favorcito me granjeó, si no su afecto, sí al menos que dejaran de detestarme. Me centré en el *catering* del desayuno, que era mi momento orgásmico del día. No sabía adónde acudir con tanta cosa rica; comencé sirviéndome un capuchino doble, jurándome que realizaría un vía crucis por todas las bandejas de pasteles para que ninguna se sintiese desplazada. Me las prometía muy felices no teniendo que entrar a grabar hasta la hora siguiente, hasta que vi aparecer la cabellera alborotada de niño surfero de Jorge.

—¡Hola, preciosidad!

—Hola —respondí seca—, ¿cómo es que no estás en maquillaje ocupando las encimeras con tus miles de potingues?

—¿Te refieres a mi neceser de cremas faciales? —Se encogió de hombros—. Tengo la obligación de cuidarme, se lo debo a mi público.

—No te lo discuto, majo, pero ahora que me vengo a desayunar, aprovecha y te explayas a tus anchas; tienes a las niñas *deseandito de* pasar un rato de intimidad con el actor de moda —susurré con más miel que una torrija.

—Yo prefiero estar cerca de ti, me pones más y ni siquiera sé el motivo. —Se apretó contra mi brazo y temí seriamente por la integridad de mi café.

—¡Haz sitio! —Respingué—. Será que no tienes bastante con las tres horas de rodaje diarias, si parecemos siameses.

—Pues no, se me quedan bien cortas. De hecho, he pensado tener una charla seria con los guionistas para que realicen ciertos retoques. Quiero más besos, más achuchones, alguna que otra escena de cama...

Me horripilé.

—Deja el guión como está, que el culebrón lo ponen a las tres y media de la tarde y debe de considerarse horario infantil.

Jorge me compuso una selección de los mejores pucheros al uso.

—Me conformo con más besos.

—Belinda es una chica recatada, compréndelo... —le dije mientras lo sacaba bromeando de la habitación. No tenía intención de crear mal rollo entre nosotros. Pero su salida de tono no me la esperaba.

—¿Y Lola? ¿También es una pueblerina estrecha?

Ignoro si su objetivo era ofenderme o insinuarse, pero a mí el comentario me supo a cuerno.

—Estábamos mejor discutiendo acerca de tus cremas —grazné.

—¿Te parece mal que un tío se cuide?

—¡Líbreme el Señor! No quisiera malograr tu cutis de porcelana.

Me hice sitio a codazos y me lancé sobre la bandeja de las locas de yema.

—Lola, ¿por casualidad te estás cachondeando? —preguntó con tono de mosqueo, del de calidad.

—¿Yoooooooo? Figuraciones tuyas. —Se lo dije girándome para mirarlo, con una loca entre los dientes—. Creo que te requieren en el plató de exteriores —añadí—, corre, no vaya a ser importante.

Jorge me estudió con mala leche, preguntándose qué medicina me habría hecho inmune a sus encantos, pero no era precisamente yo la más indicada para explicárselo. Esos son los regalos que te vienen con el discernimiento, con la cordura de la madurez... El poder detectar a un imbécil a kilómetros de distancia y alejarte antes de que te engatuse, a menos que tengas muy claro que serás tú quien lleve las riendas, y que quieres echar con él un ratito de diversión.

No todo es malo en eso de cumplir años. Se lo hubiese dicho a las mozuelas de maquillaje, pero no me habrían creído, *andurrean* perdidas en esa etapa en la que te convences de que la piel tersa lo es todo.

9

Marzo: te volverás invisible para los hombres

De todas las arremetidas de Jorge, cada vez más descarado e insistente, o me salvaba yo a mandobles, como si fuese la fiebre amarilla más letal al acecho, o me salvaba el dire metiéndose por medio, pasándole el brazo por encima y llevándoselo de mis alrededores a rastras. Yo solía agradecerle el gesto a Hamilton con un guiño en la distancia. La verdad, nunca me pidió nada a cambio.

Seguía entretenida con mis ciberligues, cada vez más numerosos y más al descubierto. Los antiguos y los actuales. Ya empezaba a intercambiarme fotos con alguno, y me armé de valor para cuando surgiera la primera cita. Pero hay información confidencial que toda chica debería conocer antes de lanzarse a la aventura con un ciberdesconocido. Por ejemplo: ¿alguien en la sala sabe que los retretes actúan como caja de resonancia? ¿Os lo habían advertido antes de echar por la borda una posible buena relación? Joder, pues debería ser obligatorio insinuarlo o indicarlo de algún modo sutil, porque... te pilla desprevenida y menuda putada.

A ver, nadie podía imaginarse que tras seis largos y pausados meses de relación cibernética con Pimpollo (recuerdo que ese era su *nick*, no se me asuste nadie), el chico me propondría una cita. Yo me eché a temblar, porque si recurro al amor tecnológico, es, precisamente, porque el vis a vis no se me da del todo bien a estas alturas —salvo ramalazos de locura como el de Italia—; pero parecía tan majo e interesado y, además, cuando recibió mi foto no había echado a correr, que, aunque —para ser sinceros— no era ninguna maravilla, terminé cediendo. No tenía nada que perder. Miento, corrijo, sí tenía: Pimpollo me entretenía todas las noches una media de dos horas con su charla variopinta. Si aquel intento fallaba, me quedaría sin el mejor pasatiempo (la mayoría de los ciberligues se había revelado como un absoluto muermo) y volvería a engullir kikos delante de la reposición de *Sin tetas no hay paraíso*. Total, calculando por encima, cinco kilos más en mes y poco. No podía correr riesgos, había que intentarlo.

Contra todo pronóstico, no se estropeó. Nos gustamos dentro de unos límites decentes y manejables y parloteamos sin pausa durante el aperitivo y la posterior cena. Yo, prevenida, quise comprometerme únicamente para una copa de vino. Quedaba fino y me permitía salir de estampida si el Pimpollo en cuestión resultaba ser un muermo. Si, por el contrario, la cosa marchaba —como ocurrió—, podía olvidar que tenía prisa o cosas pendientes en el apartamento, pongamos por caso mi colección de bragas tirada por el suelo aullando porque alguien las colocase dobladitas en un cajón, y alargar la cita hasta la cena.

Otro día quedamos para el cine.

Y luego le siguió otra cena. Esa noche se despidió de mí con un tímido beso en los labios. No me cosquilleó el estómago, pero no estuvo del todo mal. Tampoco le conté que trabajaba en la tele ni dio muestras de reconocerme; Pimpollo era bastante intelectual, moreno y alto, con un fascinante hoyito en la barba a lo Robert Mitchum.

Después de un mes viéndonos con regularidad, me planteó un fin de semana juntos en los Caños de Meca. La prueba de fuego para cualquier pareja que comienza. Paisajes vírgenes y playas interminables y blancas por las que pasear hablando de todo. Acepté, y la cosa marchaba, pero, claro, ¿quién iba a suponer que el puñetero baño del hotel no tenía puerta? Nada

más verlo, se me desencajó la mandíbula, y al llegar la noche...
Aguanté cuanto pude, lo juro por Dios y los Santos Arcángeles, pero padezco de gases y la lechuga de la ensalada me estaba matando a retortijones. Esperé a que se durmiera y me deslicé de puntillas hasta el aseo. Pensé que ocupando todo el espacio con el trasero sin dejar fisuras por donde se escapase aire o algún ruido la cosa se amortiguaría, pero fue todo lo contrario.

Actuó la caja de resonancia.

El pedo fue monumental y arrancó a Pimpollo de su plácido sueño, con un sobresalto que lo sentó en la cama.

—¡Joder! ¿Nos atacan?

Después de eso, no me volvió a llamar. Me cago en el váter mil seiscientos pares de veces, con lo difícil que está pillar cacho. Entonces decidí darle la oportunidad a otro. Su *nick*, Eliot Ness. Chulo, ¿eh? Nuestra primera cita tuvo lugar en un bufé chino, en una mesa diminuta, conmigo aplastada contra la pared. No es que sobrase espacio, pero podría haberme sentido más cómoda si en lugar de sentarse en la silla contigua, él lo hubiera hecho enfrente. Para conversar, no para manosearme; habría estado bien.

—Me dijiste que trabajabas en una papelería. —Eliot pasó su mano discretamente por mi muslo. Por instinto, me estrujé contra la pared; estaba ya tan acurrucada que solo me restaba atravesarla.

—En efecto, una papelería... ¿Y tú? Vendedor de aspirinas, ¿verdad?

Soltó una risita.

—Sí, farmacéutico de toda la vida. Como antes mi padre y mi abuelo y mi bisabuelo y... ¿quién viene a continuación? —Allá que fui a abrir la boca—. No hace falta que me lo digas, era solo una broma.

—Eliot, ¿no estarías más cómodo colocándote en esa silla? —Señalé con educada timidez la que teníamos enfrente, huérfana y solitaria.

—Prefiero estar cerquita de mi chica. Hueles de maravilla, ¿qué es? ¿Esencia de violetas, de margaritas, pachulí?

—Chloé a secas —respondí preguntándome qué parte del *siéntateenfrenteynoamiladoqueestoymuyachuchada* no entendía este hombre.

—Ah. Hubo un tiempo en que yo quise ser perfumista, creo que te lo comenté por el chat.

—Creo... —vacilé.

—He querido ser tantas cosas..., soy un culillo inquieto, de ahí que ninguna mujer me satisfaga lo suficiente. Mi alma gemela, mi medio limón, mi rosa de anhelo debería ser...

—¿Tendría cuello, por casualidad? —lo interrumpí gentil. Me miró pasmado.

—Mujer, claro...

—Y solo por suponer, el cuello debería tenerlo derecho y en su sitio, ¿a que sí?

—No sé adónde quieres ir a parar —se asustó.

—Pues a que en pocos segundos, mis vértebras cervicales rodarán por el suelo como no enderece el mío. Llevo cuarenta minutos retorcida por no ser grosera y mirar al tendido cuando me hablas. —Tenía la garganta seca como un estropajo, pero no me atrevía a darle un sorbo al agua, no fuese a ocupar más sitio y me empotrara.

—Vaya por Dios —su mano avanzó peligrosamente hacia mi entrepierna—, qué chica más considerada.

Fui yo quien se levantó de un salto, como el corcho de una botella de champán bien agitada. Me ardían las mejillas tratando de recordar en qué momento de conversación cibernética aquel tipo me había parecido medianamente normal. Mitigué el sofoco como puede y traté de imprimirle a mi tono un deje natural.

—En fin, ya que insistes, seré yo quien se mude. Es que me estoy mareando, Eliot, compréndelo. No quiero perderme ni un segundo de tu entretenidísima conversación, pero...

—Te estoy aburriendo. —De repente, su carita era un mar desolado. Me fijé en que no era feo del todo. Pero eso no mermaba mis ansias de salir por patas.

—No, qué va. Mira, vamos a coger algo de comida, que me suenan las tripas. —Tomé la iniciativa y me dirigí al bufé con un contoneo de caderas mareante. El tío me había amargado la velada, pero me iba a poner ciega de todo lo que pillase. Total, pagaba él.

Eliot estuvo tratando de verme varias semanas, y hasta varios meses después de aquello, pero le di largas sin remordimiento, por tocón y cretino. Gracias al cielo, su insistencia no llegó al acoso, pero a punto estuvo. Lo borré de mi historial de ciberligues, tal y como Pimpollo me habría borrado a mí tras la explosión nuclear. Unas veces se gana, otras se pierde. Bastante tenía con capear el temporal de nombre Jorge Vallinclán, que arreciaba por los estudios, como para tener también que hacer el pino con las orejas aguantando a desesperados. Yo, con lo de internet, solo buscaba divertirme, no prometerme.

Aquella mañana entré como un ciclón en peluquería. Iba cortita de tiempo y llevaba tres regímenes maravillosos en la mano para Amy Winehouse, a la que, aunque seguía con los mismos moños, ya no llamaba así, sino Candelaria, y para Marisa, alias el cutis de porcelana, todo esto con la mera intención de que soltaran en el arcén aquellos preocupantes kilos de más. Al olor de dietas «por el morro» había aterrizado la segunda de a bordo en cuanto a cepillos y secador se refería: Vivi, más fea que pegarle a un padre, y raquítica como una espátula. Si perdía un solo gramo, se colaría por las rendijas de las alcantarillas; pero intenté decírselo y me miró mal.

Lo desafortunado del caso fue que, como de costumbre, andaban apiñadas para fumar y cotorrear y no se percataron de mi llegada. Me quedé congelada al oír el tema del despiece. Estaban poniendo a Rita a bajar de un burro. Verde como el trigo verde. La más avispada giró un ojo y les hizo a las otras señas histéricas. Cerraron los picos *ipso facto*. Sin embargo, yo no pude callarme; al fin y al cabo les constaba que Rita y yo éramos amigas. O lo habíamos sido.

—¿De verdad pensáis que es tan patética? —pregunté trémula. Vivi, la calladita, me sorprendió equipándose de valor y escupiendo veneno a raudales.

—Es una verdadera hija de puta, lo que yo te diga.

—Mujer...

—A ti te debe de parecer una exageración, claro, pero no la conoces en el trabajo.

—Francamente, Lola, tu amiga nos tenía más quemadas que las pistolas del Coyote —la respaldó Candelaria retirando mechones de pelo de un peine.

Toma ya, mazazo en el cráneo. ¿Ves lo que pasa por dártelas de accesible? Que se te suben a la chepa y te faltan sin compasión. Porque reconocerás que atacar así de frente a una amiga, por muy mal que te lleves con ella, no deja de ser un agravio grosero a una misma. Justo entonces me di cuenta de que mi móvil guardaba un SMS de Rita: «Estaré en la cafetería Bavaria las próximas dos horas, por si te fuese posible pasarte. Te lo agradecería un montón.» Tras semanas sin dirigirme la palabra, buen momento el escogido para ofrecerme un apretón de manos, ahora que tenía el corazón como un estropajo de aluminio viejo gracias a los crueles despellejes de estas tres. No se me pasó por alto que ardían en deseos de cambiar de tema y dejar el puteo contra Rita para otro día, cuando yo no estuviera presente. Gracias, chicas, un detalle.

—Estooooooo, ¿te has enterado de lo de las audiencias? —Negué con vigor—. Pues la serie viene haciendo un veinte de *share*, está siendo un bombazo.

A estas alturas, ya me había sumergido de lleno en el mundillo televisivo y manejaba con cierta soltura términos estrafalarios como *share* para referirse a los índices de audiencia. Lo que nadie me explicó es cómo las miden. Para mí que es una estafa.

—Si es que Hamilton tiene una vista, el hijo de su madre, no deja nada al azar. Se encaprichó con que tú fueras Belinda y paró el rodaje sin fecha de reanudación hasta que aceptaste.

—Una faena para el equipo, por cierto, que si no es porque él siempre lleva dos o tres proyectos a una, nos habríamos quedado en el paro. —El retintín en la voz de Marisa me dijo a las claras que yo debía sentirme mal, perra y culpable. Pues lo siento por ella, simplemente puse cara de seta.

—Si es que no se mete en un proyecto que no acabe en éxito. Es una máquina.

—De matar —se rio Candelaria revisándose el escote.

Yo aproveché la coyuntura para investigar ciertas cosillas que me intrigaban. Procuré sonar inocente y delicada cual lagarta *suavona*.

—Sí, pues no sé qué tal le estará sentando que el bello Jorge Vallinclán les dé la vuelta a sus guiones del alma, a su gusto y conveniencia.

—¡Ah, el bello Jorge, tú lo has dicho! —suspiró Vivi con cara de comérselo entero si asomaba por la puerta.

—A ese chico se lo perdonamos todo. ¿Qué más da que tenga sus antojos? Es comprensible, guapo, famoso... No deberías quejarte, mona, con los cambios que están acometiendo, tú te lo morreas que da gusto.

—Por cierto..., ¿qué tal besa?

Marisa recibió un codazo en las costillas. Figúrate, Candelaria pidiendo discreción.

—Muy bien, divinamente

¿Qué iba a decir si no? ¿Que para mí era como besar una tapadera de plástico? ¿Que esos besos no eran besos ni nada que se les pareciera? No iban a creerme. Les endilgué las dietas y volvieron a saltar de asunto.

Mientras se cocinaba un asesinato a tirones con mi pelo, reflexioné lo singularmente crueles que somos los humanos con ciertos congéneres y lo permisivos con otros, sobre todo cuando estos otros son altos y macizos. A las mujeres nos puede el furor uterino. Pobre Rita. Si las llega a escuchar, se ahorca, que la conozco. Volví a meditar acerca de su propuesta. Un café; querría disculparse, había sido injusta conmigo con lo del papel... O no. Después de birlárselo a la francesa, no podía esperar abrazos y reconocimiento.

¿Qué otra cosa podía hacer? Eso, nada, yo pienso lo mismo. Pues fui.

Bavaria es una cafetería estratégicamente situada en un romántico callejón del centro cercano a la Gran Vía. Las mesas son veladores de hierro fundido con tapetes de gasa de colores, parece el escenario de un cuento de hadas. Y mi amiga se había sentado fuera pese al fresquete, con tal de fumar y exhalar humo como las chimeneas del *Titanic*. Hubiese preferido que se royera las uñas. Cuando desvió la cara del menú y me vio caminar, se le iluminaron los mofletes.

De inmediato lo notó y regresó a su pose adusta.

—Pensé que no vendrías, como ni te has molestado en responderme el mensaje...

—No me he acercado al móvil en casi todo el día, Rita, pateando de aquí para allá.

—Ya, supongo. Muy ocupada con el rodaje, ¿verdad? —La acidez convertía sus frases en un desprendimiento de rocas. No vi la necesidad de contestar.

Permanecí expectante, como quien aguarda que se abra el telón y empiece la ópera, permitiendo que Rita iniciara su discurso. A fin de cuentas era ella quien había programado nuestro encuentro, y yo esperaba que me pidiese disculpas a su manera, hacer las paces. Pero se limitó a propinarle chupetones a la colilla y a darle vueltas a la carta de cafés.

—¿Qué estás tomando? —quise saber, angustiada por aquel silencio.

—De momento, un americano, pero me planteaba pedir algo más sofisticado; no en vano, estoy sentada con la última actriz revelación del mes —recalcó con maldad.

Hice como que no la había oído y contesté con exagerada alegría. No podía decirle que me iba de puta madre, que me pagaban un dineral por divertirme y coquetear, que tenía al equipo técnico a mis pies, que llegaba a las cuatro de la tarde a mi casa con todo el pescado vendido.

—Un frapuccino para mí.

—Te vas a poner como un tonel, guapa, me extraña que tu metabolismo no haya dado ya un vuelco atroz —ladró al tiempo que levantaba una mano y atraía al camarero.

—Dígame, señora.

Vi cómo se venía abajo y enseguida supe el porqué. Ordené la comanda, más que nada para que el camarero infractor saliese de nuestro radio de visión.

—Esto es ya una carrera sin freno, todo el mundo advierte mi decadencia, hasta los servidores del café me consideran anciana —sollozó por lo bajini.

—No tiene por qué haberte llamado señora por vieja, puede ser costumbre, por educación, porque se lo manda su jefe o porque no puede concebir que un bombón como tú no esté casada. —Alargué una pausa—. Nunca sabrás qué ronda por su cabeza y por qué elige llamarte de un modo u otro, pero tú si puedes escoger la interpretación que menos daño te haga. O ninguna; mira, eso estaría bien.

—¿Ninguna?

—Sí, ninguna. A ver, ¿cómo es que te ha dado por ponerte ese moño tan... moño?

—Qué tendrá que ver ahora el peinado...

—Responde, Rita —la acucié.

—Para destacar —retiró la mirada—. Sí, para ser distinta. Mi representante dice que para vender en este mundillo hay que destacar.

—No, ya, que se lo digan a Lady Gaga... Pero ¿estás cómoda andando por la calle con eso? Pareces un pitufo o la madre de los Simpson, a elegir. —Rita se encogió de hombros.

—He aprendido a ignorarlo.

—Aprendes a ignorar un moño ridículo que te convierte en la picota de todas las burlas, y te las apañas para diseccionar detallitos sin importancia y echártelos a la espalda como si fueran latigazos. —Me incliné sobre la mesa y le atrapé una mano—. Rita, ¿no entiendes que nadie te ofendería si tú no se lo permitieses?

—No me hagas de psicoanalista que no lo necesito.

—No me necesitas porque te pagas uno, y de los mejores, pero dile de mi parte que se dedique a la cría del cebollino en cautividad, porque no está ayudándote nada con esta crisis.

El bótox no pudo evitar que la cara de Rita se plegase como una compresa, de pura irritación.

—¿Qué crisis?

—¿Cuál va a ser? La de los cuarenta, la que tú misma te has inventado para sentirte peor y más mierda.

—Lola, hija, vaya tela con la franqueza.

—Si no te quisiera, y tampoco me importases, no te hablaría así de claro. A mí también me cuesta hacerlo, no creas. Pero te destruyes y yo lo veo. No puedo quedarme impasible...

—¿Qué me cuentas de tu amiga la pija?

El súbito quiebro de la conversación me dejó boquiabierta. Rita rechazaba mis patéticos intentos por ayudarla. Lo hacía de nuevo.

—¿Felicia?

—Sí, la Palmarés.

—Perdona, pero también es amiga tuya... Y si me apuras, antes que mía.

Vi cómo Rita sacaba de su bolso un papel con letras y símbolos que parecía el mapa de un tesoro pirata. A continuación, una caja redonda compartimentada, preñada de píldoras de colores.

—No puedo creerme cómo ha degenerado esa chica. Cuando éramos jóvenes, tenía garbo, talento y estilo. Aún recuerdo como una pesadilla sus atrevidos cortes de pelo y sus tintes, nos volvía a todas locas. Decía que se comería el mundo. —Abrió la caja bajo mi atento ojo—. Te confesaré algo.

—Dispara.

Rita acompañaba sus afirmaciones sobre Felicia con recios manotazos contra mi brazo. Tras quince minutos de conversación, lo tenía para una amputación de urgencia.

—Llegué a estar celosa de su halo de éxito. Pero la veo ahora, rodeada de energúmenos bajitos, y no la reconozco.

—Esos energúmenos bajitos son sus hijos.

—Menuda boba, encoñarse del modo en el que se encoñó con ese Juan que es un huevo sin sal, y finiquitar una vida de soltera prometedora. ¡Ay! Si es que no somos nada...

—Yo de ti me ahorraría sufrir, le va muy bien, ahora tiene novio y todo —aseguré parándome a pensar que hacía siglos que no tenía noticias del paradero de Felicia. Rita respingó.

—No me cuentes que hasta la mema de Felicia Palmarés lleva algo de adorno al lado, mientras que yo me muero de aburrimiento de sarao en sarao.

—Es cierto, qué vida más sacrificada, oye —ironicé. Rita se retorció, llamó a una camarera y le encargó dos *gin-tonics*.

—Pronto dirán de mí que soy una chalada que corretea por Madrid —repuso con suma tristeza echando mano a la copa como una desesperada.

—Pues no corras, Rita, no corras.

Alargué la mano para coger mi bebida, pero mi amiga me frenó con un alarido.

—Si quieres, pide algo, estas son para mi menda.

—¿Las dos?

—Y las que caerán antes de que nos marchemos —confirmó.

—Rita... —Volví a mirar las pastillas. Una tras otra, consumió un total de quince, que me obligaron a parpadear atónita—. ¿Qué diablos es eso?

—La tensión, las migrañas, la depresión, las cervicales, los hongos de la uña del pie... ¿Quieres que siga? Y no es todo. Necesito zapatos ortopédicos —agregó sonriendo de medio lado.

—¿Para qué?

—Los juanetes.

—¿Tú tienes de eso?

—Es para prevenir, con esta edad, me saldrán, no cabe duda. Puse los ojos en blanco y me entraron ganas de tirarme de cabeza contra el cristal del escaparate.

—Rita, hay gente de veinte años con juanetes, no tiene nada que ver con la edad.

—No me lo trago. A partir de aquí, todo son desgracias —me aseguró bizqueando—, ¿no leíste la agenda?

—Creo que tengo que marcharme —anuncié poniéndome de pie con precipitación. Mi amiga me observó desde abajo con reproche.

—¿Ya te has hartado de soportarme? Lo entiendo, una vieja cascarrabias como yo...

—Tengo a Rafa solo en casa y si no lo vigilo, ni merienda ni hace los deberes, solo se aferra al mando de la PlayStation hasta que yo lo despego.

—Ah, tu pequeño monstruo, me había olvidado de su existencia. —Se terminó la copa de un trago y fue a por la segunda.

—Mira, creo que ya te he soportado muchas impertinencias —me irrité sin saber cuándo ni cómo había empezado a arderme aquello en el esófago—, pero con mi hijo no te metas.

—Por su causa, estuviste tres años del trabajo a casa y vuelta a empezar.

—Y a mucha honra —me escudé.

—Esclava del biberón, eso es lo que fuiste, una esclava del biberón.

—Quien no quiera criar hijos que no los tenga.

—Yo, yo no los quiero.

—Mientes, Rita, mientes y te engañas. Con eso, como con casi todo. —Saqué un billete de cincuenta euros y lo puse sobre la mesa dispuesta a irme. Pero el perfume a desgracia de mi amiga me pegó los pies al suelo—. ¿Tienes coche? ¿Te llevo?

Se levantó tambaleante y con mucho esfuerzo. Era un milagro que aquel moño se sostuviera erguido.

—Vale, te permito que me lleves a casa.

Me encargué personalmente de su bolso. Era más fácil que aconsejarle que no lo olvidara. La metí en el coche a empujones y soltó un eructo con aroma a limón que la llevó a estallar en carcajadas.

—Eres una buena persona, Lola, un poco cabrona, pero buena gente. Te mereces lo mejor, te merecerías no cumplir nunca los cuarenta, pero lamento recordarte que ya tienes una pata en tan sombrío lugar... ¡Oppps! —Se tapó la boca con una mano.

—Todo se reduce a una actitud, guapa. Deberías trabajarte la tuya. La cara es el espejo del alma.

—Y los cachetes colganderos, el... —De repente, se quedó catatónica, sin respiración siquiera, con la vista clavada allende el horizonte. Pensé que habría divisado a un tío bueno de los de tirarse a sus pies, pero no. Mi amiga se había quedado absurdamente colgada de una matrícula—. Mira qué bonito... FDZ, significa Fernández. A mí nunca me tocará una matrícula como esa, con significado. —Torcí el morro. No podía creer la imbecilidad que estaba escuchando, y para colmo no podía lanzarla de un patadón fuera del coche—. Si me comprase un coche nuevo, cosa que es imposible dada mi actual situación financiera, me tocaría una combinación de letras del todo vulgar e insultante. Me imagino un TUF, o algo así.

—¿Qué significa...? —Le di el gusto de que me respondiese aunque me importara un pito su contestación.

—Tufo. Tufo a desgraciada, a *viejuna* arrinconada, que es lo que yo destilo.

—Me encanta tu optimismo, Rita, eres exactamente lo que una ansía echarse al lado en un momento de bajón —le regañé. Ella fingió no oírme y sacó un pitillo—. Y no me fumes en el coche, por favor, que se agarran los olores...

Hizo un gesto cercano a la desesperación.

—¡Para aquí mismo! ¡Me bajo! Eres lo más insoportable que ha parido una madre, cómo se te van notando los años, Lola, qué penita...

—¿Porque me he vuelto limpia y aseada me insultas? —pregunté indignada.

—No te insulto, solo constato una realidad...

—Del modo en que tú lo dices suena a insulto, Rita, porque cada vez que te lo dices a ti misma te lanzas un improperio a la cara, porque acompañas algo tan nimio como una cifra con toda una suerte de desagradables emociones. Yo quiero cumplir años a mi manera, odio cumplirlos a la tuya —acabé chillando. Rita abrió desmesuradamente los ojos, y por un segundo albergué la esperanza de que recapacitara.

—Seguiré andando hasta mi casa, ya está cerca —insistió machacona.

—Vete a la mierda, Rita, no pienso dejarte en mitad de la calle.

Regresé a mi bendito apartamento arrancándome las prendas como si quemasen. Rita y sus cantinelas me tenían hasta los *kinders*, joder, qué maravillosa manera de amargarse la vida, debería escribir un libro y mostrarle al mundo lo bien que lo hace. No me sorprendió toparme con mi Rafita en la cocina, zampándose una rebanada descomunal de pan con Nutella. Lo que me fascinó fue que no llevase la consola de videojuegos colgada a la chepa. Lo besuqueé y lo sometí a esas cosas que hacemos las mamás con los hijos, soñando con que todavía son manejables bebés.

—Llegas tarde, madre —me reprendió.

—A mí no me llames así, que te meto —bromeé disponiendo el hervidor de agua—. Me dices mami con cariño y mimo, como toda la vida has hecho.

Compuso una mueca de asco.

—Tienes que entender que soy un preadolescente, Lola, ya no me van esas chorradas...

—Sé que te meteré antes de que acabe el día —reí—. Cuéntame lo que has hecho en clase y hazme cambiar de opinión.

—Nos han puesto un vídeo sobre la pubertad.

Se acopló en la mesa y subió los pies encima con descaro. Le hice una advertencia con las cejas, que, de momento, bastó. Me pregunté cuándo empezaría a pasarse mis indicaciones no verbales por el forro de los pantalones.

—Vaya, qué interesante —fingí el mayor interés del mundo mundial.

—Y, por culpa de eso, vendrán los cambios.

—Cuenta, cuenta.

—No me digas que no te lo sabes...

—En mi cole jamás explicaron esas cosas, estudié con monjas y era pecado. Además, sabría en todo caso qué pasa con las chicas, pero lo de los chicos me mata de curiosidad.

Por un breve espacio de tiempo, Rafa se sintió el chico de diez primaveras más importante del planeta. Le centellearon los ojos achinados y se le empinó el flequillo.

—Bueno, a mí aún me quedan unos añitos..., como dos —recordó compungido de repente.

—Bah, eso pasa en un soplido —chasqueé los dedos con intención de animarlo—, que ya estás muy desarrollado para tu edad.

—¿En serio? Pues dice el profe que nos saldrán pelos y empezará a crecernos... eso. —Se puso como una cereza—. Tendré cambios de humor...

—¿Y las chicas?

—¿No dijiste que eso te lo sabías? —Arrugó el morro mientras mordía el jugoso pan.

—Bueno, verás..., lo he experimentado, como te podrás figurar, pero está muy bien que te lo expliquen, a mí en su día nadie me lo explicó, y de ponerme un vídeo, ni hablamos.

Creo que mi churumbel se compadeció de mí, porque me repasó como con lástima.

—Las niñas se vuelven tontas y se ríen con cualquier cosa. Hasta si les preguntas la hora.

—Sí, creo recordar algo de eso.

—Y a nosotros nos olerá el sudor, mogollón, tienes que comprarme un desodorante. En cuanto a lo de los cambios de humor..., dice el profe que será como una montaña rusa, así que cuando me enfade y te grite, no me lo tomes a mal, en realidad no seré yo, serán las hormonas...

—No sé por qué me huelo que te estás quedando conmigo y sembrando para el futuro —dije con suspicacia. Mi bicho particular sonrió de oreja a oreja y salió escopetado por la puerta.

—Soy inocente. Toca un poquito de consola —fue su delicado saludo.

—Una hora únicamente —le grité desde mi posición—, que sepas que te controlo.

Miré el tarro de Nutella abierto y abandonado en la encimera. Desde allí percibía el olor mareante del pan recién tostado, y, aunque no eran horas y yo me estaba preparando un modoso té, estábamos yo y mis dientes preparados, listos, ya. Me puse morada, feliz de la vida. Sin remordimientos, que ya Rita los acumulaba todos sin dejar restos ni para su madre.

Otro de los voraces chantajes a los que me sometió mi hijo fue apuntarlo a clases de guitarra eléctrica. Su puñetero padre le costeó el capricho del instrumento, asegurándose, primero, de que aterrizaba en mi casa y no en la suya. Sobrepasado el disgusto inicial me consolé pensando que peor habría sido una batería con tambor y todo.

—Tú me llevas a clases de guitarra y, en lugar de gastarme la vista delante de la pantalla de la tele, compondré canciones. ¿A que te gusta más?

Mira cómo los malandrines se quedan con la copla de nuestros sermones cuando les interesa. Miles de veces le había dicho «te vas a dejar los ojos pegados en la consola», con la seguridad de que ni me escuchaba. Pues iba a ser que sí, no solo atendía sino que hasta retenía. Y aunque el chantaje estaba de más, la idea del intercambio no era mala y acepté. Total, las tardes las tenía disponibles, y qué mejor inversión que mi propio chiquitín.

Aquel atardecer, sin embargo, flotaba algo extraño en el ambiente. En una esquina se alborotaba una aglomeración de madres chillonas. Igualito que el helicóptero de Tulipán repartiendo gratis y a troche y moche tarrinas de margarina. Mi instinto protector me llevó a acercarme a Rafa, y lo único que conseguí fue clavarme la guitarra eléctrica en el hueso de la cadera.

—¿Qué pasa ahí? ¿Un atropello? ¿Tan cerca de la puerta?

Señor, ya hablo como mi madre, ya pienso como mi madre, ya me convenzo de que mañana el que irá en ambulancia será Rafa, igual que mi madre.

—No, mamá, un señor famoso. —Mi peque me sacó de mis oscuras ensoñaciones. Mejor, mucho mejor un famosete que un fiambre, dónde va a parar...

—Vamos a fisgonear un poco —propuse sorprendiéndome por mi osadía.

El amasijo de cabezas teñidas no dejaba un resquicio libre por el que aplacar mi curiosidad, menudo sufrimiento. Saltaban y dibujaban atrevidas cabriolas sobre sus tacones, agitando papelillos y pidiendo autógrafos como rusos de los de la guerra fría en las colas de racionamiento. En mitad de todo el tumulto, un joven bien parecido se esforzaba por contentarlas con cara de estreñido. Enseguida sus rasgos se me hicieron familiares.

—¡Coño, Jorge! ¡Jorge Vallinclán!

Con solo escuchar mi voz, pegó un respingo y vi el alivio pintarse en su cara.

—Lola, Lolita, Lola —jadeó abriéndose paso a codazos en mi dirección.

—¡Es Belinda! —gritó una.

Fue como una orden de sargento a tropa. El mogollón revoloteó y nos cercó en un santiamén. Ahora agitaban las partituras de los niños, servilletas y paquetes de tabaco, y nos metían los bolis por las narices a un paso de dejarnos tuertos.

—Señoras, señoras, les agradecemos tremendamente los ánimos, pero estamos de incógnito, son asuntos personales. —Enlazó mi brazo y me condujo suave pero inflexible fuera del temible círculo. Rafa nos seguía perplejo. Jorge llevaba colgando de la mano a un chiquillo de unos siete años—. Vamos a tomar algo por aquí cerca —siseó entre dientes—. Hamburguesería, zumos naturales o de sobre..., lo que sea.

—Sígueme —me compadecí.

Dejamos atrás el tumulto y acabamos bien acomodados en un cafetín con jardincillo, donde los críos se dedicaron a aporrear sus guitarras en tanto nosotros nos calmábamos gracias a unos batidos.

—No sabes lo que te agradezco el rescate —suspiró—. Creo que dejaré de recoger a mi sobrino, lo siento por mi hermana, pero menuda panda de locas... —Miró con intensa ternura al chaval que se bebía las explicaciones de Rafa en cuanto a cómo colocar los deditos en los trastes. Se parecía tanto a Jorge que hubiese podido pasar por su hijo.

—No ha tenido importancia. Las penas repartidas pesan menos —bromeé.

—Mi hermana es dentista, una esclava que llega cada día a su casa a las diez de la noche. Yo me quedo a menudo con Pedrito, no me gustan las niñeras si el chico puede quedarse al cuidado de alguien de la familia. Odio lo de la generación de los niños de la llave.

—El mío estuvo a puntito de convertirse en uno, si no me llegan a despedir de mi trabajo —confesé sin pensar. De repente, Jorge me estudiaba interesado y serio, y no me daba la impresión de ser el payaso insoportable al que me había acostumbrado. Estábamos sosteniendo una conversación seria, adulta, y lo percibí más humano, menos endiosado.

—Esa parte de tu vida no la he oído nunca. Mira que cotillea el personal de los estudios, pero tú eres la gran desconocida. —Sonrió. Y me di cuenta de los preciosos dientes que gastaba.

—Vale. Pide dos cafés y te lo cuento, que la cosa tiene miga.

Al final fue una tarde desacostumbradamente agradable. Lo digo por tener a Jorge Vallinclán como protagonista, que una nunca vivirá lo suficiente como para dejar de pasmarse. Ahora resulta que lo sacabas de entre cámaras y era hasta majo. Es lo que yo digo y nadie quiere creerme, los *mass media* siempre han sido creadores de monstruos.

En esas flotaba yo cuando Jorge, el ex lechuguino, me invitó a cenar dos días más tarde. Y Lola Beltrán, en lugar de poner los pies en el suelo, harta ya de tanta cibersorpresa, aceptó.

Poco tenía que perder.

10

Abril: se avecinan caídas libres, no te resistas

Daban las diez cuando descendí de mi TT y pulsé el timbre de casa de Jorge. Mi querida empleada rusa aceptó cuidar de Rafa mientras yo bicheaba un poco con aquel galán de telenovela reconvertido. Me coloqué un precioso vestido de antelina azul Klein a juego con los zapatos, ceñido sin dramatizar y por encima de la rodilla. Recatado y sexy al tiempo, si es que tal combinación es posible. Pero no iba a engañarme: ya he aceptado invitaciones a cenar otras veces y cuando se celebran en el adosado del anfitrión, una sabe bien a qué va. O te dejas los melindres en casa o no asistes. Punto.

Así y todo, con tanta chulería como conocimiento de causa, me temblaban las rodillas. Habían transcurrido un par de jornadas de rodaje y Jorge había sabido camuflar su encanto volviendo a ser el ególatra gilipuertas de costumbre. Yo sonreía, sobrada, con la certeza de quien maneja una información secreta, vedada al resto de los humanos: Jorge era un encanto y ese montón de paparruchas que llevaba por bandera, un fingido caparazón que impedía con bastante éxito que las lagartas se le arrojasen encima. Y yo, esa noche, cenaba en la intimidad con el chico dulce y seductor. A mi timbrazo acudió ni más ni menos que un mayordomo de los de película, uniformado hasta el cogote, que me dejó patidifusa y me condujo al microsalón con ceremonia. Jorge, de espaldas a mí, contemplaba el espacio abierto tras los cristales de la corredera, expulsando volutas de humo por encima de la coronilla. Se giró teatral y exagerado y pude ver que fumaba con una boquilla.

—Señor, la señorita Beltrán. —El mayordomo llenó, convenientemente, aquel incómodo silencio—. ¿Me permite su abrigo y el bolso?

—Desde luego. Si no le importa, el bolso me lo quedo.

—Como guste, señorita. —Sonrió tenso. Jorge ya avanzaba hacia mí con los brazos de par en par.

—Lola, qué preciosidad y qué halago que hayas decidido venir.

—Bueno, lo sabes desde anteayer —me mofé por quitarle hierro al asunto.

Se me estaban cayendo encima los estampados de leopardo de los sofás, las paredes atiborradas de cosas colgando, macetas altas, estatuas de escayola pintada... Un horror. Pero a Jorge se le veía en su salsa. Tenía preparada una primorosa mesa con un pedazo de farol en el centro. Me distrajo el detalle del farol, que no sé a qué venía.

—Deja que te enseñe la casa —se ofreció—. Empezaré por el jardín, del que estoy orgulloso, invierto miles de horas en su cuidado.

Apartó las cortinas y descorrió la puerta que comunicaba con el porche. Contemplé anonadada la reducida parcelita donde apenas podrían plantarse tres tomateras y traté de parecer impresionada.

—Jolines..., qué... frío —acabé diciendo. Jorge rio bajito.

—Ostras, perdona, soy un desconsiderado, la noche está desapacible, pero tenía que mostrártelo. ¿A ti te gusta la jardinería?

—Si aceptas como jardinería el mantener vivos un par de potos en la repisa de la chimenea de pega que tenemos en casa, sí, soy Laura Ingalls, la casa de la pradera es mi coto.

—Qué cachonda. Tomaremos una copita de vino. —Hizo un ademán de que me sentara, pero en la mesa las sillas rococó estaban una a cada extremo, a más de dos metros y medio de distancia. Parecíamos los señores marqueses de una comedia barata. La cosa fue a peor cuando Jorge soltó sin reparos—: Fermín, haga el favor, sirva el caldo.

Menos mal que una ya está curtida en fiestas de alto copete y sabe que le llaman caldo al buen vino, no solo al consomé de pollo. El mayordomo cumplió como se esperaba hasta que Jorge meneó una mano.

—Puede ir sirviendo los entremeses.

—¡Ah, ya sé! Acabo de acordarme —irrumpí, perdida en mi mundo.

—¿Decías...?

—Acabo de recordar qué me inspiraba la decoración de tu casa. Un reportaje que vi en *JELOU*, la mansión de Roberto Cavalli —alcé mi copa y sonreí como una imbécil—, es clavadita.

—Mola, ¿a que sí?

—Sí..., mucho. —Paseé discreta los ojos. ¡Ay, si estuviera bien visto no mentir! El recargamiento *made in Cavalli* se medio soporta en un *loft* diáfano de cuatrocientos metros, pero todos aquellos sillones forrados, espejos y cuadros apretujados en treinta metrillos... El leopardo me lo estaba comiendo. Literalmente.

—Hablemos de mí —sugirió Jorge complacido—. Creo que te has forjado una idea equivocada acerca de cómo soy.

—¿Por qué dices eso?

—A ver, Lola, me ignoras por sistema y me ha costado un triunfo que te sientes en la misma mesa que yo sin salir de estampida. ¿Tan mal te caigo?

Me metí un par de gambas con aguacate en la boca.

—Es difícil de explicar. Quizá sea el entorno, que desfigura, no sé, no eres tan insoportable cuando te sacan de plató..., pero lo que es dentro...

—Exageras, como de costumbre. —Coqueteó con el tenedor. Pero yo me mantuve en mis trece. Estaba sorprendida, pero no absolutamente fascinada.

—¿Tú crees en eso del desdoblamiento de personalidad? Dicen que cuando se es importante o famoso, uno se acaba construyendo un personaje público muy diferente al ser humano que se esconde de verdad debajo, no sé si me explico.

—Lola, tengo estudios superiores, soy capaz de entenderte —atajó con cierto cinismo. Ladeé la cabeza.

—Pues eso. La otra tarde, en la puerta de la academia de música, eras un chico normal, atractivo a tope, pero normal, nada de divismo. —Fue soltar la palabreja y acordarme de la boquilla a lo Marlene Dietrich con la que Jorge estaba fumando al llegar yo.

—La fama pesa —manifestó pomposo. A mí me pareció una buena frase, una frase con peso, ya que estábamos.

Charlamos de bagatelas mientras Fermín corría de un punto a otro de la mesa, como un gamo con bandejas. No voy a decir que fuera la plática más sugestiva de mi existencia, pero me relajé una barbaridad y me sentí casi como en casa. Y, sin darme cuenta, transcurrieron los minutos y llegamos a los postres, después de los cuales Fermín, el trajeado, sirvió el café.

—¿Te apetece un oporto? —ofreció Jorge imprimiéndole a la erre una especial resonancia.

—De acuerdo.

—Dos oportos dobles y puede retirarse, Fermín, no se preocupe por los platos.

¿Desde cuándo los oportos son dobles o sencillos?

La duda perdió interés cuando oí cerrarse la puerta. El mayordomo nos abandonaba como un desodorante de los cutres, dejándome un poco piripi, sin amparo y a merced de Vallinclán. Me miró entornando los ojillos.

—Estás guapísima, Lola. No sé si te lo he dicho ya esta noche.

—Unas cuatro veces, pero por mí puedes seguir, no hay problema. ¿Fermín no duerme en casa?

—Fermín solo presta sus servicios en ocasiones especiales.

—Qué respuesta tan enigmática —calculé—. En cualquier caso, lo veo excesivo para un adosado, perdona la franqueza, es que estoy algo borracha. Tanto vino y ahora esto...

Jorge se levantó sinuoso de su silla de brocado, reptó hasta mí y me ofreció una mano cual caballero dieciochesco.

—Esto se llama oporto, y es el más caro del Club del Gourmet, querida. Acompáñame al sofá.

Me dejé llevar. Nos acomodamos y Jorge manipuló el mando a distancia de la tele en lugar de meterme directamente mano. El pantallón se iluminó y su cara colmó el saloncito. Sonrió satisfecho al contemplarse.

—¿Te importa?

—No, por favor... ¿Es Belinda...?

—No. Es un cortometraje que rodé hace poco, un par de meses; aún está en posproducción, pero cuando lo estrenen, te llevaré del brazo. Harán una gran fiesta.

—¡Vaya, qué honor! —me cachondeé. Pero Jorge estaba tan inmerso en mirarse, que ni se percató del deje.

—Fíjate, qué perfil —susurró empezando a agitarse. Su respiración subió de revoluciones—. Mira, mira. En tu opinión, ¿cuál es mi lado bueno?

—¿Eh? No sabría decirte —me atasqué en mitad de la frase—, eres muy guapo... por todos lados. —Estaba más pendiente de su codo incrustado en mis costillas que de sus perfiles.

—Bueno, aduladora, todo el mundo queda mejor de un lado que de otro... —Otra miradita perturbadora a la pantalla y otra movimiento de batidora encima de mí me dejó el vestido hecho un acordeón—. Mmmmmm, eso fue antes de que me retocaran los brillos, malditas cucarachas de maquillaje; tienen un trabajo estúpido que podrían hacer con los ojos cerrados y ni eso. Esa toma es más pasable. —Entrecerró los párpados, transfigurado, mientras yo luchaba por respirar—. Lola, Lola... Vendrás a la celebración, será muy bonita, y tú... tú te pondrás un vestido de lentejuelas bien vistoso...

Iba a espetarle que me vestiría como me viniese en gana, pero estampó sus morros contra los míos y me cortó el resuello. Yo ya era veterana en lo que se refería al sabor de sus besos. Delante de una cámara, sabían a plástico insípido, pero aquel robo a sofá armado me supo más insustancial aún. Mientras me besuqueaba y me acariciaba con torpeza, Jorge echaba rápidas miradas de reojo a la pantalla y se diría que se excitaba cada vez que se localizaba en una esquina.

—¡Qué buena estás, Lola, qué buena estás! ¡Cómo me gustas! Y vestida de lentejuelas, más todavía.

Y dale con la lentejuela, oye. Estuve tentada de indagar si realmente le gustaba o le ponía más su propia figura bajo iluminación artificial, pero su sofoco iba *in crescendo* y empecé a preocuparme de que el infarto le rondase. ¿Cómo iba a explicarles a los de la ambulancia las circunstancias en las que la había espichado Vallinclán, medio en pelotas y con el maquillaje desbaratado? ¿Se creerían que el actor se estaba pillando un calentón de órdago con solo mirarse en acción? Deslizó su mano por debajo de mi traje y topó con el liguero. Pareció considerarlo un estorbo, porque arrugó el ceño. Pero en ese momento, su personaje en la serie disfrutaba de un enfoque espectacular y se le pasó el acceso de mosqueo.

—Lola, Lolita... —jadeaba.

¿Lola? Tus muelas. No creo que yo tuviera mucho que ver con su estado de ánimo hiperrecalentado. De pronto, una pregunta absurda a más no poder me devolvió a la tierra.

—¿Crees que debería raparme la cabeza, como Hamilton?

—No, tu melenita a lo Príncipe de Beukelaer viene al pelo para el papel —reaccioné lo justo para no mandarlo al carajo.

—He pensado que en la serie podrían resolverlo con una peluca o algo así.

Me lo quité de encima con un empujón. Él todavía tuvo tiempo de regodearse con una escena plagada de primeros planos... suyos.

—¿A qué viene ese empeño en raparte?

—Me haría parecer más hombre...

¿Qué clase de estupidez supina me había hecho a mí pensar que ese tío podía ser normal? Que no estoy pidiendo ningún lumbreras, solo alguien con quien poder juntar la m y la a. Me incorporé de un salto cabreada y empecé a recomponerme. Jorge me miró indeciso, jadeando y repartiendo su atención entre su invitada y su cara en la tele, a partes proporcionales.

—No me dirás que vas a irte...

—Pues te lo voy a decir. A las... ce se marcha la niñera y mi pequeñuelo solo tiene diez años. —Logré que no se entendiera la hora. A Jorge le importó un pimiento, salía él abarcando la pantalla completa, menudo éxtasis.

—Son solo las once y media.

—Pues lo dicho, llego treinta minutos tarde.

—Pero no puedes irte..., no puedes dejarme así, ¿a que no puedes?

—No tengo más remedio, Jorge. —Traté de sonar convincente—. Estoy segura de que te las arreglarás perfectamente.

—Nos veremos en plató, ¿verdad que sí?

—Claro, Jorge, eso no hay quien lo remedie. —Desde la puerta me volví con una hipócrita sonrisa de felicidad—. Me lo he pasado muy bien, gracias por la cena y por contratar a un mayordomo. Has logrado sonrojarme.

Ni se molestó en responder, el muy cebollino. La baba le resbalaba por las comisuras al contemplar su mandíbula bien encuadrada. Puedo apostar el sueldo de este mes a que nada más quedarse solo se hizo dos pajas. Santo cielo, yo, que había pensado que Jorge era simpático, tratable y normal, sobre todo, normal... Apunta esto, que tiene valor de moraleja: los espejismos existen, sí, señor. Y por culpa de uno yo acababa de cometer el mayor error de mi vida.

En algo tiene razón Rita. Mi amiga Felicia Palmarés, nuestra amiga, porque yo la conocí a través de la Postín, ha cambiado mucho y sigue cambiando, que es lo peor. En su primera fase de soltera exuberante, Feli se había negado al amor, había abanderado el movimiento independentista libertario de las jóvenes profesionales sobradamente preparadas, y había amenazado con marcharse al extranjero y volver con una revolución feminista del brazo.

Esto fue solo hasta que apareció Juan. El hombre más soso con el que soñarse puede, aquel al que todas compadecimos porque Felicia se lo comería con patatas y tiraría las sobras al río para que los peces hicieran gárgaras. Poco podíamos imaginar, por aquel entonces, que el pérfido Juan se las apañaría para anularla, reducirla a cero. Felicia la rebelde se apagó como una pavesa al viento y dejó de intervenir con furor y saña en las reuniones sociales. Más tarde, dejó de asistir a ellas. El siguiente paso fue quedarse preñada y soltar por la boca un montón de palabrería ajena, como que no usaría epidural porque de hacerlo sería una mala madre o que les haría la guerra a los barrotes de las cunas y a la tetina del biberón, por aquello de los traumas infantiles. Yo no es que entre ni salga en dichas opiniones, las respeto una barbaridad, pero puedo jurar que no procedían del cerebro de mi amiga, y eso sí me consternaba.

Su barriga y sus tetas juguetonas pasaron a mejor vida, y la preciosa Felicia, adalid de la modernidad, se transformó en una pija anodina, con vestiditos de los cincuenta y diademas de lacitos en el pelo. Así se mantuvo los casi diez años de santo matrimonio, en una dichosa unión en la que Juan el terrible llevaba las riendas de la casa, la familia y los caballos del escuadrón inglés.

Después del divorcio se rompió y temí que jamás se recompusiera, pero volví a equivocarme, se ve que no estoy muy fina últimamente con esto de los vaticinios. Se restauró y se echó cinco novios, uno tras otro, a cada cual más idiota. El piloto solo fue la punta del iceberg, al que luego siguieron el marchante de arte francés, de nuevo el piloto, el diseñador que resultó adorarla menos que a sus modelos masculinos, un par de semanas con el piloto otra vez, el prepotente constructor de urbanizaciones en la costa y un escritor medio chalado y monotemático que solo hablaba de sus intragables libros. El círculo lo cerraba el odioso piloto, de momento.

Sus amigas más cercanas, en particular, yo, estábamos para el arrastre.

—No sé qué pasa con los hombres, Lola, el mercado está fatal —se quejó levantando el meñique al alzar la taza. Me faltó poco para aullar.

—Pero esa certeza no nos desanima a la hora de buscar —dije con retintín.

—¿Renunciar al amor?

—Renunciar a que nos despellejen vivas. El mundo es egoísta, egoísta. La gente, individualizada, no sabe cooperar, y mucho menos convivir. Compartir espacio se ha convertido en un sacrificio terrible que nadie está dispuesto a hacer. Hay mucho quemado suelto.

—Quemado —remachó inexpresiva.

—Frustrado; no han logrado lo que se proponían en la vida, no han alcanzado su meta social soñada, no tienen el coche al que aspiran, la casa se les ha quedado pequeña, su jefe los tiene hasta los huevos, las noches de pasión con su santa pasaron a mejor vida...

—No sigas, por favor, me estás poniendo el vello de punta.

Sonreí ampliamente. Con toda la amplitud que mi boca permitía.

—No tiene por qué ponerte nerviosa.

—¿Que no? ¿Tú te has escuchado? —Me observó pensativa—. Y te quedas tan pancha, oye.

—Porque he aprendido a temer solo a aquello que no comprendo, y todo lo que acabo de contarte es una realidad constatable, no una amenaza fantasma que nos acecha y de la cual no podemos defendernos.

Felicia chasqueó la lengua y meció el carrito de Mía.

—La verdad, cuando te da por filosofar, te juro que me entran trembleques.

Reí cantarina.

—Los jóvenes se pasan el tiempo temiéndole a todo. La madurez te proporciona sabiduría, y con ella viene el sosiego, la capacidad de mirar las cosas desde fuera.

—Define «fuera».

—Pues que los problemas los tienen ellos, Feli, que estás

coleccionando gilipollas y preguntándote en qué estás fallando, por qué tus relaciones se van al desagüe, sin pararte a reflexionar que son tarados. Ahí tienes la respuesta, tú no has hecho nada malo.

—Jopé, es lo único que te he entendido.

—Años atrás habrías sido tú la que me hubieses echado el discursito a mí —sopesé con misericordia.

—¿Yo he sido así de repelente alguna vez?

Le tiré encima una bola de papel confeccionada con una servilleta. Era como estar abriéndole tu corazón a todo Madrid a través de las ondas de una emisora de radio y todo Madrid pasando de ti y escuchando el partido. Hay que joderse.

—Necesitas tiempo para ti misma. Recuperarte, divertirte y volver a ser la que eras, te has dejado mucho por el camino. No te precipites en iniciar una nueva relación sentimental, no encontrarás al hombre adecuado, simplemente, porque tú no estás preparada. Espera un poco y verás.

Salí del trance en el que estaba sumergida. Felicia me miraba con los ojos como dos platos, puede que preguntándose si yo seguía siendo yo o me habían abducido.

—La verdad —consiguió reponerse con un carraspeo seco—, después de toda esta charla, no recuerdo muy bien a qué vine...

—A tomarte un café con una amiga. Te chiflan mis capuchinos —declaré aparcando en algún rincón lejano de mi memoria el chasco del pretendiente enamorado de sí mismo.

Valgo más por lo que callo que por lo que digo.

Entré canturreando a chapa y pintura, dichosa, pues, por una vez, me sabía las secuencias de corrido. Pero nada más traspasar el umbral, un helor desconocido me acarició el cogote. Las miradas huidizas de las chicas hicieron el resto.

—¿Se ha muerto alguien? —bromeé paseando la vista en abanico. La mayoría evitó cruzarse con mis ojos.

—No, claro que no, qué tontería, ¿cómo iba a morirse nadie? —ladró Candelaria con el postizo más tieso y enrevesado que nunca.

—No sé, estáis todas muy serias...

Marisa pasó cerca y me propinó un codazo que me dobló por la mitad.

—¡Ay!

—Disculpa, pero mejor te quitas de en medio.

No tuvo que repetírmelo. Mi agudo instinto me avisaba de que los ánimos estaban soliviantados y que o me cuidaba o el chaparrón acabaría mojándome. Ocupé modosita un sillón de maquillaje esperando instrucciones. Y llegaron, vaya si llegaron: me mandaron cambiar de silla cuatro veces antes de decidirse a peinarme.

Candelaria me daba tirones para arrancarme el cabello a manojos. Emití un suave gruñido que no alcanzó categoría de protesta, pero noté que me miraba de reojo como escocida.

—Oye, algo ha pasado, porque estáis todas muy tensas —recapacité—. No será el hambre..., si queréis, os cambio las dietas. Estamos estudiando la disociada de...

—No te molestes, mona, no queremos ser ninguna molestia para ti —recalcó Vivi con mala baba.

—No sois... —Pero me frené a mitad de la frase, era evidente que no sentían curiosidad por lo que pensara. Se pusieron a vociferar a gritos sobre no sé qué serie de la competencia y sobre que se avecinaba una fiesta para celebrar los altos *shares* de *Belinda corazón de fuego*. Traté de meter baza pero fue *pa na*.

—Lástima que Dios le dé turrón de almendra a quien no tiene dientes —silabeó Vivi maliciosa—. Hay ciertas malas personas que no se merecen tanto éxito.

No sé por qué me dio que se refería a mí. Candelaria agitaba el cepillo con fiereza a pique de dejarme calva, tironeando de los mechones como si desenterrase cebolletas. Seguían comentando esto y aquello, manteniéndome, indiscutiblemente, al margen. En estas, entró Jorge, y al verme sentada se descompuso.

Palideció primero, se rehízo después, y esbozó la más azucarada sonrisa que le había conocido hasta el momento.

—¿Cómo están hoy mis princesas?

—Bieeeeeeen —corearon ellas. ¡Ay, madre, como en los payasos de la tele!

Huelga decir que a mí ni me miró. Puede que me confundiera con una pila de rulos viejos amontonados en el mostrador. Las tres bobaliconas lo rodearon entablando una conversación absurda, llena de exclamaciones y gemiditos. Yo aproveché para examinarme en el espejo. Me arrepentí en el acto.

Candelaria se las había arreglado para concebir una coleta tipo manija de la puerta que arrancaba, completamente tiesa, desde mi oreja y se mantenía en vilo como una antena. Era un espécimen ya en extinción, de cateta redomada camino de una verbena. Me horripilé, pero no osé protestar, bueno estaba el horno para que yo arrimase más leña.

—Tengo que ir al baño —anunció Vivi de repente.

—Te acompaño —secundó Candelaria.

—Vete aplicando el corrector, Lola, que, como ves, no puedo atenderte.

Lógico, estaba sola y maquillando a Jorge, que acababa de llegar y colarse.

—Sin problema, yo me sirvo —me apresuré a tranquilizarla.

—Y no te duermas en los laureles, guapa, que vais tarde.

Refunfuñé para mis adentros, acordándome de todos los clavos de una puerta vieja. Lo de la manija adosada a mi oreja tenía poco arreglo, pero con el maquillaje sí podía lucirme. Llevaba allí suficiente tiempo como para haber aprendido algunos trucos. Acabé lo antes posible y volé lejos de aquel nido de cuco podrido. Jorge me repasó con asco al pasar.

Menos mal que en plató reinaba el ambiente habitual, nada de nervios extras, ni de malas pulgas porque sí. Las de siempre, lo natural. Hamilton repasaba unos guiones y daba indicaciones a dos bandas, revisando los ángulos de las cámaras. Me saludó con un cabeceo y yo, negra como iba, le correspondí de igual forma. Me coloqué en el decorado ocupando mi posición, calladita y concentrada. Jorge tardó en incorporarse lo que le dio la gana.

—¡Cinco y acción! —oímos la voz de Hamilton, bien timbrada.

—No sé qué esperas de mí, Belinda —susurró Jorge con cara de cordero degollado. Me envaré. La secuencia no comenzaba por ahí, esa frase... estaba más adelante... Piensa, Lola, piensa... qué le contestaba Belinda toda subyugada...

—Tu familia se porta de un modo espantoso —repliqué mecánicamente, casi sin emoción. O lo que es lo mismo, con la emoción extraviada por las prisas.

—Pero yo te quiero.

Joder, joder..., esa frase tampoco estaba en su lugar, sino tres párrafos atrasada, casi al final de la secuencia, cuando Belinda, vencida, se arrojaba llorando en sus brazos.

—Esto no puede continuar así, tenemos que aclarar las cosas entre los Vallinclán y mi madre; la han estado chantajeando.

—Eso ahora carece de importancia, porque yo te quiero. —Se vino hacia mí y me apretujó con vehemencia. Me aparté como si espinase.

—¡Corten! ¿Qué pasa?

—Es que no es así —me quejé—, el texto no es así.

—Cómo que no es así, ¿no sabes leer? Letra por letra, no me he saltado ni una coma —aulló Jorge.

—Me refiero al orden, estás alterando el orden —me enfrenté a él embravecida, echando humo por las narices.

—Jorge —Hamilton suspiró comedido—, a ver si podemos poner un poquito más de entusiasmo.

—Yo no tengo la culpa de que esta aficionadilla no se haya estudiado su parte y no sepa salir airosa de una situación. Estas cosas, a los profesionales, nos ocurren continuamente, no hay por qué bloquearse.

—Trata de respetar el orden de la secuencia —insistió dando a entender que no había más que discutir.

—Pero es que ella se bloquea.

—Preparados, vamos a inicio. ¡Cinco y acción!

Jorge se apartó a grandes zancadas y se agarró al respaldo

de un sillón con ambas manos. Daba la impresión de que lo iba a volcar a empujones.

—Eres una mujer muy difícil. Me estás enfrentando con toda la dinastía Vallinclán.

—Esa no es mi intención —inventé a toda máquina—, pero si no me apoyas, me buscaré la vida por mi cuenta.

Chúpate esa.

Jorge contrajo los labios. Acto seguido, caminó cadencioso hacia un aparador donde hervía una cafetera de goteo y se sirvió una taza. Cuando se dio la vuelta, la llevaba en la mano y sonreía maquiavélico. Se me erizaron los vellos de la nuca.

—¿Qué me dices del testamento?

¿Eh? ¿Testamento? Mi memoria repasó concienzuda los folios del guión, uno tras otro a indescriptible velocidad, esforzándose por recordar en qué punto se hablaba del dichoso testamento. Notaba los ojos de todo el equipo fijos en mí y casi podía sentir el segundero remarcando el ominoso silencio. Para acabar de arreglarlo, Jorge dio un paso adelante y me vertió el café por la pechera. Achicharraba.

—¡Me cago en tu padre! —se me escapó al tiempo que reculaba.

—¡Corten! Vamos a dejarlo por hoy. Todo el mundo a descansar —comunicó Hamilton con inequívoco soniquete de mosqueo. Me sentí responsable de todo.

El grupo empezó a dispersarse comentando en corrillos y yo me abaniqué con la misma camisa la zona afectada. La chica de vestuario se había lanzado contra mi babero como un mercancías y evaluaba las consecuencias del desastre.

—Vaya tela, Lola, esta camisa no hay quien la salve...

—Estarás contenta —rugió Jorge mirándome desde arriba—. Todo el equipo técnico a casa sin ganarse el jornal de hoy por tu incompetencia. ¿Por qué no le dejas el puesto a una verdadera actriz? Hasta Rita Postín es preferible a ti, imbécil.

Lo vi alejarse con el estómago encogido. No me había equivocado al principio, era odioso y mala persona. Era un grano en el culo, un problema que había que resolver. Pero yo, gracias a Dios, ya no tenía veinte años ni ese miedo que supera a la vergüenza y te bloquea; tenía casi cuarenta y muchas tablas en eso de salvar precipicios. No me escondería, no, señor. Iba a ponerle las banderillas al soplapollas de Jorge Vallinclán. Vaya que si se las pondría.

Al día siguiente volvíamos a coincidir en plató, como no podía ser de otro modo. Ya me extrañaba a mí que, en el fondo, el chasco que me había llevado con Jorge en su adosadito tras la cena no me hubiera traumatizado. Quiero decir que me lo tomé con filosofía, como *esas cosas que pasan*. No le di importancia, ya que si el cumplir años sirve para algo, es para poner los chismes en su estantería y no ahogarse de sofoco por un quítame allá esas pajas (nunca mejor dicho) con un imbécil enamorado de su reflejo. Me refiero a que de haber sido yo una cándida muchachuela, el temita me habría tocado el coco, nada de echármelo alegremente a la chepa como estaba haciendo. Y se ve que Jorgito estaba acostumbrado a destrozar corazones y lo que pillara, y mi resistencia lo había puesto a trinar. Destilaba odio por todos sus poros, cual botijo campestre. Nada más verme aparecer por el lateral del decorado puso cara de perro pachón. Pero Lola Beltrán venía guerrillera.

—A ver si hoy guardamos el orden, monín —ataqué antes de que se me adelantara.

—A ver si hoy, para variar, te sabes tu texto.

—Tengo más memoria que tú borracha y a la pata coja —arrecié.

—No se nota —elevó la voz dos octavas para que lo escuchase hasta el del martillo.

No me amilané. Arrinconándolo contra los muebles del atrezo, pegué mi nariz a la suya. Era una camorrista barriobajera buscando follón. Muchos clavaron los ojos en mí.

—O dejas de tocarme la peineta o le cuento a todo Dios lo de la otra noche —amenacé velada. Pero el contraataque de Jorge me dejó de una pieza.

—¿Y reconocer que fuiste a mi casa a acostarte conmigo, zorra?...

Qué coraje me da que la mejor estrategia de agresión de un hombre contra una mujer sea cargarse su reputación. Como si le importara a alguien. El caso es que a mí sí me importa. Retrocedí con el miedo saltando en la garganta. Jorge sonrió complacido.

—Así está mejor. Cada uno en su lugar.

Eso quedó en una frasecilla retórica, habida cuenta de que se pasó el rodaje empujándome fuera del radio de acción de los focos. Con mi cara sumida en las sombras y sus facciones reluciendo bien iluminadas, él parecería Ava Gardner y yo, Chita, la de Tarzán. Milagro sería que no tuviesen que repetir las tomas del episodio.

Y con estas, llegó el descanso del desayuno. Acudí a Hamilton como una osa enfurecida. Allá iba Lola contra el mundo, y aunque de momento ganaba el mundo, la mecha estaba prendiendo. Recordé la putada de la agencia, la frialdad de mis compañeros, la espalda que me había dado Bruno. Y se me encogieron los intestinos. No se volvería a repetir, no más pisoteos.

—Mira, dire, esto está pasando de castaño oscuro. No soporto la actitud de Jorge Vallinclán en los rodajes. Bueno, ni fuera de los rodajes. Porque se ha dedicado a vilipendiarme y el trato que recibo, por ejemplo, de las chicas de peluquería y maquillaje ya no es el mismo, es frío y desconsiderado, y eso me hace flaquear... —Noté que Hamilton le dedicaba mucha más atención a su bocata de lomo que a mis desconsuelos—. Oye, ¿me estás atendiendo?

—Soy hombre, Lola, tengo cinco minutos de autonomía, si te pasas, desenchufo. —Y lo soltó tan tranquilo, sin dolor de barriga ni nada.

—Pues resumiendo para que no te aflijas, Jorge Vallinclán me hace la vida imposible y tú eres el único que puede regañarle.

—Lo que tengáis entre vosotros fuera de aquí —el elocuente gesto me indicó a las claras que no era memo del todo y que algo se olía— no es cosa mía, pero no permitiré que trasladéis vuestras controversias a plató. La serie funciona de maravilla y solo faltaba una guerra declarada entre los protagonistas.

—Eso deberías decírselo a él.

—Te lo digo a ti, que te tengo más a mano. —Pegó un mordisco salvaje al bocadillo y las tripas se me retorcieron. Si continuaba de charloteo, me quedaría sin tiempo para desayunar.

—No, me sueltas a mí la reprimenda porque soy la parte más débil, porque soy mujer —lo apunté con un dedo—, porque los tíos os tapáis unos a otros, porque... porque, como todos, eres un cagado que prefiere emprenderla con una chica desvalida...

—Ya, Lola, no te pases. Relájate y concéntrate. Haz tu trabajo y yo haré el mío —dijo guiñándome un ojo.

Giré sobre mis tacones y salí de estampida. Había que alimentarse.

Nada más reanudar las grabaciones, Jorge hizo otra idiotez: arrinconarme hasta sacarme del cuadro y ganarse las lindezas del operador de cámara, que se acordó de toda su parentela.

—¡Corten! —Iba a convertirse en la frase del mes.

Hamilton se adentró en plató con flemática eficacia; rodeó a Jorge y lo agarró por el codo.

—Hijo, ¿a qué juegas?

El aludido se revolvió como un jabalí herido en una montería.

—¿No eres tú muy joven para llamarme hijo? Soy Jorge Vallinclán.

—El mismo Jorge Vallinclán al que daré un par de patadas si continúa creándome problemas. En lo que tardé en meterte en la historia, te saco. Piénsatelo y puede que te replantees tu desatinada actitud.

—Así se habla, jefe —siseé a sus espaldas saltando de emoción.

—Iros al carajo —gruñó Jorge abandonando el plató con cajas destempladas.

—¿Piensas plantar la grabación? —gritó Hamilton haciéndose oír por encima del tumulto de cotilleos desatados.

Si Jorge respondió, no lo entendimos.

—Y tú no te subas a la parra. Te recuerdo que no eres Sandra Bullock —agregó Hamilton con una pizca de cachondeo. Jorge, ya en la puerta, se encendió como una tea.

—Voy a conversar con los guionistas —explicó hosco.

—Pues cuidadito con lo que les pides, que la serie es mía con *copyright* y todo; al que se atreva a desfigurármela le corto el cuello.

Me faltó aplaudir. Como tenía mis cositas pendientes, aproveché el inesperado tiempo libre que me concedía la interrupción y me planté en chapa y pintura. Las brujas estaban cuchicheando arremolinadas y cuando aparecí, se expandieron como una flor de los documentales de La 2.

—A ver, supongo que habréis pillado onda de la que se ha formado en plató. Ahora me gustaría que aclarásemos como mujeres adultas lo que se ha cocinado aquí.

—Sí, sobre todo adultas —remachó Vivi con mala leche. Para mí fue como si me llamase «vieja» con descaro. Pero no moví un músculo.

—Sí. Unas más que otras, desde luego, pero adultas todas. ¿Por qué estáis tan tiesas conmigo? ¿Tiene Jorge Vallinclán algo que ver?

Silencio sepulcral. Tragué saliva. Nueva intentona.

—Ojo, que el monísimo puede ser que tenga un pie fuera de la serie. Se ha dedicado a tocarle los cataplines al dire más de lo recomendable —dejé caer. Esta vez sí que percibí una comezón en Marisa, que cruzó una veloz mirada de advertencia con Vivi. Menudas dos viboritas—. Soy Belinda, no os olvidéis de eso. Si echan a Jorge, vendrá otro galán; si me marcho yo, se acaba el culebrón —declaré sobradísima y, por primera vez, petulante.

Esa manifestación de orgullo estúpido fue más de lo que Candelaria podía soportar: explotó y por fin pude enterarme de lo que las espinaba.

—Te has dedicado a putearnos. A llamarnos gordas caraduras por querer tus dietas de gorra.

—¿Quién diablos os ha contado semejante majadería? —Las miré de hito en hito—. No me lo digas, Jorge Vallinclán. —Asintieron—. ¿Y os lo habéis creído?

—Quedasteis para cenar, eso no puedes negarlo —me acusó Vivi afilada y pérfida.

—Ah, eso también lo sabéis.

—Por supuesto, y que el único tema de conversación que consiguió sacarte fue ponernos verdes —añadió Marisa con voz de rata atrapada.

—Hacernos un traje —convino Candelaria.

—Y en lugar de preguntarme... lo dais por cierto y me hacéis el vacío. —Me concentré en sentirme mal. En un segundo iba a sacar a relucir mi yo de actriz, en una actuación digna de un óscar—. Qué decepción, chicas, yo que he confeccionado vuestros regímenes con tanto amor e ilusión, qué injusticia..., creer a un despechado mentiroso antes que a una compañera.

—Nosotras no somos compañeras tuyas —especificó Candelaria sacudiendo su moño.

—Sabes a qué me refiero. Nunca os he tratado con altanería ni con desprecio. He visto cada cosa por ahí... que vaya.

—Puede que nos hayamos precipitado un poco... —reconsideró Vivi inquieta.

—Sí...

—Pues no sé yo.

—Más que un poco. Jamás os he dado motivos para que creyerais algo tan horrible —insistí con voz rota.

—Pero Jorge nos contó...

La frené con la mano estirada.

—Por favor, no quiero saber qué va diciendo por ahí ese patán. En lo sucesivo, si tenéis alguna duda conmigo, me preguntáis directamente. Así resuelven las controversias las mujeres inteligentes.

Todas se quedaron abatidas o avergonzadas, mirando al suelo. Decidí que merecía la pena elevar los ánimos de aquel garito.

—Hey, chicas, aquí no ha pasado nada. Mañana podéis saltaros la dieta, que el próximo lunes os traigo una nueva con la que derretiréis los kilos como la mantequilla en la tostadora.

Hasta saltos dieron de alegría. Si es que cuesta lo mismo crear buen rollo que malo. Eso es lo que siempre digo, aunque Rita no esté de acuerdo.

11

Mayo: ¿los cuarenta, los nuevos veinte? Olvídate

Me hubiese encantado ir a la fiesta del jodido «*share* por las nubes» del brazo de Rita. No en vano, si estaba metida hasta las cejas en el mundo del serial televisivo, era gracias a ella. Pero seguía más fastidiosa que un panty con la cinturilla baja, ni me atreví a comentárselo. Lo mismo le hacía ilusión que me mordía la tráquea. Es muy suya, nunca se sabe. De modo que invité a Felicia, el caso era no ir sola. Esta también es un tacón roto cuando le da la gana, pero al menos no acababa de cruzar el puente de la desesperación como Rita. Felicia aceptó porque ese fin de semana los críos estaban mordiéndole la oreja a su padre y porque tras arduas averiguaciones había descubierto que su piloto, el de la relación intermitente, se la pegaba con un azafato escandinavo.

—Ya decía yo que lo veía raro..., más que raro, poco entregado. Lola, era como si falseara todo el rato.

—Ya falseaba, ya...

—Y llegué a pensar que no le gustaba, empecé a acomplejarme de que mis carnes ya no estuviesen prietas y saliesen a pasear cuando menos procediera... Porque por muy bien que nos conservemos..., una tiene una edad...

Y dale con la manía de meterme hasta en la sopa, cuando la sopa está agria.

—Que tiene poco que ver con que a tu *Top Gun* le pusieran más los hoyuelos de Freddie Ljungberg —musité rancia, mutando mi expresión de hastío por una radiante porque nos adentrábamos en la fiesta.

El local elegido era un restaurante de alto copete, con decorado barroco. Una copia lujosa del famoso Gula Gula, con espectáculo de transformistas y todo. Nada más ver las plataformas de las *drags* y sus tangas de cuero retozando entre los pelillos, Felicia se puso mala y me trinchó el brazo.

—Me están dando escalofríos, ¿crees que mi piloto se vestirá así para andar por casa?

—Ni idea, hija, en la intimidad de su hogar cualquiera sabe. —La miré reprobadora—. Te he traído para que te relajes y lo olvides, así que pon un poquitín de tu parte.

El ambiente era festivo y la sala se quedaba pequeña. Divisé a Vivi, Candelaria y Marisa, ataviadas con sus mejores galas, formando la usual piña en una esquina de la mesa del bufé. Tras solicitar formalmente permiso para saltarse la dieta, allí estaban con los platos cargados hasta los bordes y los ojillos alegres por el champán que repartían unos camareros con muy poca ropa.

—Y aquel de allí es Juan Manuel, bueno, Hamilton, mi director. El director de la serie —me corregí.

—Jolines, no me he traído las gafas y me pilla un poco lejos, pero creo no equivocarme si te digo que está como un tren.

—No sé, nunca me he fijado. Y esos de ahí son los cámaras. Feli apaciguó mi entusiasmo.

—Podemos ir directamente al manduque, amiga, los niños no me han dejado merendar y las tripas las tengo en jornada de protesta.

Eso mismo hicimos. Mientras colmábamos nuestros platos, Felicia volvió a la carga.

—Por cierto, ya he averiguado cómo vengarme de Juan, he conocido a un santero; seré más exacta: lo he visitado, prepara brebajes de todo tipo. Le encargué uno para que no vuelva a ponérsele tiesa.

—¡Feli! —me horroricé. A mí es que solo la palabra «santero» ya me levanta los pelos.

—Lo invito a casa con cualquier excusa..., los mocos de la niña, sí, últimamente no para de moquear. Lo invito a café y le meto un lingotazo, ¿qué te parece? Lola, creo que no me estás atendiendo.

—Lo que no estoy es dando crédito a las chorradas que oigo. Felicia, por favor, que tienes más de quince años...

No pude seguir sermoneándola, porque un técnico de iluminación de los pocos a los que apenas conozco se me plantó al lado.

—¿Sería mucho atrevimiento pedirte que me presentaras a tu amiga? —le oí decir.

¿Un técnico de los que hablan a chillido limpio diciendo «mucho atrevimiento»? Algo no encajaba. Felicia me tironeó de la falda con histérica eficacia.

—Sí, sí, síííííí —siseó sin que se notara.

No me extrañó. Garbajosa, así se llamaba el chiquillo, tenía la espalda como un portaaviones, los ojos como un trozo de Mediterráneo y la boca de mazapán. Además, era unos diez años más joven que ella, calculando por encima. Los presenté para hacerlos felices y él me sorprendió tomándole la mano y besándola con respeto. Mi amiga puso los ojuelos en blanco.

Discutieron juntos el buen color de los langostinos y yo, haciendo gala de una discreción sin par, me alejé unos metros. Me asaltó Hamilton, enganchado del hombro de su amigo Luis, jefe de iluminación. Diríase que allí todo el mundo se había apresurado en pillar una moña bien pronto.

—Buenas noches, señorita. —Hamilton hizo una inclinación de cabeza un poco brusca. De haber llevado diadema, habría cruzado volando la sala completa—. Aquí donde la ves, la señorita modestia ha empezado a recibir ofertas de otras productoras para participar en series de televisión...

Sonreí comprensiva.

—No voy a aceptar, dire, ya te lo dije en su día. Yo no soy actriz —le cuchicheé al oído lo suficientemente alto para no dejar fuera a Luis—. Lo de Belinda es solo... —Me callé porque no encontraba la palabra adecuada.

—Un rayo de sol en tu noche eterna —me auxilió Hamilton alzando la copa.

—Hombre, tampoco hasta esos extremos, pero sí, algo de razón tienes. Lograste convencerme de que yo soy Belinda, Belinda soy yo y aquí andamos las dos. Pero dudo mucho que cuando la serie se termine...

—Le auguro ocho años en antena —intervino Luis.

Jolines, qué optimismo. Y en el caso de cumplirse, yo, qué cuenta bancaria más saneadita.

—Y tu contrato con nosotros no te permite marcharte —rio Hamilton picarón—. En fin, que tendremos Belinda para rato.

—Lo que de verdad espero es que no tengamos Vallinclán para mucho —advertí—. La cosa está que arde.

—Me consta que ha intentado reducir tus apariciones manipulando a los guionistas, imagina. Se está sorteando un puñetazo y el imbécil engreído ese se obstina en comprar todas las papeletas —explicó Hamilton.

—Menos mal, pensé que era cosa mía, que yo era la única que no lo aguantaba.

Luis hizo un elocuente gesto con la boca. Le faltó vomitar.

Seguimos charlando un poco más y tras comprobar que Felicia y Garbajosa continuaban atareados, me dediqué a las chicas de chapa y pintura, ilusionadas con la fiesta como los peques en la Noche de Reyes. Así transcurrieron unas horas, creo que dos.

Felicia me llegó por la espalda.

—Nena, que voy a dar una vuelta con Garbajosa, que tiene una Harley.

—Mira qué bien.

—Y me encantan esas motos. —Le brillaron los ojos de un modo que me indicó mucho.

—¿Crees que le importaría, ya que está, llevarte de vuelta a casa? Me están matando los tacones, creo que me marcho en cinco minutitos. No quiero aguarte la fiesta.

—Sin problema. Es un chico de lo más amable. —Me obsequió una sonrisa que parecía una tajada de sandía. Qué bien verla tan ilusionada.

—Pues lo dicho, a divertirse, y no te pases con el alcohol.

Caramba, parecía una cincuentona maternal.

Con un par de paseos por la sala saludando gente yo ya había cumplido, de modo que me preparé para desaparecer. Pero no iba a resultar sencillo. Luis se pegó a mí como una lapa.

—Lola, Lola, ¿te piras ya?

—A eso iba.

—Tienes que hacerme un favor, un favor tremendo —me suplicó con las manos en actitud de rezo—. He ligado; sí, ya sé que parece imposible, pero he ligado, mírala. —Posó su mano en mi espalda y me obligó a girar. Vi a una chica de aspecto dicharachero y rebeldes rizos que se reía a carcajadas. Creo que me sonaba de vestuario—. Mírala, mírala…, mmmmm. —Empezó a babear. Lo miré con asco.

—Luis, por Dios, que me estás revolviendo los intestinos. ¿Qué quieres, que te la presente?

—Nooooooo, que lleves a Hamilton a su casa.

—¿Hamilton no sabe llegar solito?

—Está muy perjudicado. —Señaló a un punto lejano y yo seguí la dirección de su dedo. Derrumbado en una butaca, estaba el dire con dos copas de champán tratando de decidir cuál se echaba antes al coleto—. Nena, te debo una, pero sácame de este apuro de responsabilidad moral —insistió en un tono cercano a la desesperación—. ¿Sabes cuánto hace que no me como un rosco?

—Ahórrate los detalles, me hago cargo —renuncié—. Llevaré al fardo de Hamilton a su madriguera, pero esta me la pagas.

—Te juro que tendrás los mejores primeros planos del resto de la temporada, con un foco directo para tu persona, carita de porcelana.

—Pelota, rastrero…

Luis se evaporó en un santiamén, quiero pensar que del brazo de su ricitos, y yo caminé arrastrando mis destrozados pies hasta la butaca de Hamilton.

—Buenas, se presenta el taxi del señor —manifesté sin pizca de guasa.

—Fenómeno, ya estaba deseando irme.

—¿No vas a preguntarme por qué Luis me ha cambiado el puesto?

—Soy un tío, no pregunto esas cosas tan raras... Si alguien se ofrece a llevarme, acepto y punto.

No es mala filosofía, pensé.

Hamilton logró una proeza al indicarme el camino de su casa, con la lengua más trabada que la pata de un romano. No negaré que nos perdimos un par de veces por su urbanización de primera clase, pero finalmente dimos con la tecla, digo... con la casa. Se bajó tambaleante, se acercó a la verja y se peleó un buen rato con la cerradura, sin atinar.

—A ver, dame. —Le arrebaté las llaves de un tirón y abrí la puerta. Tenía ganas de colgarme los tacones de las orejas.

Se nos echó encima un dóberman del tamaño de un caballo pequeño. Me refugié tras la espalda de Hamilton, sin apartar mis aterrorizados ojos de los colmillos de la bestia. El dire lo acarició tierno.

—¿Cómo se llama el angelito? —balbucí.

—Pardiez.

—Leñe, vaya nombre estrambótico.

De paso, arrugué la nariz.

—Yo qué sé, Lola, pregúntale a mi hijo de siete años, que se pirra por los piratas; puedes llamarle Kuki, yo lo hago.

—Pues anda que también te has lucido.

—No te pongas dificultosa como todas las mujeres.

Tampoco esta vez encontraba el orificio de la cerradura, pero el tenebroso aliento de Pardiez a mi espalda agilizó mis manos, y, haciéndome de nuevo con el llavero, abrí en un plis. Menuda choza tenía el dire. Entró oscilando, lo seguí hasta su dormitorio por si se hocicaba, y visto que no, que cayó boca abajo como una tabla de planchar y se puso a roncar sonoro, me aseguré la cadena del bolsito al hombro y me dispuse a salir. Coño, no contaba con Pardiez-Kuki; nada más entreabrir la puerta, me gruñó con aquella boca espantosa, negra y llena de cuchillitos.

—Kuki bonito, Kukito mono, tengo que irme, vas a dejarme salir, ¿a que sí?

Y una mierda. Pegó un salto y se plantó en el soportal con un ladrido del inframundo. Yo solté el mejor de mis alaridos y cerré de un portazo con el corazón a cien.

—Me cago en la leche, ahora el puto perro este no me va a dejar salir...

A grandes males, grandes remedios. Visualicé los alrededores, me arranqué las sandalias y me acurruqué en el sofá; no me hizo falta mucha parafernalia para dormirme. Mi último pensamiento, sin embargo, fue para Feli y sus mogollones amorosos. Garbajosa y la Palmarés, la Palmarés y Garbajosa... Zzzzz...

Por la mañana, desperté arropada con un edredón de seda color chocolate; no me figuraba al borracho de Hamilton trastabillando pasillo adelante solo para cubrirme, debió de echármelo por encima cuando salió a vomitar. Olía a café, pero eso no mejoró mi agotamiento sin recuperar; me estallaba la cabeza y me dolían hasta las pestañas, eso me pasaba por mezclar garrafón sin control. Las estanterías me observaban a distancia, plagadas de fotos de Hamilton pescando con su hijo, esquiando con su hijo, haciendo el ganso con su hijo. Me arrastré como pude hasta un espejo que coronaba la chimenea. Me mesé el cabello. Estaba tal como si me lo hubiese lamido una vaca. De repente, el aroma a cafeína líquida se hizo más intenso.

—Son las doce y media de la mañana, estamos más o menos resacosos y has dormitado en un sofá, estás monísima, Lola, no le pidas imposibles al espejo. —Hamilton apareció de improviso a mi espalda—. Anda, tómate este reconstituyente.

Sonreí sincera.

—Huele mejor que el que me daba mi madre.

—Todo sería poco para agradecerte el modo en que te portaste anoche, taxi mío. ¿Cómo es que decidiste quedarte?

—Pregúntale a tu Kuki, que se atrincheró en la puerta como un alabardero. —Bostecé—. Ahora me abres, que mato por volver a mi casa. Una buena ducha, ropa limpia y cómoda, todo eso.

—Tienes mi ducha y mi armario a tu entera disposición. Querría invitarte a almorzar, qué menos.

—No te molestes. Dormiré hasta las siete de la tarde, seguramente.

—Pues a cenar entonces.

—Hasta las siete de la tarde de mañana, perdona por no especificar.

—Algo habrá que aceptes de mi humilde persona.

—No, gracias, te lo agradezco igual.

Odio los compromisos, odio que me inviten a algo sin ganas, solo por quedar bien.

Pero mientras maquinaba esas maldades, los ojos de Hamilton se prendieron un segundo a los míos y todo se nubló y se tiñó de extrañeza. Aparté la mirada, muerta del bochorno.

—No me debes nada, fue un favor a un amigo, generosa que es una. Eso sí, espero que tú hagas lo propio cuando sea yo la que me derrumbe por culpa del güisqui. —Disimulé mis nervios agarrando el abrigo y el bolsito. Hamilton me observaba evolucionar en silencio. De repente, me acordé del perro—. Ata a Pardiez a la pata de la cama y ponle un bozal de aluminio hasta que yo saque el trasero de tu jardín. Gracias por el café, estaba delicioso.

—Gracias a ti por no dejarme tirado como mi colega. Debería cambiarlo por ti.

—No resultaría, no me gusta el fútbol.

—A mí tampoco, solo los mundiales.

—Vale, eso a mí también. ¡España, España! —jaleé con el puño en alto.

Salí del superchalé de Hamilton con el pulso un pelín acelerado. No me explico qué fue lo que ocurrió cuando nuestros ojos se cruzaron, porque los míos también se habían cruzado con los de Kuki al huir y no había pasado nada de nada. Estaba exhausta, eso es lo que ocurría. En cuanto aterrizase en casa, se evaporarían las malas energías y aquel inquietante y peligroso escalofrío. Así se cumplió.

Tres días más tarde, seguía sin noticias de Felicia, y Garbajosa se había pillado una baja. Pero al cuarto, un regalo inesperado me aguardaba en la sala de peluquería y maquillaje. Un poto tremendo de esos con guía clavada en la tierra, tan verde y frondoso que él solo era una selva.

—¡Es para ti, Lola! —Vivi aplaudía con los nudillos como si aquello fuera el no va más—. Un regalo, un regalo.

—Pues voy a tener que contratar a dos porteadores para llevarlo a mi casa... —protesté.

—¿De quién será? —intervino Candelaria mientras espulgaba los peines de pelos—. Lo trajeron hace un rato y lleva tarjetita...

—¡Ábrela, ábrela!

Por un instante pavoroso, temí que fuese Hamilton con sus agradecimientos. Con aquellas tres allí delante se desatarían las habladurías. Pero no. Era Garbajosa.

—¿Quién es? ¿Algún admirador secreto?

—Simplemente un amigo, que me da las gracias.

No se molestaron en ocultar su decepción.

—Parece mentira lo fácil que es ayudar a alguien y hacerlo feliz, hasta sin proponérselo.

A ese comentario no se sumó nadie. Evidentemente, si no había morbo, la cosa pasaba a segundo término. Me senté a maquillarme y revisé la nota de pasada: «Gracias por presentarme a una mujer tan maravillosa como Felicia. Gracias otra vez.»

Mira tú por dónde...

Pero claro, cuando las cosas fluyen, van sobre ruedas y son maravillosas, allí está mi amiga siempre lista para jorobarlo. Me telefoneó muerta de impaciencia, convocándome con prisas a una cafetería. Le relucían los mofletes, pero se manoseaba el vestido con nerviosismo.

—Lola, me comen las dudas, no sé si iniciar o no una relación con Garbajosa.

—Pensé que primero se comenzaban los noviazgos y que las dudas venían luego.

—¡Huy, noviazgo! ¡Qué palabra más comprometedora! Es que a su lado soy un vejestorio y, además, es técnico de luces, lo que no suena muy prometedor; por otro lado, ese apellido que le han puesto...

—Con semejante retahíla de peros no sé cómo te has atrevido siquiera a meterte en la cama con él.

—Lola, por el amor de Dios, no te lo tomes a chufla, que lo estoy pasando fatal, necesito de tu sensato consejo.

Hice lo que pude por colaborar y no descojonarme. Vaya con los traumas de mi Felicia Palmarés.

—Puedes llamarle Garbi, suena chic —sugerí.

—Garbi... —Se quedó pensativa—. Sí, suena bien, fíjate que tintinea hasta *fashion*...

—¿Estás a gusto con él?

—Como nunca —zanjó rotunda.

—Pues ahí tienes la respuesta. Así y todo, amiga, necesito un respiro. ¿Te ha pedido Garbi más citas?

Felicia me miró preguntándose si yo era realmente tan corta como parecía.

—¡Pues claro! Yo no me cuelo porque sí en la vida de nadie —se ofendió.

—Cariño, no te sulfures, era una simple e inocente preguntita. Él quiere, tú quieres..., no me explico dónde está el problema.

—No quiero sufrir...

Le agarré una mano lo más dulcemente que pude. Lo cierto es que me apetecía endiñarle una colleja, pero no hubiese quedado fino.

—Ya has sufrido. ¿Te acuerdas de ese cabrón llamado Juan? —Asintió con los ojos repentinamente inundados—. Ya te hizo sufrir. Tú ahora lo que no quieres es vivir. Y eso es algo que no te puedes negar. —Felicia se secó las lágrimas con la punta de la servilleta, asegurándose de que nadie presenciaba la escenita—. Inténtalo. Vamos, inténtalo.

—No sé qué sería de mí sin tu fuerza, Lola, sin tu valentía. Siempre estás dispuesta a volver a empezar.

—Es que solo tengo cuarenta años. No he alcanzado ni la mitad de mi vida, imagina lo que queda por pasar y lo que me perderé si me asusto y me escondo.

—Mentirosa, tienes treinta y nueve.

Me encogí de hombros.

—Uno más, uno menos, qué más da.

Al día siguiente después de comer me lancé al sofá como un paracaidista. El rodaje de la mañana había estado tenso, como una goma a punto de quebrarse, y a Hamilton le había faltado poco para liarse a *yoyas* con Jorge, cada vez más aislado y más solo. No hay como que el jefe te apoye para que lo hagan todos los demás. Si es que la masa es tonta, siempre lo he dicho, aunque en este caso, la masa tuviera más razón que un santo.

Vagueaba perezosa haciendo *zapping* cuando sonó el timbre. No pensaba moverme, nanay.

—¡Rafa, abre la puerta! —Nada—. ¡Rafa!

—¡Estoy conectado, no puedo, estoy conectado!

—¡Yo sí que voy a conectarte las orejas con la nuca de un sopapo! Abre la puerta ahora mismo.

Por supuesto, salió bufando y pegándole patadas a todo lo que encontró a su paso. Malditos preadolescentes, qué olvidado tienen aquello de ser serviciales, con la de bandejas de meriendas que le ha llevado una al sofá... Chachareó un segundo en el interfono y regresó por el mismo pasillo.

—Un amigo tuyo, dice que sube.

—¿Le has abierto? —Me espiné. La flema de este niño parece británica.

—Pues claroooooooo.

—Pero ¿quién...?

Fue en vano, Rafa ya estaba aporreando de nuevo el teclado. Me incorporé y fui resignada a abrir, algo intrigada, todo hay que decirlo.

Pero ni el mayor saco de imaginación me habría preparado para el sobresalto. Enzo, el italiano, en persona, sonriente cual anuncio de vacaciones regaladas.

—*Ciao, bella.*

Se me secó la boca, me descompuse. Él no pareció acusar mi falta de empatía, abrió los brazos y se me abalanzó con esa pasión que solo sabemos poner los latinos cuando nos da la gana.

—*Cara mia...*

Reculé espantada. Enzo, el divino, parpadeó desconcertado. Mis pupilas volaron de sus rizos a su maleta. Menos mal, era diminuta.

—¿Qué haces aquí?

—He venido a visitarte. ¿No me saludas?

Cielos, sí, qué grosería llevo por bandera. Fui a estrecharlo educadamente con dos castos besos en la mejilla y él me puso morritos de flautista.

—Está mi hijo en casa —di como explicación.

—¡Muéstramelo! ¡Me encantan los niños!

—Bueno, el bebé en cuestión acaba de abrirte la puerta con el interfono.

Enzo pareció dudar.

—*Quanti anni ha?* —preguntó con su marcado y delicioso acento. Yo aún no me había sosegado.

—Diez años, y sale al pasillo cuando menos te lo esperas. —Hice un expresivo gesto con las cejas—. ¿Me entiendes ahora?

—*Perfettamente.*

—Pasa, pasa, por favor. ¿Te apetece un café, un refresco, un vino?

—Cualquier cosa caliente, *grazie.*

Enzo arrastró su maletita por el corredor. No disfrazó su bajón ni la decepción ante mi falta de entusiasmo. Me sentí bruja y mala. Pero la culpa la tenía él por presentarse sin avisar, yo nunca le había dado pie... Bueno, sí, me acosté con él, pero fue un rollete de vacaciones, todo el mundo lo hace y eso no significa... ¡Ay, madre! ¿Qué había significado para el italiano? Me dominó una acuciante necesidad de recolectar información.

—Voy a poner una cafetera al fuego, deja el equipaje ahí, ahí mismo.

—*Ti* ayudo.

—No hace falta. —Eché una rápida ojeada a la puerta del dormitorio de Rafa, sin cerrar del todo.

—*Insisto, non sono venuto a disturbare.*

—¿Y a qué has venido, si puede saberse? ¿Negocios, placer, ocio y tiempo libre?

Di que sí, Lola, no se puede ser más original.

—Cambio de aires... *È cosí come si dice?* —Sonrió. Dios, era guapo a reventar, ya me iba acordando de cosas, aunque procuraba que mi cerebro continuase acorchado un rato más, me convenía—. *È un bel po di tempo che cerco un lavoro decente a Roma, le cose non vanno molto bene.*

—Pues agárrate en España —lo desanimé—, coleccionamos parados como quien colecciona sellos. Yo misma no sé qué haré cuando se termine la serie en la que trabajo...

Callé, porque el rubio querubín me taladraba y en sus ojos claros no se leía otra cosa que deseo a raudales.

—Estás preciosa, *bella, bella.*

Derramé el café por toda la encimera. Carraspeé y empecé a limpiarlo a bayetazos.

—Y esto... ¿Tienes algo a la vista? ¿Alguna reunión de trabajo acordada?

Me pregunté si podía empezar a destensarme. Al fin y al cabo, no había viajado por mí, sino por motivos laborales; eso me dejaba automáticamente fuera de peligro.

—Algo hay —musitó con misterio.

—Pues nada..., hala..., vamos a tomarnos este rico café y me lo cuentas —invité animosa.

Enzo continuó mirándome, ahora, con reproche.

—*Non mi hai ancora salutato.*

Supe que se refería a un beso de tornillo como manda el Señor. Algo que no estaba dispuesta a darle.

—Lo sé. —Bajé los ojos—. Está mi hijo en casa, no suelo recibir a nadie si no estoy sola.

—*Capisco. Quando lo viene a prendere il padre?* —preguntó con una pícara sonrisa.

—Uff, ahora... estará una buena temporada conmigo..., me temo. —Estiré los labios tratando de sonreír—. Vamos al salón, estaremos más cómodos.

Trasladé la bandeja y mis pesares, acomodé al rubiales y con la excusa de echarle un ojo al niño, me recluí en el cuarto de Rafa. Cerré la puerta y apoyé la espalda en ella.

—Rafa, ahora no puedo explicarte. Pero tengo visita y no estoy dispuesta a que se acople en casa. Si pasas por el salón, sígueme la corriente, y bajo ningún motivo informes de que esta semana la pasas con tu padre. ¿OK? —Mi hijo me miró incrédulo—. ¿OK?

—Menudas trolas metéis los mayores. Luego, si yo miento, me castigas sin televisión.

—No le saques provecho a una situación desesperada, jovencito. ¿Hay trato? —Asintió—. A todos los efectos, tú te quedas conmigo una larga temporada, no lo olvides.

—Ración doble de postre —puso como condición. Lo fulminé con la mirada.

—Conformes. Enano cabrón...

Regresé canturreando al salón. Enzo mordisqueaba una galleta con deleite.

—Todo en orden —anuncié—. Venga, cuéntame cómo es que se te ha ocurrido venir a trabajar a España. ¿Es por la similitud del clima?

Enzo no respondió de inmediato. Cuando lo hizo, su timbre de voz sonaba más grave.

—*Non sono stato del tutto sincero, prima.* —Volví a envararme. Había sido demasiado optimista, demasiado pronto—. *È vero che mi dovrò cercare un lavoro, ma la principale ragio-*

ne del viaggio... —apreté los puños. No me lo digas, no me lo digas, no me lo digas— *sei tu. Non ti ho potuto dimenticare*, Lola. No te olvido.

—Ah.

—*Mi mancavi, dovevo rivederti e chiederti, cioè, sapere se... se tu...*

Madre mía, el pobre chico no pudo seguir. No entendí todo lo que dijo: algo de echarme de menos y volver a verme y preguntarme... Yo me culpé de dejarlo en la estacada, pero estaba muy confusa, completamente perdida. A ver..., no es que no me alegrase de verlo, ni que se hubiera vuelto feo, de hecho estaba incluso mejor y más musculoso que cuando lo conocí en Navidad. Era solo que yo no quería hombres en mi vida, atravesaba un período de relativa paz y estaba bien acompañada de mi churumbel y conmigo misma; en resumidas cuentas, no quedaba espacio para follones.

—Siento que parezca que no me alegro de verte, no es así —lo tranquilicé—. Pero no te esperaba y atravieso una época muy mala, mucho estrés, tengo problemillas con un compañero de trabajo, mi hijo en casa... —Alargué una mano y rocé la suya—. Estás fantástico, sí que me alegro de volver a verte.

—*Non pensavo di usare il tuo appartamento come hotel.*

Sonó a disculpa falsa, pero falsa, falsa. Claro que pensaba hospedarse y tener tema todas las noches, si lo sabría yo.

—Lo lamento —dije sin lamentarlo, al menos hasta que no me aclarase y viese qué quería—, te ayudaré a encontrar un alojamiento por aquí cerca. —Sorbí el café, que ya se había enfriado.

—*Ti ringrazio molto, non conosco nessuno a Madrid* —reconoció con un deje de tristeza que me hizo cachitos el corazón.

—Me conoces a mí, y podemos localizar a Gio y las demás, saltarán de felicidad cuando sepan que has venido. —Ya podía verlas imaginando guarradas con mi pequeño querubín—. Anímate, Enzo, lo mejor es que ya estás aquí. Cómete una magdalena y cuéntame de los chicos...

Reconozco que me comporté como si Enzo fuese mi hijo universitario recién llegado de vacaciones, atiborrándolo de comida, preguntándole por la salud, parloteando de un montón de cosas sin sentido. No llegué a presentarle a Rafa, y solo respiré aliviada cuando lo dejé instalado en una habitación de un hotelito de precios razonables, próximo a mi casa.

Tomé un respiro ante la mesa del café abandonada. Me serví otra taza de brebaje negro y frío como un témpano. ¡Demonios! ¿Qué ha venido a buscar este chico? ¿Y por qué me siento yo tan insegura? No le debes nada, Lola, si te interesa, bien y si no, andando.

Qué fácil es decirlo, qué difícil, hacerlo.

12

Junio: estarás muchas veces a punto de meter la gamba

Pasaron por delante de mis narices hasta siete largos e interminables días durante los que simulé convivir con Rafa, cuando lo cierto era que pasaba la semana con su padre. La mentirijilla me permitía mantener a Enzo a raya, lejos de casa y de mi cama. Salí con él muchas veces, a comer, a tomar café, incluso le busqué ofertas de trabajo y lo acompañé gustosa. Cualquier favor que no me comprometiese demasiado. Era curioso; cuando lo tenía cerca, se me revolucionaban las hormonas, me entraban ganas de ponerme el mundo por montera y darle una oportunidad. Pero justo cuando lo había decidido y era el momento de pisar el acelerador, retrocedía aterrorizada. No era por él, seguramente, era por mí, estaría pasando una crisis. Como ya me las conozco, mejor sentarse y esperar a que ahuecase el ala.

Entre tanto, Felicia y Garbajosa desarrollaban su historia de amor. Fue el motivo de que casi no le viese el pelo a mi amiga, pero lo di por bueno: el amor sin medida y bien correspondido la rejuvenecía a pasos agigantados, al contrario que Rita, cada día más gruñona y apergaminada.

Empeñada en que el italiano se emplease, aquel viernes hice de mecenas de un puesto de camarero en un bar de moda. Yo conocía al dueño de mis tiempos de mandamás en la agencia, y podemos decir que al margen de las simpatías personales me debía unos tres o cuatro mil favores. El caso es que Enzo consiguió el puesto sin mucha dificultad. Nos fuimos a almorzar para celebrarlo.

—No pareces muy contento —observé haciendo a un lado el menú del restaurante italiano. Uno de los mejores de Madrid, por si le atacaba la morriña.

—*Sí, il lavoro è... stupendo, un locale molto bello.*

—Enzo, mírame. Ese bar es el no va más, conocerás a un montón de gente y te relacionarás con lo selecto de la capital. Ahora quiero que me cuentes por qué parece que se te ha muerto el gato.

Suspiró. Aunque creo que lo del gato se quedó meditándolo, sin mucho resultado.

—*È per noi* —soltó al fin. Me repasó un escalofrío—, *qualcosa è cambiato. Sono venuto con tanta speranza...*

Levanté las palmas de las manos pidiéndole tregua. Yo no era responsable de su esperanza, ni de sus expectativas, y tampoco le había pedido que se expatriase.

—Lo que ocurrió en Italia..., yo estaba de vacaciones, tienes que entenderlo. Muchas veces cuando salimos de viaje, nos desinhibimos un poco más de lo recomendable..., tú estabas allí en el momento propicio... ¿Me vas entendiendo?

—*Credo che cerchi di dirmi che prima ti piacevo, pero adesso no, è penso che sarebbe meglio che sparisca.* —Una mueca burlona que me supo a puñalada.

—No te entiendo, Enzo, no sé qué quieres decirme.

—Ya no te gusto. Quieres que *desaparezca.*

Diantre, los machos de nuestra especie son únicos simplificando las cosas. Con la de rodeos que estaba dando yo para no herirlo.

—Te equivocas, me sigues pareciendo guapísimo. Es que atravieso una racha, un período de mi vida... En pocas palabras, no quiero novio. —Confirmé mi mensaje con un vigoroso cabeceo.

—*Neanche di notte...* —sugirió meloso. Yo ya sabía adónde quería ir a parar: «Podemos aparcar el asuntillo del compromiso, pero espero que ese detalle no nos impida retozar.»

—No, ni siquiera por las noches. De momento, prefiero tomármelo con calma. Si conoces a alguien, te enamoras... Quiero decir que lo comprendería, no tienes responsabilidades conmigo.

—*Ma, Lola, sono venuto in Spagna per te.*

—De hecho me haría feliz verte enamorado —proseguí obviando su apasionado comentario—. De alguien que no fuera yo. Enzo, no te convengo.

—*Perché? Credo che andiamo d'accordo e siamo simili in tanti aspetti.*

—¿Conectamos? Conectar no basta. Soy mayor que tú... —Eso pareció desconcertarlo bastante.

—*Quanti anni si suppone che hai?* —me retó.

Yo, desde luego, no estaba dispuesta a confesar.

—Digamos que los suficientes para saber que no te convengo. Eres un joven de anuncio, que pronto tendrá que sacarse las pretendientas de encima con matamoscas.

—Lola...

—Dejémoslo así, Enzo, somos amigos, no lo estropeemos. No hagas que me arrepienta de lo que pasó.

Enmudeció al instante y me puso cara larga durante un rato. Cara que yo fingí no ver. Pasados treinta minutos se rindió y volvimos a charlar de intrascendencias. La plática fue mejorando de ánimo y llegó a su cúspide cuando me confesó que hasta le excitaba la perspectiva de aquel trabajo.

—Tenemos encima la fiesta de la primavera, despedimos la temporada de *Belinda corazón de fuego.* Voy a tratar de convencer a los directivos para celebrar la fiesta en tu local y tú te cuelgas la medalla delante de tu jefe. Ascenderás como un cohete, esta gente suele pedir champán del caro a manos llenas.

Le guiñé un ojo y brindamos. Me pareció verlo más feliz, y mi corazón respiró con la placidez del deber cumplido. O del sentimiento de culpa apaciguado, que viene a ser lo mismo.

Logré mi objetivo con el beneplácito de Hamilton y su incondicional apoyo. Es que Lomoon es un local chic y *fashion* donde los haya, inmejorable para la fiestecilla. Felicia asistió con Garbajosa, y yo osé invitar a Rita. Aceptó, pero no sin lanzarme varias docenas de cuchillos directamente a la cara.

—Perdona, monina, creo que no he oído bien. Tú, tú, la aficionadilla que se encuentra protagonizando una serie de éxito por pura coincidencia, me invitas a mí, Rita Postín, a la fiesta de primavera de una productora a la que vi nacer. —Soltó una estridente carcajada—. Desde luego, Lola, hay veces que tu retorcido sentido del humor me descoloca. Iré, claro, estoy en negociaciones con ellos para intervenir en la serie que sustituirá a Belinda.

—No se celebra el final del culebrón, solo de la temporada —advertí afilada.

—Bueno, eso ya se verá, en este mundillo nunca se sabe. Por lo que pueda pasar, yo de ti me buscaría un agente que cuando llegue el momento te saque de las colas del paro. Te paso el teléfono de Annabel, ya sabes lo competente que es, aunque colocarte a ti sea más cuestión de suerte que de talento y profesionalidad.

—Claro, claro. De momento, creo que pasaré sin Annabel, pero gracias de todas formas —rechiné.

Me coloqué un vestido de lentejuelas de coral, con escote vertiginoso en la espalda. Me recogieron el cabello en una coleta floja con algunos mechones sueltos y de las orejas me colgué unos pendientes antiguos, preciosos. Un delicado y resultón maquillaje hizo el resto. Rita me fabricó una cama a medida con los ojos, no dejó centímetro sin repasar. Para la ocasión, ella había elegido un vestido almidonado con volantes que competía dignamente con la mejor lechuga vuelta del revés.

—Debes de creerte que eres una quinceañera —criticó ácida—. Ese escote y ese traje tan pegado...

—Luzco mis curvas con orgullo —embestí—. Si me preguntas quién es mi mejor amiga, te diría que mi chico, pero como no lo tengo, te contestaré que mis lorzas; a estas alturas nos llevamos de escándalo. Ellas me consuelan y yo no las *reputeo*. Simbiosis total, oye...

—Qué bien te lo tomas... todo —graznó sin convencerse—. Yo me haré una liposucción o dos en las próximas semanas. Quiero estar perfecta para mi papel en la serie.

Rita no cambia, siempre adelantando acontecimientos, para bien o para mal.

—Pregúntale al doctor si ya que está en el lío, puede hacer algo para clarificarte el cerebro —me mofé. Antes de que me escupiese y saliera corriendo, la tomé cariñosamente del brazo—. Vamos a tomarnos un cóctel de esos de cuando éramos jóvenes —recalqué con guasa.

Al cruzarme con Hamilton, levanté un dedo acusador.

—Sígueme la pista, dire; si me desmayo por culpa del alcohol, te tocará llevarme a casa.

—Eso no hay ni que recordarlo —respondió con un saludo militar.

Rita descompuso la sonrisa.

—Muy bien avenidos os veo yo a vosotros. Al final, has intimado con el gorrino de Juan Manuel..., como todas.

—Nada de eso, Ritiña querida —la contradije alargándole una copa rosada y burbujeante—, entre ese señor rapado y una servidora ni hay ni habrá absolutamente nada más que simpatía mutua.

—Más te vale, porque Lucrecia, su ex novia, le ronda. Y es monísima y jovencísima. Rubia y con los ojos muy oscuros, le hacen un contraste...

Rita se explayó en un rosario de descripciones que no le había pedido. Porque la conocía, no se me escapó que sumaba méritos a la tal Lucrecia solo por mortificarme. Pero la estratagema de la zorra logró lo que se proponía, que los palillos del sombrajo de mi autoconfianza se fueran a la porra.

—Y tan resultona como es... no me extrañaría que acabasen volviendo.

—¿Rubia natural?

—Mechas. Pero eso carece de importancia, el resto del envoltorio lo vale.

Se me retorció el píloro, sin saber por qué. Ni conocía a la Lucrecia del demonio, ni buscaba mimos con Hamilton, pero la idea de perder su atención me escocía más que un pañal mojado. Especialmente, si el culebrón se alargaba y me obligaba a soportar a más prendas como el Vallinclán. Hamilton era mi salvador, mi caballero andante. Quizá fuese mejor que se cumpliesen los negros augurios de Rita y la serie se finiquitara.

—Si te digo la verdad —no era tan necia como para decir lo que de verdad pensaba. Lo cierto es que no sabía qué pensar—, me importan poco Lucrecia y el resto de los Borgia, yo con Hamilton no aspiro sino a una fluida relación profesional y que salga de vez en cuando en mi defensa, especialmente si... —Rita no me estaba escuchando, parecía totalmente fascinada con algo que se movía tras la barra.

—Fíjate qué camarero bombón. —Señaló directamente a Enzo, que repartía champán con una eficacia rayana en la excelencia, con sus bucles rubios alborotados y brillantes. La aguda voz me sacó del sopor.

—Si quieres, te lo presento, es amigo mío, recién llegado de la tierra de Leonardo da Vinci. Ven.

Así fue como Rita fichó a Enzo. Se acopló en la barra y no se despegó en toda la noche, pestañeándole como una universitaria coqueta. Para que luego diga...

Aproveché que la tenía entretenida para ir y venir a mi antojo. Departí un rato con Felicia y Garbajosa, un chico desaprovechado entre rollos de cables que cada vez me impresionaba más con su cultura y su físico de infarto. Feli brillaba como una lamparilla de camping-gas. Los cruces con Jorge fueron mucho más desagradables. Tropezaba y me golpeaba a conciencia, me tiró dos copas al suelo sin disculparse y me criticaba abiertamente en corrillos, señalándome sin cortarse un pelo. Tentada estuve de arrinconarlo y proponerle la paz, aunque fuese él quien redactase las condiciones del armisticio. El caso era romper aquella molesta tendencia a odiarnos, parecía que nos pagaban para perfeccionarla. Pero para mi infortunio, cada vez que lo miraba de frente y le sonreía esperanzada, Jorge viraba y se perdía de vista. Divisé a Hamilton acercándose. Debía de haber seguido las vicisitudes y los empujones adrede de Jorge, porque se arrimó y me chistó a la oreja:

—Dame una sola excusa, una sola, y le cancelo el contrato.

Qué más habría querido yo. Volví junto a Rita, que nadaba en un charco de babas. Enzo, educado y cortés, le seguía la perorata y le reía las gracias. No me percaté de que Jorge me pisaba los talones con una veinteañera pintada como una puerta colgada de cada brazo.

—Y es lo que suele pasar cuanto te ves obligado a compartir plató con una aficionadilla externa, que no entiende ni jota de la profesión y carece de recursos —expuso con una voz lo suficientemente alta como para que nos enterásemos todos. Las dos puertas pintadas me miraron con recelo—. Pero ¿qué ven mis ojos? Si es Rita, mi Rita Postín...

La abrazó hasta cortarle la respiración antes de que reaccionase.

—No sabes cómo sufro tu ausencia, querida amiga, y la paciencia que le estoy echando —bramó teatral.

—Jorge, te estás pasando... —bufé en plan dragón.

—Aparta tú, chinche —espetó haciendo un arisco gesto con el revés de la mano.

—¡Joooooooooorgeeeeee! —tronó por toda la sala el grito más afectado que uno pueda imaginarse. Enzo salió corriendo de detrás de la barra, agitando los brazos en plan loca con pluma y fue directo a por él—. *Non ti ricordi di me, mascalzone? Oh, bello, bello Georgi*, soy Enzo, tu Enzo..., el de la Toscana —insinuó mientras al otro se le desmoronaba el careto. No hubo alma en Lomoon que no se quedase petrificada ante la escena del reencuentro de los dos gays.

—Perdona, creo que te equivocas. —A duras penas, Jorge mantuvo la compostura. Las dos veinteañeras dieron un paso atrás con disimulo. Enzo no se amilanó y le acarició una oreja con todo el morro.

—*Georgi, tanto bello, tanto appassionato...* —Exageraba su acento en tanto entornaba los párpados y le ponía morritos.

—¡Que no te conozco! Nunca he ido a la Toscana... —casi gritó Jorge sin saber cómo quitarse al rubio de encima. La gente cotilleaba ya sin reparo ni disimulos.

—¿Cómo que no? —me inmiscuí yo feliz y vengativa—. ¿Este es el maravilloso Enzo del que tanto me has hablado?

—Hija de puta... —rumió entre dientes el galán acorralado—. No conozco a ningún Enzo, he dicho.

—*Georgi...*, vas a romperme el *cuore...* —Enzo se llevó dramáticamente la mano al pecho e hizo un puchero—. *Dopo tutte quelle lettere che mi hai mandato in questi mesi...* Tengo todas tus cartas. —Y su ademán convenció a la concurrencia de que las tenía allí mismo, debajo del mostrador.

A Jorge Vallinclán no le quedó otra que salir por patas, entre los murmullos acusadores de todos los presentes, que lo taladraron con disgusto. Supongo que lo que los enervaba no era que fuese gay, sino que fuera por la vida de macho castigador sin salir del armario.

—¡Cielos, no sabía que tu amigo italiano era maricón! —se dolió Rita con todos sus planes de conquista desbaratados—. ¿Quién lo habría dicho? Y con Jorge Vallinclán nada menos..., fíjate que de ese siempre lo sospeché, pero el camarero...

Desde la distancia, por encima del nutrido mar de cabezas, Hamilton me guiñó un ojo complacido.

Ni que decir tiene que Jorge recibió la noticia de su despido como un mazazo en el cráneo. Hamilton expuso que siendo como era, ahora, su condición sexual del dominio público, no podía seguir haciéndolo pasar por galán de telenovela, febril donjuán, mujeriego: las fans de la serie montarían en cólera y se lo tomarían como una estafa. De nada sirvieron sus súplicas y explicaciones, y aun sabiendo que aquello no era sino un simulacro amañado, Hamilton fue inflexible. Jorge acabaría el rodaje de un puñado de capítulos y nos diría adiós.

Creo que nos pasamos, pobre, lo vi tan deprimido que temí que se comiera un bote completo de somníferos. Pero acallé mi conciencia agarrándome a lo de «bicho malo nunca muere».

Quizá también debería contar que aquella noche, al acabar la fiesta, acompañé a Enzo al hotel, me quedé y nos acostamos. Puede que no fuera lo correcto, pero el muchacho acababa de salvarme el pellejo, yo rebosaba agradecimiento, íbamos un poco piripis y..., en fin, qué puedo decir que tú no sepas. Esas cosas pasan.

Para mi estupor, él lo interpretó de igual modo, sin necesidad de sermones y lágrimas. Sabía de sobra que el fogoso acto había sido algo aislado, sin débito en el futuro, y no me atosigó con llamadas ni mensajes. En cuanto a Rita, tuve que confesarle la verdad: Enzo era más macho que Harrison Ford, nada de plumas. Parece que la revelación le dio alas, porque a partir de ese día se abonó al Lomoon y adoptó al italiano como mascota de compañía en cada sarao, festival y estreno al que la invitaban.

La nueva pareja causó sensación en el papel cuché, empezó a dejarse ver en revistas del corazón y pasó a la historia momentánea como la hembra que invirtió la tendencia del gay. Debió de comprarle toneladas de ropa, porque el chico lucía como un pincel. No supe si alegrarme o todo lo contrario, una angustia desconocida se apoderó de mis tripas. Puede que se pareciera a la pérdida, pero, desde luego, no eran celos. Vaya con el italiano; ya se podía olvidar de contar conmigo para nada. Yo era lo suficientemente avispada como para valorar el cuerpazo de Enzo y sus habilidades nocturnas; sin embargo, con aquella edad, como hombre no me decía nada.

Rita me visitó en plató, vanagloriándose de sus logros. Me persiguió al trote hasta el camerino, y mientras me desmaquillaba, se desbordó, como el río de mi pueblo en sus buenas épocas.

—Gracias a ese dulce italiano, estoy de nuevo en el candelero, salgo en todos los programas, los reporteros nos persiguen. Mira, mira en las revistas.

Debía de venir con la edición mensual completa, pero no

hacía falta que me las enseñara, las había visto todas, en los estudios no se hablaba de otra cosa: del guapérrimo Enzo y de la contratación de Rita por la misma productora para rodar *Mariana Pineda*.

—¿No te parece acusada la diferencia de edad? —indagué con sutileza.

—De ninguna manera, por favor, Lola..., que me lo digas precisamente tú. —Sacudió la melena, sin moño por primera vez en muchos meses.

—No me malinterpretes, es que no quiero que acaben comparándote con Ana Obregón. Estás engatusando a ese chico, lo utilizas. —Rita me estudió con sagacidad.

—Oye, pareces molesta..., diría que rabiosa... A lo mejor no digieres que me haya preferido a mí, tú que tanto presumías de estar en forma.

—Y lo estoy, Rita, lo sigo estando. Me alegro mucho de que estés con Enzo, solo me preocupa su bienestar, es un chico muy sensible, se encoña con facilidad y tiene cierta tendencia a colgarse de mujeres mayores...

—Me estás ofendiendo —señaló con ganas de pelea.

—Haya paz. No le hagas daño al pobrecillo.

—El pobrecillo es un máquina en la cama, se las sabe todas. Explota su atractivo y coquetea con todo bicho viviente. Me estoy planteando sacarlo de ese local, que es un antro de perdición.

—Me temo que el propietario no estará de acuerdo, triplica la caja en las noches en las que trabaja Enzo.

Rita retorció el labio inferior.

—Lola..., que me estoy enamorando.

Patidifusa me dejó. *Ojiplática*, fuera de mí. ¿Rita enamoradaaaaaaa?

—Dime algo... —rogó con soniquete de plañidera.

—Pues chica, no sé...

Vibró mi móvil. Oteé la pantalla desde lejos, a costa de retorcer dolorosamente el cuello. Annabel, la agente de Rita.

—¿Quién es? ¿No descuelgas?

—No..., es una fan pesada...

—A mí me pasa exactamente lo mismo. —Se miró las uñas vanidosa—. Me acosan, llaman todo el tiempo, me mandan mensajes...

Gracias a Dios, el teléfono dejó de sonar. ¿A cuento de qué tenía Annabel que llamarme precisamente ahora, con Rita enfrente y sin poderme escabullir?

—Sigo esperando que me des tu bendición —retomó Rita. Me sonó a chufla.

—Tú no necesitas eso —gruñí—. Te digo lo mismo que a Feli, si estás feliz y contenta, ¿quién soy yo para opinar?

—¿Feli también se ha enamorado? —Lo de no conservar la exclusiva era algo que Rita llevaba de pena.

—Está en ello.

—Bueno, pues esta noche Enzo y yo acudiremos al estreno de *Nine*. Promete ser todo un acontecimiento. Supongo que tú no irás —anticipó.

—Supones bien.

Se puso en pie y acaparó mi espejo, se apropió de mi cepillo y agotó mi frasquito de perfume.

—Estrenaremos mi descapotable nuevo y yo conduciré.

—Pero si tú odias conducir —reparé entornando los ojos.

—Enzo prefiere contemplarme mientras manejo el volante. Creo que por algo tan romántico merece la pena un poco de esfuerzo. Te confesaré algo..., estoy pensando en plantar a estos imbéciles de la productora e irme con Enzo seis meses a Puerto Rico, a ponernos *púos* de daiquiris de fresa.

¡Cielos, no! Si se tomaba medio año sabático, arruinaría su carrera (o lo que quedaba de ella) por completo.

—Tienes buenas ofertas, no deberías planteártelo siquiera.

—Vivimos dos días con pasado mañana, Lola —a mí me lo iba a decir—, deberíamos aprovechar ahora que todavía somos jóvenes.

—¿Eres tú quien habla, o te han clonado? —Sonreí con sinceridad—. La verdad, solo puedo congratularme por tu radical cambio de actitud, Rita, que te dure mucho y que no decaiga.

Y ahora, si me disculpas, tengo que recoger y marcharme a casa.

—A limpiarle el culete a tu niñito —se burló.

—Precisamente. Que te diviertas.

Resoplé al verla desaparecer. Mi móvil sonaba de nuevo y era Annabel por segunda vez. Algo pasaba y debía de ser importante.

—¿Diga?

—¿Lola? Hola, tesoro, soy Annabel. Oye, ¿te has enterado de la contratación de Rita para *Mariana Pineda*?

—Sí, claro, es la comidilla de los *caterings* del desayuno.

—¿Y qué opinión te merece?

¿Qué me va a merecer? Que es un error como la copa de un pino, como un piano de cola, como un petrolero, pero no soy nadie para meter baza. Estoy un poco hasta la peineta de jugar a domadora de conciencias ajenas, ¡que no soy Pepito Grillo, leñe!

—No sé..., no la veo —dije discreta.

—Eso mismo declaro yo. Rita no llega, es un papel demasiado serio, con una carga dramática que no sabrá asumir. En cuanto la caractericen y no se vea guapa, pondrá el grito en el cielo. Lola, tienes que ayudarme a convencerla para que lo rechace.

Ah, no, no. Eso sí que no. Por encima de mi cadáver muerto.

—Annabel, no me metas en tus manejos. Ella está superilusionada con el papel, cualquiera la disuade.

—Hará el ridículo, destrozará su carrera... o lo que queda de ella.

—Qué casualidad, eso mismo pensaba yo hace un rato, cuando me contaba que igual desaparecía un tiempo...

—¿De qué me hablas?

—Nada, un viajecito, pero no es más que un sueño.

—Estamos atravesando una racha de bonanza, es cierto. Me han ofrecido otras cosas más ligeras, más acordes con su talento interpretativo, se sentirá más cómoda. Desde que se ha echado el novio italiano este, su fama ha subido como la espuma.

¿Novio? ¿Enzo ya era novio? Hay que ver lo pronto que se sube de escalafón en el mundo del colorín.

—Lamento decirte esto, Annabel, no es mi estilo negarle ayuda a nadie, pero no cuentes conmigo para este plan.

—Lola, te lo ruego, que nos estrellamos.

—Se estrellará ella, Annabel. —Mantuve firme la voz, evité que temblara—. Rita es mayorcita y la persona más testaruda que conozco. No me escuchará.

—¿Lo intentarás, al menos?

—No.

—Coño, qué dura te has vuelto —criticó sin cortarse. Me importó un pito. Ella y su consideración.

—Tengo que dejarte, Annabel. Que tengas suerte.

Permanecí un rato con el teléfono inerte entre las manos, contemplando el precioso blanco de la pared. Analizando, discurriendo, evaluando. Sin detenerme a pensar, marqué el número de Rita.

—¿Sigues pensando en marcharte a Puerto Rico?

—¿Eh? Sí. Y por si lo estás pensando, no estás invitada.

—Te has colado. Era para decirte que me parece un plan inmejorable. Qué suertuda eres.

Disponía exactamente de un mes de reposo y vagancia, el mismo tiempo que la productora interrumpía el rodaje. Después comenzaríamos al ritmo acostumbrado, ya sin Jorge en nuestras filas. Bien, bien, bieeeeeeeeeeeeen. Me llevé a Rafa una semana a EuroDisney y me monté en todo. Volví con las cervicales vueltas del revés, pero disfruté como una enana. Cuando yo era pequeña, el sueño dorado de todo chiquillo era ir a Disneyland. Pero entre que estaba en la otra punta del mundo, porque el de París no existía, que había que pagar en dólares y que mi padre era maestro, se quedó en eso, en anhelo desesperado. Debo decir que me lo cobré con intereses. Rafa terminó suplicando que me bajase de Dumbo y que no me agarrara a las orejas de los enanos de Blancanieves con tanto frenesí, que llamábamos la atención y veía a otros niños despepitarse a nuestra costa.

Ya ves, como si me importara.

De vuelta en Madrid, hice unas discretas averiguaciones. Rita no acababa de marcharse a Puerto Rico, lo de *Mariana Pineda*, heroína nacional, le tiraba en exceso y Annabel se la trabajaba con ahínco para que cambiase de dirección y aceptase otros trabajos menos comprometidos. Su historia con Enzo se estabilizaba. En cuanto a Felicia, entraba y salía con Garbajosa, se escapaban los fines de semana a una cabañita de turismo rural y había firmado el divorcio con Juan sin que rodaran cabezas. Todo parecía en orden alrededor. Era yo la que se sentía inquieta y rarita. ¿Qué me faltaba? ¿Qué me sobraba?

Entré en plató arrastrando mis piececillos de plomo, con el rabo entre las piernas. No me preguntes por qué, pero el reinicio de la serie no me enloquecía lo más mínimo. Hamilton dejó de leer sus papelotes para echarme un vistazo interesado.

—Bienvenida, Lolita. Te ha sentado bien el ocio. ¿Has cargado pilas?

—No sé para qué preguntas eso, cuando es evidente que no puedo con mi alma —rezongué.

—¿Astenia primaveral?

—Hombre, si pasamos por alto que la primavera quedó atrás, puede que sea eso. Estoy un poco decaída.

Hamilton me echó el brazo por encima de los hombros. Tuve ganas de apretujarme y ponerme a lloriquear como una mema.

—Sonríele a papi, rosita de pitiminí —me pareció oírle decir.

—¿Te pitorreas, Hamilton? Me hablas como un abuelo a una quinceañera, no me tomes el pelo, anda.

—No quiero verte cabizbaja. Los nuevos guiones son apasionantes, si te pasas por mi despacho más tarde, te adelanto cositas. —No debió de apreciar mucho arrebato en mi persona, porque siguió charloteando—. Incorporamos actores extranjeros para darle color, tengo pensado que el nuevo galán que roba el corazón de Belinda sea un *gigolo* latino. Un italiano.

Eso sí me despertó. Más que un bofetón con la mano abierta.

—Italiano —repetí catatónica.

—Verás, me dio que pensar la magnífica actuación de tu colega camarero —se acarició la perilla—, ese que ahora se beneficia a la Postín.

—No seas vikingo, te lo ruego, un respeto para los dos.

Hamilton arqueó las cejas con simpatía.

—Por un momento me convenció de que era gay. Más que Paco Clavel. Creo que dentro de ese muchacho se esconde un actor formidable, hay que darle una oportunidad.

—No creo que sea buena idea, no funcionará, Enzo no sabe nada de esta profesión.

Me enojé imaginando el panorama y los alaridos de Rita.

—Funcionó contigo, Lola, yo casi nunca me equivoco con mis flechazos.

—Es que creo que se marchan de viaje al Caribe —me precipité como una loca para ver si descartaba contratar al rubiales.

—Entonces, dispongo de poco tiempo, manos a la obra. —Me tiró un beso desde lejos—. En una hora en plató, comenzamos.

Sonó el teléfono. Era mi hijo.

—Mamá, ¿estás trabajando?

—Sí, cariño, ¿qué tal la acampada nocturna?, ¿te llevó papá o se inventó alguna excusa de última hora?

—Lo he pasado muy bien, excepto por dos cosas.

—¿Malas?

—Malas.

—Vaya por Dios.

—¿Cuál te cuento primero, la primera o la segunda?

—Pues... —fingí deliberar— la primera.

—Papá llegó tarde, se nos iba el bus, salí corriendo con la mochila a cuestas y me he torcido un tobillo. Tengo un esguince.

—Jolines..., me cago en tu padre, Rafa. ¿Y la segunda?

—Tuve que cruzar un río. Por encima de unas rocas, y ya sabes lo hábil que soy pisando rocas..., además, estaba lo del tobillo...

—Te has caído —adiviné llena de pesadumbre.

—De culo, mami, y se me ha mojado el móvil, pero lo he resucitado.

—No te preocupes, tu culo es más importante. Te compraré otro móvil si me sacas buenas notas a final de curso.

—Bueno, te dejo, que lo estoy secando con el secador de pelo, a ver...

Vaya día de buenas noticias. Yo lo que tenía era que no haberme levantado. Habría estado mejor en mi casa, cociendo coles de Bruselas. Le pegué una patada a un cajón de madera abandonado en una esquina. Salió rodando y dando tumbos con tanto escándalo, que acaparé mil miradas.

—¿Qué pasa? ¿Vosotros no os cabreáis nunca?

A costa de soportar follones e inconveniencias se me encajó una migraña de tomo y lomo entre las cejas. Pedí permiso para ausentarme del rodaje, porque cada vez que los focos me enfilaban acababa bizca y fastidiaba las tomas. La causa de todo era el bajón inexplicable que estaba sufriendo. Me dirigí al hospital más cercano, uno recogidito y coqueto que me toca por la sanidad privada pagadera cada mes, donde atienden bien y rápido las urgencias. Lo malo de esa clínica es su espantosa ubicación, al fondo de una calle angosta y de un solo sentido que actúa como boca de embudo con los vehículos: se los traga y luego no queda sitio para maniobrar; ni aciertas a dar la vuelta, ni puedes salir ni dejar entrar. Allá me vi yo, obturada en la minirrotonda, apañándomelas para retroceder sin llevarme por delante los pivotes de hierro que han debido de poner de adorno, aunque actúan como coñazo del bueno. Me preguntaba ansiosa dónde aparcaría mi TT cuando vi a un señor con pinta de indigente que me hacía aspavientos con los brazos, señalando algo.

—Lo que me faltaba, que ahora con la falta de lucidez lo atropelle. —Volví a mirarlo. El hombrecillo se afanaba en hacerse ver hasta tal punto que me instó a bajar la ventanilla—. ¡Diga, buen hombre! —No me fiaba de su aspecto febril y distraído, pero no quería meterme en líos. Para abandonar la calle tendría que pasar rozándolo y cuando lograse aparcar a seis kilómetros de distancia, regresaría andando y me lo encontraría de nuevo; podía atracarme o algo parecido.

—Por aquí, por aquí —me indicó correteando hacia una plaza de aparcamiento reservada, cerrada con una cadena que manipuló con habilidad y soltó hasta hacerla caer al suelo.

—No se moleste, caballero.

Dios, ¿cómo iba a escaparme?

—Trabajo para la clínica, señorita, no se apure. Aparque aquí mismo —me explicó con inusitada amabilidad y finura.

—Pero es la zona reservada a las ambulancias —observé con un viso de preocupación que era todo un telón de acero.

—Bah, no viene ninguna. Si le digo que puede aparcar, es que puede aparcar. Venga, retroceda, tuerza todo a la izquierda...

Y comenzó ese martirizante ritual que tanto divierte a los tíos, aunque tengan pinta de borracho callejero, de enseñarnos a aparcar a las mujeres «torpes». Que si dobla a la derecha, que si gira, gira, que si ahora recto hasta el final... ¡Tu prima la de Cuenca! ¿Hasta el final de qué? ¿No ves que si no te apartas es imposible que vea por dónde piso?

Respiré hondo para tranquilizarme y por no arrollarlo de un acelerón. No menciono la consternación que me causaba la posibilidad de que una ambulancia llegase a reclamar su espacio cuando yo me hallase tumbada en la camilla. Las punzadas en las sienes y la necesidad de ponerme a cubierto debieron de influir en que yo perdiese momentáneamente el buen juicio. El caso es que con el indigente dando por el saco y todo, me apropié de la plaza.

Bueno, eso era lo que yo pensaba. En realidad, lo que estaba pasando era que mi rueda trasera había enganchado la cadena que el buen señor había olvidado apartar del paso y se había enrollado en el eje. Oí el ruido ensordecedor de una maquinaria de fábrica mal engrasada y, de súbito, el tirón.

—¡Pare, pare! —Qué simpático, eso ya lo había adivinado yo sola sin ayuda—. ¡Se ha trabado!

Estas cosas no le pasan a nadie más que a mí. Traté de acelerar, pero el coche estaba bloqueado por completo. Vi que el viejecillo hacía mutis por el foro. Me entraron ganas de estrangularlo al muy mamón.

—¡Oiga! ¡No se quite de en medio! ¿Va a dejarme aquí tirada? ¿En esta situación? Usted me dijo que aparcase, usted fue quien no retiró la cadena... ¡Oiga!

—Deténgase, señorita, deje que le eche una mano.

La voz que llegó hasta mis acongojados oídos no era la del borrachín. Volteé la cabeza justo a tiempo para otear a un señor que, afanoso, se arrojaba al suelo. Literalmente tumbado sobre un charco, la emprendió con la puñetera cadena y la agitó y sacudió hasta liberar el eje de mi rueda. No sé cómo lo hizo, pero cuando se irguió, tenía los pantalones hechos una pena; eso sí, yo, liberada. Desde la esquina, el aparcacoches con atuendo pintoresco nos miraba aturdido.

—Ya está, ya puede terminar de aparcar.

—Caballero, cómo se ha puesto..., deje que... —Hice ademán de salir del vehículo, pero me detuvo con un gesto y una amplia sonrisa.

—Vivo aquí al lado, no pasa nada. Me cambio y en paz. Hemos tenido suerte.

—No sé cómo agradecerle... —repuse mientras acribillaba al vejete con una mirada de Terminator.

El hombre ladeó la cabeza y prosiguió su marcha con los pantalones cubiertos de barro. Me acordé de Rita y de las sentencias de su pesimista agenda. Yo acababa de inventar una *recontrasentencia*: a partir de una cierta edad, los hombres son más amables. Un veinteañero jamás lo habría hecho y un treintañero se habría ensuciado el traje del despacho y habría huido asfixiado de la grima. Puede que fuera el cañonazo de placer que me indujo la inesperada ayuda del extraño, pero, de repente, la migraña se había aliviado hasta un punto que ya no merecía pasar por consulta. Decidí irme.

Irme, irme a casa..., mmmm, qué maravilla, tiradita en el sofá... ¿Tengo helado? ¿Sí? ¿De qué sabor? Chocolate y caramelo. Es de Rafa, pero pienso robárselo. Mañana lo repongo mientras esté en el cole y ni se entera. ¿Por qué diablos no arranca este coche? Tengo la boca hecha agua... Abrí la portezuela y salí, le asesté una patada al neumático. Si me partía el tobillo, al menos las sillas de ruedas estaban cerca. Ahora tendría que llamar a la grúa y avisar en la clínica de que, siguiendo los insensatos consejos de un sin techo, había plantado mi coche en el hueco de las ambulancias. Bien, Lola, bien.

Lo hice todo en un santiamén, roja de vergüenza. Por cierto, me quedé de piedra cuando me confirmaron que, en efecto, carecían de vehículo de emergencia, y que aquel al que yo había tomado por un indigente callejero era el aparcacoches legal. Yo, aquí, ya no vuelvo. Desaparecí precipitada dentro de la boca de metro más cercana y me refugié en el fondo del vagón. La sirena del mediodía dio vía libre a todos los mártires trabajadores, que se lanzaron en tropel a por los trenes convirtiendo el cubículo en una lata de sardinas. Iba yo ensimismada en mis cosas, en la batería de mi coche, en la factura que me clavarían los de la grúa, cuando sentí un frufrú sibilante y un apretón contra mi pierna. ¿Era lo que me parecía?

Miré hacia abajo. Lo era. Sin duda lo era. Minúscula pero juguetona, la pollita del señor de al lado bailoteaba feliz contra mi pierna. Y yo que creí que mi época de originar esos caldeados efectos había pasado, pero no, allí estaba aquel guarro sin nombre, frota que te frota contra mi inocente extremidad. No vi más solución que ponerme tiesa y desplegar «codos punzantes» como arma defensiva. Pero ¡quia! Visto que el individuo no cejaba en su empeño de contentarse con muslo ajeno, puse un vagón de por medio. Aterricé abochornada junto a una chica que sostenía un grueso libro entre las manos, de esos que te abren las muñecas, bebiendo sus líneas con impaciencia. *Viaje al amor* se llamaba la obra en cuestión. Mirándola, me pregunté el porqué de aquella acuciante necesidad; la lectora tenía bonitas facciones y un lustroso escote. No debería haber estado tan desesperada y, sin embargo, leía como una condenada a muerte. ¿La muerte de la soltería? ¿El ataúd de la soledad? Yo deseaba estar acompañada, eso era lo que me tenía tan mustia. Fiel a mi objetivo de no comulgar con Rita, no era ni por asomo la zorra de la fábula de las uvas. Las anhelaba y no estaban verdes, sino doradas y sabrosas, pero no a mi alcance. El querer enamorarse y no tener de quién no tiene edad, mira por dónde.

13

Julio: la inocencia la has perdido para siempre

Me atiborré de helado, poniéndome todas las excusas creíbles y estúpidas, daba igual, no había nadie para atenderlas. Decidí decidir que holgazanearía el resto del día. Pero mi teléfono móvil, por lo visto, no estaba de acuerdo e interrumpió la siesta cuando la babilla me chorreaba feliz, carrillo abajo. En la tele, que me había dejado encendida, el energúmeno de Jorge Vallinclán discutía con su parentela en defensa de su amor por Belinda. Contuve las ganas de vomitar. Era Melania, vaya sorpresa. Entró a saco y sin preámbulos, en su línea.

—¡Lola! ¿Qué tal todo?

—Bien, bien... —me desperecé—, durmiendo la siesta.

—¡Qué bien vives, pillina! Parece que te escondes, hace una eternidad que no te vemos. ¿Qué nuevo chisme puedes contarme?

—Estoooo..., yo... —balbuceé perpleja.

—Vamos, mujer, no te hagas la dura, te codeas con famosos, algo habrá. ¿Alguna tórrida aventura con un actor de moda?

—Con un actor se tiene de todo, menos aventura —refunfuñé—, y en el improbable caso de que esta surja, tampoco será tórrida.

Pensé que Melania se decepcionaría al pensar que yo no era

ninguna cajita de sorpresas. Pero esa chica es resistente al desaliento.

—Suena interesante, suena a que hay algo... —Mel estaba dispuesta a dragar hasta el fondo del asunto, y yo, dispuesta a cortar por lo sano. Eso sí, sin perder los modales.

—Pues te equivocas de plano, cariño. No hay nada.

—¿Nada?

¿Era yo o sonaba suspicaz?

—Nada de nada. Ene, a, de...

—Oye, te llamo porque pasado mañana por la noche tenemos fiestón a *tutti* plan, y cuento contigo —me cortó brusca. Se ve que ya sabía deletrear la palabra «nada».

—Uff, Melania... —Se me cayó el mundo encima. Me preparé para inventar un motivo convincente y rechazar su invitación.

—Es el cumpleaños de Gio, no puedes negarte; van a cerrar Boggo para nosotros. —¡Ah, menudo honor! ¡Si es eso, no falto...!—. Piensa en lo bien que lo pasaremos bebiendo cerveza..., piensa en lo bien que lo pasaremos bebiendo vino cuando no quede más cerveza...

—Melania, en serio, estoy tan agotada...

—No puedes hacerle el feo a nuestra Gio, yo no te lo permitiría y ella te sacaría los ojos directamente.

—Visto así no sé si será buena idea asistir.

Me rasqué compulsivamente la barbilla. Todo lo que quería hacer en las próximas dos noches era vaguear, pero a ver cómo me escabullía del compromiso.

—Lola..., era una broma —advirtió Melania seca como un bacalao, poniendo punto y final a mis especulaciones. Saqué la bandera blanca de la rendición.

—Cuenta conmigo, no dejaré pasar la oportunidad de tirarle de las orejas a esa pelirroja engreída.

—Eso me gusta más —suspiró con alivio—. Por un momento, he pensado que te ibas a atrincherar y que no accederías. —Lo que venía a significar que había estado a puntito de librarme. Todo me pasa por blandengue.

En la mañana del miércoles, cumplí sumisa con mi deber de actriz protagonista, haciendo oídos sordos a los comentarios de Hamilton acerca de un próximo *casting* y de localizar a un actor italiano. No sé por qué, pero cuando insistió en que no lo requería profesional, se me heló la sangre. Implicaba que el hermoso Enzo seguía en su mente, y yo no había terminado lo que se dice muy bien con él. Me tomé su repentina relación con Rita como una devolución de mi desplante al no querer retomar la historieta que habíamos iniciado en Italia. Ni lo llamé ni me llamó. Como Rita lo exhibía de sarao en sarao, me constaba que no estaba ni solo ni aburrido, y mi conciencia se acalló.

Terminé poco antes de las tres, regresé a casa y le propuse a gritos a mi retoño un almuerzo sosegado en la hamburguesería de moda. Una vez al mes lo hacíamos, bueno, yo lo hacía, me saltaba todas las reglas de la cordura alimenticia y me pegaba un homenaje. Rafa saltó de sofá en sofá bajo mi mirada reprobadora.

—Cámbiate las zapatillas, me pondré un vaquero y salimos. Tengo todo un concierto en las tripas.

Sonó el timbre de la puerta y Rafa dribló por el pasillo para ir a abrir. Se notaba que la noticia del almuerzo había despertado su buen humor y lo había convertido en un ser servicial. ¡Sorpresa! Eran Felicia, su hijo y la pequeña Mía con los ojos llorosos. Rafa se abalanzó sobre Juanito, el Pecas.

—Tío, guay, nos vamos a comer hamburguesas, ¿te vienes? —Me miró recordando que yo existía y que soy la que concede los permisos—. ¿Puede venirse, mamá?

—En realidad, deberíamos preguntarle a su madre... Podéis veniros todos, estamos a punto de salir —repuse con celeridad.

Felicia me observó compungida. Obviamente, venía a desahogarse, requería con urgencia un ratito de intimidad, lo pillé al vuelo. Su hijo miraba al mío con la sonrisa boba de quien tiene la boca inundada de babas.

—Tienen parque infantil —la incentivé—. Después de atiborrarnos, los chicos pasarán un buen rato brincando, y nosotras nos tomaremos un café y podremos charlar tranquilamente. —Hice especial hincapié en las dos últimas palabras. El rostro de Felicia recuperó la vida.

—Hecho.

Así fue como me zampé dos menús, mientras ella removía sin ganas una ensalada de tomates pochos. Los críos tomaron al asalto los puentes colgantes de la zona de juegos y las tres chicas nos quedamos a nuestras anchas. Mía se revolvía inquieta en su sillita, mirando a un lado y a otro con sus enormes ojos verdosos.

—Hay algo que quiero consultarte —arrancó por fin. Menos mal, tanta intriga me estaba carcomiendo—. Juan se ha puesto en contacto conmigo. —Ese álgido momento fue el elegido por Mía para lanzarse al berreo.

—Bueno, eso es natural —vacilé preguntándome qué había tras la inocente frase de presentación—, teniendo en cuenta que compartís dos niños... —Mía lanzó un alarido chirriante, como un freno sin engrasar, que me dejó sorda.

—Qué va, ojalá fuera eso. De los niños es de lo que menos se ocupa. —Un nuevo chillido—. Jolines, nena, qué pesadita estás, toma, juega con esto. —Le pasó la bolsa rosa de los cachivaches para que se entretuviera.

—Pues en ese aspecto te aconsejo no transigir, que se dan a la vida alegre con demasiada facilidad, olvidando que tienen hijos. Y ¿sabes qué?, mantener una relación con un hombre distinto al padre de tus hijos, del que te has divorciado, resulta harto complicado cuando un fin de semana tras otro tienes la casa invadida de chiquillos y ni un solo minuto de tranquilidad. —La calma chicha de Mía llamó mi atención y desvié la vista para ojearla. La niña llevaba un támpax en la boca, con el cordoncillo colgando por la comisura—. Feli, mira a tu hija, que parece una bolsita de té.

Mi amiga saltó del sillón como un tapón de corcho, dando alaridos y agarrándose el pelo con los dedos, crispada a más no poder.

—¡Nena! ¡Suelta eso ahora mismo! ¡Sácatelo de la boca, que te lo saques te digo!

Mía disponía de pocos dientes, pero iba a perderlos todos si su madre continuaba tirando del tampón de aquella forma. Se lo quité de las manos y la aparté con delicadeza.

—A ver, cariño, una sonrisita... Mía, Mía, bonita.

Entre mugido y mugido el angelito desancló los piños y pude hacerme con el artefacto criminal. A Felicia los sollozos no la dejaban explicarse.

—Es ese cabrón, el asunto de Juan me tiene estresada, desquiciada..., no se detendrá hasta que me ingresen por demente y él se quede con los niños... Por culpa del támpax mi hija podía haberse muerto ahogada. Igual tiene razón y lo mejor...

—¿Juan? ¿Qué coño pinta Juan en esta historia?

Felicia me miró a través de una cortina de lágrimas bien regada.

—Quiere volver.

Me quedé pegada a mi silla. ¿A estas alturas Juan venía con esas?

—¿A estas alturas Juan viene con esas? —dije en voz alta.

—Eso dice. —Felicia se secó las lágrimas en tanto cambiaba la bolsita rosa por un muñequito de plástico infantil chupable y sin riesgos—. Que quiere volver a casa, que quiere volver a intentarlo. Yo no daba crédito, hasta me puse a tartamudear, pero traía muy bien aprendido el discurso. —Feli hipó—. Admitió que sabía que las posibilidades de que lo perdonase eran mínimas.

—Le contestarías que por supuesto —contraataqué.

—Le respondí que exageraba, que eran cero. Alegó que ya sabía lo que había perdido y que haría lo que estuviese en su mano para recuperarlo.

—Manda huevos, menudo caradura, no le ha salido bien la historia con esa *pelagarzas* y ahora quiere una oportunidad para no morir viejo, solo y abandonado.

—Dice que deberíamos estar juntos, que mire a los niños.

—Y tú los miras, claro —adiviné hosca. Feli asintió—. Menudo cabrón, chantajista emocional, eso no se hace.

Abrimos una pausa durante la cual Felicia consumió de un solo trago su litro de Coca-Cola. Le hice un aspaviento para que soltara lo que fuera que la tuviese amordazada.

—¡Ay, Lola! Que me ahogo en un mar de dudas —confesó al fin—, que puede que lo mío con Garbi no sea otra cosa que un espejismo.

Meneé la cabeza con desgana.

—Si eres de las que defienden lo de «más vale malo conocido...» eres una cobarde asquerosa, esa no es la Felicia a la que yo conocí, dime quién eres tú y qué has hecho con ella.

El ímpetu de mi voz la encogió contra el asiento.

—El paso de los años nos cambia.

—Y una mierda. La esencia de las personas permanece en su interior. Estará más a la vista o intrincadamente escondida, en tu triste caso no lo sé, pero permanece. Manda a Juan al carajo de una puñetera vez y haz sitio para una nueva vida más feliz.

—¿Más feliz? —repitió llorosa y desconsolada.

—Distinta, lucha al menos —rezongué asqueada—. Lo que tenías con Juan ya lo conoces.

Me probé cinco modelitos para asistir a la fiesta de Gio y todos me parecían demasiado provocativos. Felicia y sus cosas no se me iban de la cabeza. La aproximación de Enzo, cada vez más asegurada viendo la testarudez de Hamilton, me golpeaba inclemente la coronilla. En fin, un barullo de preocupaciones ocupaba mi frente y no tenía ganas de fiesta con desconocidos a los que tendría que embelesar con mi conversación de actriz de culebrones. Ve a la fiesta, haz como que no te importa no conocer ni al portero, cáeles en gracia a los más bordes, bebe lo suficiente para pillar un punto gracioso, pero no te pases, no te tomen por una muchachita de vida alegre. No en vano, Gio era una Suárez y solo Dios y el arcángel san Gabriel podían vislumbrar lo que me esperaba en el Boggo de los huevos. Encaminé los pasos de mi recuperado descapotable hacia la calle Velázquez, sin acelerar, no fuese a llegar la primera. No obstante, tras recorrer seis veces la calle para encontrar aparcamiento, cuando atravesaba la acera perpetrando agujeros con mis tacones pensé que, tal vez, ya no era tan temprano.

—Buenas noches, bienvenida —me saludó el portero; un dechado de amabilidad.

—Buenas noches. La fiesta de cumpleaños de Georgina Suárez es aquí, ¿verdad?

Me arrepentí en el acto de haber metido al hombre en semejante aprieto. ¿Qué iba a saber el portero de los eventos programados en el local? Él sabía de lo que le tocaba saber, que no se colase gente en bermudas ni con calcetines blancos y que los borrachos terminales mejor fuera que dentro.

—Me temo que tendrá que consultarle al *maître*, señorita, yo no puedo ayudarla, lo siento.

—No, disculpe usted, no debí preguntarle.

Recórcholis, ya me estaban doliendo los pies y apenas había caminado quince minutos. La noche iba a ser larga y penosa, me dije. Pero lo peor estaba por venir: cuando el estirado *maître*, con un esbozo de sonrisa bovina e inexpresiva, me informó de que la fiestecita en cuestión se celebraba «en el otro Boggo», el de La Moraleja. Ganas me entraron de morirme. Eché un último vistazo al precioso local, donde las parejas y grupos pequeños de comensales disfrutaban sus degustaciones susurrando con esmero. Nada de chillidos estridentes ni de veinteañeros alocados. Vaya tela. Rumbo a La Moraleja.

Ahora sí que sí. Al menos el aparcamiento no estaba tan retirado. Nada más aproximarme, un retumbar de bafles me salió al encuentro. Por las cristaleras se colaba la música de moda que ponen a todas horas en la radio. El local estaba abarrotado y el ambiente no podía ser más sugerente. Habían retirado de la circulación todas las mesas (algo que me consta que en ese establecimiento no se admite ni para las bodas), y la ambientación y las luces brillaban en tonos malva y plata, seguramente los favoritos de Gio.

—Me tomaré un par de copas y me marcharé enseguida —musité mientras me acercaba a fisgar en la mesa del bufé—. Cielos, lomitos de rape sobre compota de chalotas y puerros fritos. *Magret* de pato sobre *carpaccio* de melón y salsa de Pedro Ximénez, raviolis de setas y hongos con crema y parmesano... Dioooooooos.

Igual me quedaba y picaba un rato. Mi estómago estaba de acuerdo, le faltó sentarse de culo y aullar como un perrillo callejero.

Estaba yo en ese incomparable momento del «qué me sirvo, qué me como, qué bueno está *tooooo*» cuando una melena color fuego se me arrojó encima como una tromba. Gio. Feliz y bebida.

—¡Has venido, has venido!

—Claro que he venido —traté de responderle con idéntico énfasis, pero mis ojos volaban al *magret*—, no podía perdérmelo por nada del mundo. ¿Cuántos caen?

—Veintinueve, casi una anciana. —Puso morritos.

Ya ves. Angelito. Ni treinta. Qué sabría ella... Aunque yo a su edad ya era madre. Menuda golfa, emborrachándose y viviendo la vida en lugar de amamantar y cambiar pañales...

—Tienes que probar los cócteles de Richie. —Se apropió de mi mano con un soberano tirón. Me resistí cual miembro de la Guardia Suiza del Vaticano.

—Espera, espera. No he cenado, si bebo ahora...

—¡Te pondrás piripi! —completó ella en mi nombre—. ¡Como todos los demás! Mira qué fauna, todos, toooooodos, borrachos. —Abarcó la sala con un floreo del brazo.

—Madre mía, Gio, ¿desde qué hora llevas bebiendo?, la gente está de lo más normal. Bailan, se contonean, sí, pero también comen y conversan, no veo a nadie agarrado a las columnas...

—Desde ayer. Llevo bebiendo desde ayer. —Me miró desenfocada. Estaba muy guapa, la verdad. Más que bella, provocadora, ardiente, en su estilo.

—Vale, pues tómate un respirito y de paso me das a mí otro, que voy a ponerme morada. Mira qué pinta tiene todo esto.

Compuso una repugnante mueca de aversión.

—Comida..., uff..., voy a por dos *gin-tonics*...

—Que te sea leve —deseé de corazón en tanto regresaba a los platos.

Conforme Gio me liberaba, otros se aproximaron: una pareja de chicas sonriendo de oreja a oreja.

—Qué delicioso aspecto tiene todo, ¿eh? —comentó una.

—Te lo confirmo en cuanto le hinque el diente —fue mi sincera respuesta. Las dos soltaron unas risas.

—Oye, qué preciosidad de traje —señaló el mío—, ¿es de Gucci, por casualidad?

—Mmmm..., eso creo. Ya no me acuerdo —salí del paso—. Ese es un detalle que olvido nada más salir por la puerta. De la tienda —agregué tras una breve pausa. Por segunda vez estallaron en carcajadas.

Allí iniciamos una animada conversación tan intrascendente como entretenida. Tocamos todos los palos sin dejar de masticar, hasta de cocina hablamos. Y a estas dos desconocidas, al vernos tan implicadas, se sumaron otras dos que tampoco se identificaron, y pronto parecíamos una excursión de colegialas, felices de la vida. Se partían de risa con mis chistes y mis comparaciones. Y eso que nadie me había reconocido aún como la protagonista de *Belinda corazón de fuego*.

Aún.

—¡Lola Beltrán! —Acudió una como una bala—. ¡Tú eres Lola Beltrán, la actriz de...!

—¿Actriz? —corearon las demás con los bigotes repellados de crema.

—Sí, en esa serie del Canal Ocho, la de mediodía.

Sonreí ruborizada.

—*Belinda corazón de fuego* —acertó una con el título.

—¡Eso, eso mismo! Mi madre y mi abuela están *superenganchadísimas*, me vas a tener que dar un autógrafo para que se lo lleve.

—Otro a mí, otro a mí —oí a mi alrededor, prácticamente pegados los gritos a mis oídos.

—Nuestra amiga la *celebrity* —me presentó Melania a un par de chicos guapísimos. Le pisaban los talones Ana y Tamara, vestidas de fiesta de guardar.

—¡Cómo te hemos echado de menos! —Ana me plantó dos sonoros besos en los laterales.

—Ella es así, adonde va, la lía. Otra personalidad «intrigante» como la de nuestra Gio —dejó caer Tamara con cierto orgullo.

—Pero no me imaginaba que eras tan jovencita —reparó una de las fans—, verás cuando se lo diga a mi madre...

—Bueno, no soy tan joven...

—Sí lo eres —se obstinó la otra—. ¿Cuántos puede tener? —consultó a su amiga.

—Nuestra edad más o menos —informó Tamara convertida en portavoz de la artista.

—Más —me azoré.

Ella volvió a probar suerte. Yo empezaba a perder el buen juicio.

—Unos... ¿treinta, treinta y uno?

—Treinta y nueve —confesé sin mirar a nadie. En realidad, estaba estampando mi firma en una servilleta para la bisabuela de no sé quién.

Con la mano en la boca, todas ahogaron un gemido de consternación.

—¡Imposible!

—¿Tienes casi... cuarenta años? —La verdad, lo dijo con repulsión.

—Pues sí... —dudé arrepentida de aquel arranque de sinceridad. La culpa la tenía el par de cócteles que me había zampado con el estómago vacío. Porque, de repente, todo el grupo, incluidos los chicos, me miraron raro y el cielo se me cayó entero encima.

¡Vaya mierda! Podía haberme quedado calladita. Ahora todo eran miradas, subterfugios y recelo en sus pupilas. Algo así como ¿qué hace esta vieja en nuestras filas y cómo ha conseguido infiltrarse? Y lo más fuerte... ¿A cuántas operaciones se ha sometido para parecer lo que parece? El sentimiento de oposición de las muchedumbres medievales contra las señaladas brujas debía de parecerse bastante a aquello.

—¡Nos estafaste en Italia! —protestó Melania con aspereza. Levanté un dedo defensor.

—Eso no es cierto, nadie me preguntó por mi edad y recibió un dato falso. Simplemente, disteis muchas cosas por sentado y yo no me entretuve en aclararlas. —La miré con impotencia—. ¡Estaba de vacaciones! —repliqué como si fuese la mejor excusa del mundo.

Pero de repente ya no me sentía apreciada. El grupo de admiradores se disolvió a vertiginosa velocidad y yo me quedé plantada con los autógrafos en la mano. Fue como si me mirasen con otros ojos, mucho más críticos, menos benévolos. La verdad era que cada cual iba a lo suyo, que, básicamente, era beber, agitar las caderas y seguir bebiendo, pero yo me encontraba como pez fuera del agua. Debió de ser como si me hubiera colocado un cartel en la frente avisando «me las piro», porque la anfitriona corrió a mi lado y me atrapó el brazo.

—Tú no puedes irte tan pronto.

—No es pronto, Gio, en realidad es demasiado tarde, al menos para mí, que mañana tengo rodaje.

—Al que apuesto que llegarás sin ojeras y con un cutis envidiable. Que nos conocemos, Lola.

—En serio, Gio, ha estado todo fenomenal, tus amigos son encantadores, me he divertido mucho, pero tengo que...

—Mientes fatal, que lo sepas. Me pregunto cómo te las arreglas ante la cámara, pero lo que es a mí no me convences. —Se mordió seductoramente el pulposo labio y clavó sus ojazos en mí—. Te comportas como una paria. Y ha sido de repente.

Hundí los hombros, cazada.

—Me rindo, sois demasiado jovenzuelos y alocados para una chica madura como yo —reí.

—Si te soy sincera, desde que has revelado tu verdadera edad, se ha generado una pequeña conmoción. —Me mostró sus perlados dientes.

—¿Ya te has enterado, tan pronto? —bufé agotada.

—Ahora se sienten como si su mami los vigilara... —Clavó los ojos en mí con tanta intensidad, que acabé esquivándola.

Me entraron unas irreprimibles ganas de salir en estampida y meterme dentro de la máquina de hacer hielo.

—Vete a la mierda, Gio, con diez años no estaba yo como para parir hijos —refunfuñé. Ella me acarició el cabello.

—Es broma, tontona, están rabiosas, eso es lo que les pasa. Odian verte tan perfecta, tan guapa por dentro y por fuera. Saben que dentro de cinco años seguirás igual de hermosa, y ellas habrán iniciado su decadencia sin remedio. —Fue más allá y osó rozarme la comisura de los labios con la punta de los dedos—. No te vayas, tú y yo aún podemos pasar una noche inolvidable.

Me envaré y le devolví una mirada aterrorizada. Noté que las orejas me ardían.

—Ha sido... un momento amargo —expliqué aturdida—. Estaba convencida de que me cortarían en rodajitas y que los buitres carroñeros acudirían al olor de la sangre.

—Deja que yo te mime como te mereces. —Deslizó su taburete hacia el mío. Yo reculé en igual grado.

—Creo que eso no va conmigo.

—¿Cómo puedes saberlo si no lo has probado? —Pestañeó fascinadora.

—Hay cosas que apetecen o no. —Traté de ser suave, hasta tierna—. Esto no...

—En Italia me pareció percibir otra cosa.

—En Italia estábamos muy pedo y me pilló por sorpresa. Gio, me encanta que seamos amigas, pero de momento —subrayé lo de «de momento» como premio de consolación— no creo que traspase la raya.

Gio, encantadora, se encogió de hombros.

—Bueno, afirman que cada cinco minutos una mujer en el mundo recibe una proposición de esta naturaleza —una breve pausa—, y es de suponer que cada quince, otra recibirá un rechazo como el que me ha tocado vivir a mí.

—¿Cada quince? ¿Por qué cada quince?

—Te asombraría saber la de aceptaciones que obtenemos.

Nuevo amanecer en los estudios del Canal Ocho. Desplegado como de costumbre, el equipo de grabación de *Belinda corazón de fuego*. Decorados mejorados y estimulante aroma a flores frescas en el ambiente. Ajeno a todo lo positivo, nuestro director llevaba más de lo conveniente dando vueltas de peonza, tirándose de los pelos (en sentido figurado lo de los pelos, claro está). Calificación del humor de Hamilton aquella mañana: –3 sobre 10.

—¿Y el florentino?

—¿El qué? —sondeó su asistente, empequeñecido.

—El florentino —repitió con malas pulgas. Admiré los arrestos de su interlocutor.

—¿Eso qué es?

—Un guaperas nacido en Florencia —espetó Hamilton acercándole la nariz al nacimiento del pelo.

—No creo que tengamos nada de eso disponible... —balbució el otro.

—Pero vamos a ver... —Recorrió el plató en busca de alguien un poco más listo—. ¡Manolo!

El ayudante de dirección llegó corriendo medio asfixiado. Frenó derrapando, miró a su jefe con cara de circunstancias y negó con la cabeza.

—¿Qué me estás diciendo? —rugió Hamilton. ¡Cómo se ponía cuando se ponía! Manolo se protegió el pecho con sus carpetas y volvió a negar. La energía chunga inundó el plató como la lava de un volcán. Al garete el olor a flores y a primavera.

—Me cago en la leche, Manolo, ¿cómo ha podido pasarse por alto...?

Otra chica a la que no conocía alcanzó el grupo a la carrera, sudorosa y atemorizada.

—Voy a matarte. —El dire le metió el dedo entre los ojos—. A ti y al equipo de *casting* al completo.

—No había previsión para hoy —se escudó ella—, las escaletas...

—No me vengas con escaletas —la cortó Hamilton—. Dile

al director de *casting* que mueva el culo y me localice al florentino, ya.

—Estamos repasando los currículos...

—Pon a siete personas a trabajar en ello, como los siete enanitos.

—Los guionistas se han atrasado.

—El italiano es Rodolfo, el hijo bastardo del barón que regresa a reclamar la herencia. —El dire no se calmaba, sus gritos tampoco—. Es fundamental.

—Pues para hoy va a ser imposible. —El auxiliar silbó mirando para otro lado.

—Mierda.

Hamilton le propinó un patadón a una caja vacía que rulaba por el plató, se le enganchó el pie en una maraña de cables y se precipitó peligrosamente hacia delante. Manolo y la chica rubia hicieron de atinada palanca, deteniendo su caída libre de metro ochenta y cinco.

—Todavía podemos aprovechar el rodaje —sugirió animoso el primero. Agitó unos folios—. Las escenas de...

—Hemos jodido la jornada, despide al equipo hasta mañana. —Se giró hacia la rubia—. Quiero un italiano sin falta, aunque me lo tengáis que traer en brazos.

Salieron de espantada y se perdieron por los decorados antes de que a mí me diera tiempo a esconderme.

—¡Lola!

Oh, no.

—Lola, hazme el favor. —De dos zancadas se plantó en mi flanco. Me mordí los labios—. Ya has visto cómo están las cosas. Llama a tu amigo. Por favor.

Pensé en echar a correr, pero me contuve ante su mirada.

—No puedo, eso que me pides es imposible —repuse con firmeza.

—¿Por qué, si puede saberse? —se desesperó. Y mi firmeza se esfumó.

—Porque Enzo era mi amigo, pero luego se convirtió en el novio de Rita, y entonces dejó de ser mi amigo, y, seguramente, me odia. Y no puedo convocarlo a una prueba porque Rita creerá que trato de acercarme y recuperarlo, y me rajará de arriba abajo. ¿Está claro? —Los ojos de Hamilton parecían dos lunas de agosto.

—Hostias..., cómo sois las mujeres. ¿Y todo eso por un trabajo de puta madre que le estoy ofreciendo?

—Ya ves...

—Si el pobre diablo supiera las trabas que estáis creando en torno a su glorioso futuro, se ahorcaba con un espagueti.

—Oye, yo no pongo trabas.

—Acabo de oírlas todas, en perfecto y sincronizado orden —contradijo.

—Es que sé cuál será la reacción de Rita. No quiero tener nada que ver en este follón.

—Bien, pues dame el teléfono de ese maniquí. Yo lo apaño solito. —Estiró la palma abierta de la mano. Una mano como la puerta de un ropero.

Titubeé. Él agitó la mano reclamando acción. De mala gana saqué mi móvil.

—Negaré habértelo dado, me defenderás frente a la loca y asegurarás por tu madre que el teléfono de Enzo te lo facilitó el propietario de Lomoon.

—Buena idea. Hecho.

—Vas a fastidiarle un viaje maravilloso que tiene planeado. —Puse los ojos en blanco—. Que Dios te pille confesado.

Enzo se incorporó al equipo con todos los parabienes, más admiración de la que nunca había suscitado el memo de Jorge y el bolsillo bien forrado gracias a un fabuloso contrato con la productora. Un chico casi en paro recién llegado de Italia no podía pedir más. ¿O sí? Sí. Enzo me quería a mí. Lamenté encontrarlo triste y ojeroso, pero no había nada que yo pudiera hacer. Al menos, fue correcto y educado, no perdió las formas por despecho como Vallinclán.

Joder, ojalá me enamorase de él, era un buen partido. Pero no quería. Lo que quería era esconderme debajo de la mesa cada vez que me tocaba una escena digamos «comprometida», romanticona, y notaba los sagaces ojos de halcón de Rita agujereándome la espalda. Porque Rita se apuntaba a todos, pero a todos los rodajes. Y no nos permitía un segundo de paz. Mi cada vez más difusa amiga demostraba, una y otra vez, que no basta una manicura perfecta para que una dama brille. En mitad de la crucial escena en la que Rodolfo conocía y se prendaba de Belinda, dio un salto de canguro y se plantó en mitad del decorado.

—¡Que corra el aire! —ordenó abanicándonos con la mano. Perseguí el movimiento como una autómata—. No es necesario que estéis tan juntos.

—¡Rita! —aulló Hamilton arrojando los cascos contra el suelo—. ¡Que te has metido en cuadro! Pero ¿de dónde ha salido esta loca, por favor?

—Disculpa un segundo, sé de lo que estoy hablando, no sé si recuerdas que soy actriz —recitó afectada llevándose una mano al pecho—. La sinergia interpretativa del momento no requiere...

Hamilton se puso a su altura y sus dos narices se adosaron. Enzo y yo nos arrugamos en una esquina. ¿Quién escupiría a quién primero?

—Sal de ahí inmediatamente, y de camino puedes salir de plató y no molestarte en regresar —mascó Hamilton entre dientes. Rita abrió los ojos con desmesura.

¿Le mordería, no le mordería? La verdad, su reacción fue para mí una completa sorpresa.

—Parece mentira lo pronto que me has sustituido —se echó a llorar a gritos—, y me has cambiado por esta furcia aficionadilla —me señaló cabeceando.

—¿Cómo has dicho? —me ofusqué. Enzo atrapó mi brazo temiéndose lo peor.

—Aficionadilla de tres al cuarto —espetó provocadora.

—Me refería a lo de furcia —precisé.

—Ah, eso también.

Me puse en jarra.

—Rita, serás mi amiga, pero me están entrando unas ganas incontrolables de desmoñarte.

—¿Amigas? ¡Ja! Tú deliras.

—¿Podemos seguir? —se agitó el director con los ojos vueltos—. Que alguien acompañe a la señorita Postín a cafetería y la invite a una tila doble. ¡Pero ya!

Un sufrido asistente de dirección consiguió llevársela a rastras en tanto que ella gritaba que no quedarían así las cosas. Maquillaje tuvo que retocarme toda la cara, porque los goterones de sudor que circulaban por mis mejillas parecían mejillones gallegos.

—Como esto siga así, yo no lo cuento, no lo cuento —musité entonando una plegaria.

Aquella mañana rodábamos en el nuevo decorado de los estudios. Aquella mañana yo debí captar un destello especial en los ojos claros de Enzo. Aquella mañana debí meter la cabeza bajo la almohada y no levantarme. Pero en lugar de seguir mi intuición, me presenté a la hora convenida en el lugar señalado. A currar, que es para lo que sirvo sin rechistar y sin poner pegas. Lo había aprendido bien aprendido en la agencia, no en vano había sido chivo expiatorio de muchos follones, y sabía resolver problemas de cualquier color, sin armar escándalo. Uno de los tolerantes colaboradores de dirección llegó a la carrera, preñado de papeles y con pinta de despistado.

—Cambio de planes, rodamos exteriores. El palacete solariego de los padres de Rodolfo.

—¿Dónde coño está eso? —preguntó un cámara con finura.

—A unos cuarenta kilómetros, nos llevará todo el día.

—Tendré que organizarme con la niñera de mi hijo —repliqué sin atreverme a crear un solo impedimento más—. Voy a llamarla. ¿Tienes idea de cuándo regresaremos?

—Bueno, pese a que las planificaciones se detallan para saltárselas a la torera, me atrevería a asegurar que a eso de las ocho de la tarde, como máximo.

—Vaya mierda —farfulló el cámara de antes algo más fastidiado, retorciendo y desenchufando cables—. A empaquetar. Podríais haberlo avisado ayer.

—Ayer no habíamos llegado a un acuerdo con el carcamal del dueño para rodar en el palacete —informó la chica rubia que días atrás se había llevado la bronca por la ausencia del florentino. Cruzaba el plató a velocidad de gacela—, hoy sí.

—Pues podemos salir mañana, hoy recogemos, mañana grabamos —insistió el petardo, sin decaer. Yo esperaba que explotase la mecha para llamar a mi soviética. Pero nadie le dio argumentos para seguir batallando y acabó hundiendo los hombros y desmontando el trípode.

Rafa estaba colocado, sin problema. Mi ex interna no tenía planes ni inconvenientes en hacerse cargo de él. Mi retoñín ya había alquilado dos películas de acción para la ocasión y ella haría palomitas, a todo meter, en el microondas. Seguro que lo pasaban mejor que yo. Miré el cielo encapotado y me introduje con soltura en la furgoneta de producción, deseando que no lloviese. Cargaron los camiones con el equipo, esperamos a que las peluqueras terminaran de pelearse por no ir y salimos en caravana allende las carreteras como tuaregs del desierto. Llevaba a Enzo pegado a mi codo, los dos tensos y con los labios apretados. El resto de los actores murmuraba cositas, repasaba las separatas y se intercambiaban magdalenas envasadas... Yo hice lo propio con mis guiones y me asombré del elevado número de secuencias que esperaban rodar. En particular, del elevado número de besos de tornillo que debía darle al tal Rodolfo. Ay, madre...

Todavía no habíamos recorrido ni la mitad de la distancia que nos separaba del pueblo cuando la capota de nubes descargó una cortina de agua en forma de lluvia torrencial, de esas con las que no puede el limpiaparabrisas. El conductor siguió a lo suyo tan campante, en tanto yo rezaba y la peluquera maldecía porque la humedad desbarataría los peinados y la haría trabajar el doble. Lo dicho: cada loco con su tema.

Miré a Enzo de reojo un par de veces. Modosito, repasando sus frases. Mira que era mono, por Dios... Suspiré desconcertada. Yo habría querido disponer de libertad para achucharlo en plan colega y charlar con confianza de cualquier cosa, pero estaban sus caprichos, sus pretensiones, y estaba Rita y sus cabreos, y estaban las barricadas que yo ponía a implicarme. Demasiados obstáculos que rompían la armonía de lo que podría haber funcionado como una excelente amistad. Me dediqué a mirar por la ventanilla el paisaje brumoso lleno de árboles. Creo que hasta dormité, porque los graznidos del conductor y el movimiento alrededor me avisaron del fin del viaje.

Ante mí se elevaba un palacete del tiempo de Maricastaña, prodigiosamente conservado, que se alquilaba para rodajes y escenografía. Con la pasta que sacaban de cada arriendo, los propietarios, unos marqueses octogenarios, según me contaron, vivían y mantenían el inmueble.

—Vayan bajando y entrando, por favor, tenemos que descargar el equipo —nos indicó un auxiliar de producción con melenas.

—Tardaremos un ratito. Procura que no se moje, Antoine, usa los toldos —aleccionó otro desde la furgoneta vecina.

—¿Disponemos de paraguas? —preguntó una de las actrices mirando el jardín con pavor.

—No os hacen falta, vais a cambiaros. Además, nadie va maquillado ni peinado. Una carrerita y estaréis a salvo —animó el auxiliar voluntarioso. La actriz arrugó la nariz contrariada.

—*Cuidadín* con las cámaras, valen el sueldo de un año de una *top-model* —advirtió otro, medio calvo, con barba.

Los técnicos se arremolinaban ocupando espacio como hormigas mojadas. Los actores nos desentendimos de traslados y transportes, y nos contentamos con descargarnos a nosotros mismos y nuestras escasas pertenencias. La lluvia no amainaba, para desconsuelo mío. Además, la temperatura se había caído al suelo, y el trecho de jardín impecable por el que tuve que transitar lo pasé tiritando. Nos esperaba un mayordomo de película, que se hacía cargo de nuestros abrigos y cabeceaba a modo de saludo.

—Bienvenido, bienvenida, bienvenido, bienvenido, bienvenida...

El interior era confortable y lujoso y estaba caldeado, que era lo más importante. Nos condujeron a un saloncito con chimenea que parecía el cuarto de estar de un Parador Nacional, de lo más cuco, con las paredes atiborradas de cuadros añejos de los antepasados de los marqueses. Sirvieron té, vino caliente y pastitas.

—Cielos, no son más que las diez de la mañana —me asusté. Tenía la impresión de arrastrar un peso muerto, estaba agotada. Claro, el estrés de la situación con Enzo. Miré la majestuosa escalinata que arrancaba desde el recibidor—. ¡Vaya! Este sitio es fantástico, debe de tener cientos de cuartos y hasta calabozos...

—No me lo puedo creer, no puedo creer que tenga tanto incompetente a mi alrededor —oí bufar a Hamilton al cruzar la puerta doble del salón como una bala de cañón pirata.

—Pero los avisamos, te juro que los avisamos...

—Estoy por apostar a que no les indicasteis con la suficiente claridad el tipo de habitación que requerimos, porque de haberlo hecho... —Hamilton se inclinó peligrosamente sobre su asistente.

—Lo hicimos, lo hicimos, de hecho, fue por *mail*..., en algún sitio debe de andar...

—De haberlo hecho, esos aposentos estarían limpios y en perfecto uso.

—No se preocupe el señor, envío al servicio inmediatamente —lo tranquilizó el mayordomo con voz aflautada y monocorde. Ya no cargaba los abrigos, menos mal—. En menos de media hora, tiene dispuestas las habitaciones.

Hamilton rumió algo ininteligible y seguro que malsonante. Echó una mirada de compasivo odio a su incompetente ayudante y agradeció con un esbozo de sonrisa la promesa del mayordomo.

—Tómate un vino caliente mientras, te relajará —sugirió tembloroso el auxiliar.

—¡Y un cuerno! —explotó el director. A escasos cinco centímetros, clavó en él unos ojos feroces—. Si cada cual cumple con su función y las cosas marchan conforme a calendario, me relajaré.

Me arrellané en un sofá de brocado y plumas engullendo con apetito todo lo que me ponían por delante, mientras la puerta principal se abría y cerraba sin descanso, recibiendo artefactos, cámaras, focos, trípodes, montones de cables, monitores y demás hierbas. Enzo se dejó caer en los cojines próximos, y aprovechaba cada intervalo de minuto y medio para arrimarse un poquitín. Finalmente, lo tuve pegado a la chepa. Le eché una mirada de advertencia.

—*Non per niente, eh, ma dovremmo sfruttare meglio il tempo.*

—Aprovechar el tiempo, dices, ¿haciendo qué, por ejemplo? —solté a la defensiva.

—*Provando.* Ensayando. *Abbiamo molte scene* —explicó con su marcado acento sexy— *e Hamilton vorrà recuperare le ore perse. Stiamo con molto ritardo.*

—Ya he oído sus gritos, pero no tenemos la culpa. Están limpiando las habitaciones y descargando el equipo, que es muy delicado —silabeé—. No nos queda otra que esperar.

—*Potremmo commentare la scena...*

—Yo prefiero repasar sola —lo corté echándome hacia atrás. Los enormes ojos azules de Enzo me miraron casi con desesperación.

—*Lola, siamo due personaggi che si stanno innamorando. Sono nuovo in questa professione, credo che dovremmo scambiare le nostre impressioni, i sentimenti che pensiamo trasmettere...*

¿Sentimientos en marcha? ¿Pero de qué habla este mozalbete insípido y recién llegado? Esto es un triste culebrón, no un largo seleccionado por la Academia. Echa el freno, *italianino...*

—Me ofuscas —dije—. Me ofuscas mucho.

—*Non vedo perché.* ¿Por qué? *Prima eravamo amici* —replicó con manifiesta tristeza. Y a mí los higadillos se me hicieron una pasa.

—Formas de verlo. —Tragué saliva—. Ahora tú tienes novia...

—*Rita non è la mia fidanzata.*

—Pues para no ser tu novia o *fidanzata* o comoquiera que se llame, te paseas por Madrid con ella del brazo, perdona que te lo recuerde.

—*Ti da fastidio?*

—¿Lo haces para darme celos?

—*Rispondi tu.*

—Responde tú primero.

—*Ho fatto prima io la domanda.*

—Pues no, no me molesta. —Me crucé de brazos. Los operarios subían por la escalera cargados con las cámaras y toda la cautela posible.

—*Mi conforta sentirlo.* —Hizo una pausa y se lo pensó mejor. Ya me parecía a mí—. *Ma non ti credo.*

—¿Y eso por qué, si puede saberse? —Me retorcí en mi asiento—. ¿Acaso tengo cara de mentirosa?

—*È una sensazione, mi dispiace. Se fossi italiana o se io parlassi meglio lo spagnolo, te lo spiegherei,* te lo explicaría en español.

—El idioma lo manejas bastante bien —gruñí—. Dentro de unos límites razonables.

—*Eravamo amici, adesso non so piú che cosa siamo.* ¿Ya no más amigos, Lola?

—Podemos seguir siéndolo. Si tú te olvidas de tus absurdas pretensiones y yo dejo de pensar en las represalias de Rita solo por saludarte... —dejé ir una radiante sonrisa—, reconquistaremos lo que teníamos.

Enzo me estudió suspicaz. No sé por qué, creo que no lo había convencido del todo.

—Anda, prueba las pastas y vamos a brindar por ello.

—¿Por qué?

Le metí la copa a la fuerza entre los dedos.

—Por nuestra amistad... irrompible. La mejor que conoceremos nunca.

—*Non mi basta...* —comenzó a acercarse apasionadamente. Lo corté en seco con un gesto de las manos.

—Recuerda lo que has dicho antes..., tendrá que bastarte o no romperemos el hielo —señalé afilada y firme. Enzo hundió los hombros vencido.

—*D'accordo, brindiamo*.

—Por Rodolfo y Belinda —propuse alegre, como hacía mucho que no estaba. Menudo peso acababa de quitarme de encima.

—*La cui storia d'amore avrà molto piú futuro che la nostra.*

—No te he oído, no te he oído, no te he oído. Y si te he oído, no te entiendo, *non capisco* —canturreé mientras estampaba mi copa contra la suya. ¡Por favor, qué pesado!

14

Agosto: cero capacidad de sorprenderte, es lo que hay

Fingí aplomo. E indiferencia. Y todas esas cosas que una chica decente debe aparentar cuando sabe que otro tiene el corazón hecho fosfatina por su culpa y no va a ponerle remedio. Hice como que no me llegaba el tufillo a desesperanza que emanaba de Enzo y me dediqué a vagar con la mirada por entre los muebles antiguos.

—Lola, a maquillaje. Empezáis en una horita.

Vivi se había recuperado del acceso de mala leche por tener que salir a exteriores en un día de perros. Menos mal.

Se llevaron al italiano a peluquería, así que, de momento, nos separaron. Yo me llevé conmigo aquel vino caldeado que me estaba sentando de escándalo y me ayudaba a olvidar el mal trago de *femme fatale* de pacotilla en que me estaba convirtiendo. La rabiosa lluvia golpeaba contra los cristales emplomados. Por cierto, al llegar, solo me parecieron unos ventanales enormes y grisáceos, pero, fijándome con más atención, descubrí que estaban llenos de dibujos preciosos. En el trance de un adormecimiento preocupante, me vi sentada en un sillón que parecía un trono, con una chica desconocida aporreándome con el borlón de los polvos sueltos.

—Esas luces, que estén enfocadas, comenzamos en tres minutos —distinguí el vozarrón de Hamilton entre el murmullo estresado.

—Avivad, que el jefe ha apretado el botón del cronómetro —ordenó la pazguata rubia máster en meter la pata, recorriendo el decorado con ojo crítico—. Llevamos un retraso que para qué te cuento.

—No le pongas más polvos, Ana —indicó Vivi agarrando la mano de la otra—, no tiene casi brillos, matiza un poquito la frente de Enzo.

La mandada recogió sus bártulos en una cestita y voló en un santiamén. Me hacía gracia que Enzo tosiera por culpa de las nubes de polvo que nos cercaban la nariz. Pobrecillo, neófito, pensé con arrogancia.

—Bien. ¿Preparados? Cinco y... —Me estiré la falda y carraspeé—. ¡Acción!

Enzo se distanció yendo a ocupar el extremo opuesto de la estancia. Verdaderamente, gozaba de cierta distinción, su estar era un poco aristocrático. Hamilton no erraba al echarle el ojo encima a un aspirante a actor. Rodolfo-Enzo giraba para mirarme en el instante en el que caí del guindo.

—Soy el hijo del dueño de esta casa —anunció con voz de declamador.

—¿En serio? —balbucí. Valiente tontada de respuesta. Anda que los guionistas también se lucen. Como les falte el cigarrito *aliñao*, se quedan en *na*...

Plaff. Se apagaron las luces y nos quedamos sumidos en la más absoluta penumbra, mirándonos unos a otros, sin vernos, claro.

—Me cago en la madre que parió al cordero —resopló Luis, el jefe de iluminación—. Antoine, mira a ver qué está pasando.

—Sobrecarga, seguro —auguró algún cenizo por lo bajini.

—Y una leche, sobrecarga. Apenas hemos arrancado.

—Esta casona se cae de vieja —protestó un cámara perspicaz. Luis le envió por correo una miradita venenosa.

—Y esta gente se gana la vida alquilándola para rodajes, están preparados para enchufar muchos vatios —ilustró la rubia, salida ahora de quién sabe dónde.

—Averíguamelo —bramó Hamilton mesándose la cabeza rapada. Parecía exhausto. No me extraña, resolvía miles de problemas a cada instante.

El tiempo se detuvo dentro de la bola negra en la que estábamos encerrados. Con un suave clic, la iluminación se apoderó de los brumosos rincones.

—Menos mal —suspiré aliviada.

Ya ves, como si me quitase el sueño si lucían o no las bombillas.

—¿Has asegurado?

—He anulado un par de focos que no eran imprescindibles —explicó Antoine en un alarde de eficiencia—, podemos seguir.

—¿Puedo serles de ayuda? —Ya estaba tardando en aparecer el mayordomo. Cuanto más lo miraba, más cara de asesino le veía—. ¿Llamo al técnico?

—Ya tenemos técnico, gracias. —Hamilton sonrió con tirantez—. Vamos a seguir, que se nos echa la tarde encima...

Uno de los electricistas del equipo tomó al mayordomo por el brazo y lo retiró discretamente de la circulación.

—Esto... ¿suele ocurrir a menudo? —siseó preocupado.

Ya no pude oír más, porque un trueno apocalíptico hizo retumbar los cristales y me provocó unas insoportables ganas de meterme bajo el sofá. Parpadearon las lámparas, a pique de extinguirse, y enseguida volvieron a recuperar la luz. Pero el miedo ya se me había metido en el cuerpo. Apreté las manos contra los brazos del sillón hasta que se me blanquearon los nudillos. A mí es que un cóctel de casa palaciega centenaria, una tormenta cuasi nocturna y un mayordomo con careto de museo de cera me puede.

—Proseguimos —se oyó la tromba de voz, inflexible y autoritaria—. Cinco y acción...

No pasó nada.

—¡Lola!

—¡Eh!

—Te toca, tienes la entrada en «soy el hijo del dueño de esta casa». Rodolfo, dale el pie...

—Si yo ya he contestado —me defendí—, dije: «¿En serio?»

—Pues haznos el grandísimo favor de repetirlo, Lolita, por tu madre, que no avanzaaaaamos...

—Venga, va.

—Cinco y acción.

—¿En serio?

—No se la oye.

—Repite, Lola, esta vez, un poco más fuerte.

—¿En serio? —De tanto esforzarme se me coló un pito.

—Son los micrófonos —desveló el técnico—. Está fallando el sonido.

—¡Corten! —Hamilton se arrancó los cascos propinándole una palmetada a la mesa.

—Jolines, maldita mala suerte...

—Mira, vamos a hacer un descanso y a revisar todo el equipo. Es posible que con los traqueteos del camino se hayan soltado algunos cables. Tardaremos unas tres horas.

—¿Tres horas? —repitió Hamilton catatónico.

—Ni un minuto menos.

—¡Carolina! —La rubia acudió al rescate—. Organiza la pernocta aquí, en el palacete, que nos preparen la cena a todos y lo carguen a producción. —Se volvió hacia nosotros—. ¡Señores, nos quedamos a dormir! Si se puede rodar algo esta noche, bien, de lo contrario, continuaremos mañana.

—¿Nos quedamos? —me horripilé—. No tengo cepillo de dientes... ni muda, ni mi libro de antes de dormir...

—Encontrarán material de higiene en sus habitaciones, una muda limpia y ropa de dormir —manifestó el mayordomo con tono monocorde. ¡Coño! Qué eficacia. Si no se andaban listos los marqueses, lo fichaba Hamilton y se quedaban sin criado.

Me acomodé con el director, el jefe de iluminación y un par de actores más en la mesa de la esquina, un poco trompa por culpa de los muchos vinos calientes que me había metido entre pecho y espalda, pero hambrienta a más no poder. Vi aproximarse a Enzo, arrastrando tímido su bandeja, y me dio una pena horrorosa. Era como un niño pobre en la puerta de una heladería, sin un chavo en el bolsillo y sin atreverse a entrar, pero recorriendo ávido las bandejas de dulce de leche, trufa y granizada de limón. Me apretujé contra la esquina en un intento por abrir hueco. Menos mal que el resto me secundó.

—Siéntate aquí con nosotros, Enzo —invité jovial.

—Estamos charlando de estupideces a ver si se nos pasa el mal genio. Vaya día echado a perder —mugió Luis tecleando en su móvil. Seguramente, llamaba a su novia, la que había enganchado en la fiesta de «somos los mejores, los que tenemos más audiencia», para comunicarle que no asomaría el pelo para dormir.

—Igual, con un poco de suerte, mañana amaina la tormenta y nos cunde.

—Para que nos cunda no vale con que amaine —precisó Hamilton colmando mi copa de vino tinto—, debe desplazarse hasta Sevilla, la muy cabrona.

—¿A nadie se le ocurrió consultar el parte meteorológico antes de programar el rodaje en exteriores? —musité. Cientos de ojos me taladraron.

—Lola, estamos en verano.

—Hay tormentas de verano... —me obcequé. El caso era echarle la culpa a algo.

—Lola tiene toda la razón —me apoyó el dire de repente alzando un dedo hacia el techo—, ha sido una insensatez meternos en esta aventura sin proyectar ni atar cabos. Pero yo ya estoy curado de espanto... —Se encogió de hombros y brindó por lo que fuera.

Ya estábamos todos un poco piripis, la verdad. Y a mí el sueño me atenazaba las pestañas.

—Señores —anuncié pomposa—, una que se retira a reposar las ojeras. No creo equivocarme si predigo que mañana será un día de armas tomar.

—Doy fe —corroboró Luis sonriente.

—Pues hala, me marcho. Sed buenos y no trasnochéis, que si no, enchufaréis los aparatos en el agujero equivocado.

—No me hables de agujeros —gruñó Luis, posiblemente recordando a su novia.

—Yo me voy a la cama también. —Hamilton se puso en pie y me persiguió a toda prisa. Me sorprendió que me alcanzara al inicio de la escalera y me tranquilizó no tener que superar los lúgubres pasillos sola.

—Oye, no te lo había dicho hasta ahora, pero me gusta ese nombre de guerra que te has puesto.

—¿Te gusta Hamilton? —repuso halagado.

—Me gusta más que Juan Manuel; además, yo me enredo con los nombres compuestos, seguramente, acabaré llamándote José Carlos o Juan José.

—¿«Acabaré»?... —repitió—. Mmmm, eso tiene perspectiva, acabas de emplear un tiempo verbal futuro...

Escondí la nariz como una niña pillada en falta. Escalón a escalón, Hamilton acabó de ruborizarme. Por fortuna, nuestras habitaciones estaban allí, detrás de sus puertas, y nos quedamos sin tema de cháchara.

—Bueno, hasta mañana —me despedí educada.

—Que descanses, Lola. Siento los inconvenientes que esto te haya podido causar, ya sé que tienes un niño...

Joder, qué considerado. Hombres así no abundan.

—Está en buenas manos, una persona de toda confianza. —Sonreí agradecida—. De todos modos, un detalle que hayas reparado en ello.

Cerré mi cuarto y me enfrenté a mi cogorza monumental y a la cama con dosel digna de la princesa de Éboli. Pensé en Felicia, en cómo hubiera flipado en aquel entorno principesco, que ella es mucho de estas cosas. Sobre el mullido colchón, reposaba un delicado camisón de seda color crema. Si me dejaban, me lo llevaba. Jamás había tenido una cosa tan bonita, suelo dormir con una camiseta vieja y braguitas. Igual era un obsequio de la casa...

Unos golpes suaves en mi puerta interrumpieron el dulce sopor y el inicio del romance que mantenía con el camisón. No me esperaba encontrar a Enzo, sonriente, apoyado en el quicio de la puerta.

—*Ciao. Mi sono* escurrido *fino a qua!*

—Ah. Pues podías haberte escurrido hacia allá..., este no es tu dormitorio, te has equivocado...

—Lola... —Se abalanzó sobre mí con furia selvática, atrapó mi cintura y me besó con frenesí. Entre el atroz mareo, solo discerní la calidez de sus labios y su pericia con la lengua.

—Enzo...

Pero sigue, hombre, sigue...

No pudo. Sonó su móvil. Le echó un vistazo malhumorado y, sin responder, lo devolvió al bolsillo; dio un paso más y se convirtió en okupa de mi cuarto. Cerró la puerta y volvió a la carga. Yo traté, infantilmente, de frenarlo con las manos en su pecho, pero el contacto con esos fornidos pectorales solo logró caldearme aún más.

Ojito, Lola, que te estás poniendo tontorrona.

—Enzo, por favor, márchate, esto no tiene sentido —me oí decir. Tuve que aguantar la risa, claro, sonaba igual que las frases de Belinda en el culebrón.

—*Lola, ti amo...* —susurró el rubio paseándome los rizos por el cuello, haciéndome cosquillas. Se me aflojaron las piernas.

—Esto es absurdo, no podemos liarnos después de cada fiesta... —soporté la intensa interrupción de otro beso interminable—, no es serio.

A eso no me respondió. Yo estaba inexplicablemente excitada. No estaba segura de si él tenía la culpa, pero habría apostado mi piso a que tenía muchas mangueras con las que apagar mi furor. Al menos una, que yo supiera, que manejaba con maestría. Pero no era él, no sentía eso por él. Había algo que no cuadraba.

—Enzo..., te lo ruego... —insistí con debilidad, todo hay que decirlo. La chicharra de su teléfono volvió a romper la magia del momento. Enzo le arrebató el sonido con violencia y volvió a introducírselo en el bolsillo. Fue en ese instante cuando percibí la mitigada iluminación de mi cuarto.

El italiano me empujaba sutil hacia la cama. Yo apenas me sostenía en pie por culpa de las copas. Me ardían la cara, el pecho y las palmas de las manos. Sentía la necesidad de devorarlo. ¿Qué coño? ¿Por qué no? Rita ya me odiaba y al fin y al cabo no había tenido reparos en quitármelo, el que roba a un ladrón tiene cien años de perdón..., me dije en tanto daba con mis huesitos en el esponjoso colchón. Enzo se tendió sobre mí, jadeante y sudoroso.

Su móvil vibró sobre mi lisa tripa provocándome un sobresalto. Él siguió a lo suyo y el comunicador insistió e insistió hasta agotarse. Me llevó a su terreno y consiguió que yo misma lo ignorase. Íbamos camino del polvo del mes. Enzo era un golfo encantador, yo, una soltera divina con ganas de menear la cadera. ¿Por qué no? ¿Quién se enteraría? El puñetero teléfono volvió a las andadas y ambos perdimos absolutamente la concentración. Me quité al aspirante de amante de encima como pude y solté un bufido.

—Es Rita, ¿a que sí? —Enzo asintió dolido—. Contesta, por Dios, así no hay quien pueda. La conozco, llamará y llamará hasta fundirnos los tímpanos.

Abandoné el hueco de la cama dejando a Enzo compungido con el criminal artefacto en las manos, saltando y temblando a causa de las ondas. Finalmente, se decidió a apretar el botón.

—*Pronto!* —Sonó fatal, de mala gana, como un guantazo con la mano estirada.

Escuché un parloteo airado al otro lado. Me retiré y rebusqué en mi bolso. Ni siquiera sabía lo que buscaba, había estado a un tris de meter la pata con mi amiga.

—Sí, no, no, no; sí. —Enzo se manejó con una retahíla de monosílabos insultantes. Rita, *intumbable*, tenía el monopolio de la conversación, con su pito agudo que traspasaba el auricular y me hería a mí. Quizá percibiera que estábamos en la misma habitación, esta es medio bruja. Prendí el cigarro con una inminente sensación de peligro adosada a la nuca.

Finalmente, colgó. A mí se me había cortado el rollo y pasado la borrachera. Aquel momento de feliz inconsciencia que estuvo a un paso de hacerme picar se había esfumado. Gracias a Dios. Enzo y yo nos miramos en silencio, comprendiendo muchas cosas. Se levantó solito y sin tener que empujarle ni apuntarle con un revólver, se dirigió a la salida.

—*Buona notte*, Lola —susurró alicaído. Ni le contesté. Tenía seca la garganta.

Antes de acostarme, comprobé mi propio teléfono, no se hubiese entretenido Rita en llamarme también. Tenía tres llamadas perdidas, pero no eran de ella.

Eran de Gio.

El día amaneció espléndido, ni rastro de la tormenta, salvo enormes charcos diseminados por el cuidado jardín. Nos cundió para grabar los exteriores de cinco capítulos completos. Para eso, el equipo técnico invirtió sus horas de sueño en escudriñar los motorcitos y cada pequeño cable. Nada falló y el rodaje fue sobre ruedas. Todo perfecto, si exceptuamos la cara de acelga pocha de nuestro Rodolfo y mi ojo morado. Me explico: los de vestuario se superaron disfrazándome de horrorosa, con tres interminables collares de cuentas alborotadoras que me llegaban a la cintura. Los ademanes derrotados de Enzo me desconcertaban a cada poco y yo trataba de rehacerme manoseando los collares y haciéndolos girar. Hasta que en una de esas vueltas me metí uno en un ojo. ¡Leñe, qué daño me hice! A partir de ahí tuvieron que filmarme de perfil y los pucheros de Rodolfo se incrementaron, pero como era hijo bastardo, maltratado por la vida, le vino bien al personaje. Hamilton estaba tan contento que me invitó a cenar. Recibí la propuesta con cierta cautela, olía a bronca.

—Lo siento, no creo que pueda, llevo día y medio sin ver a mi hijo —me excusé restregándome el ojo dolorido.

—Lo comprendo. Pero la cita sería tarde y tomaríamos apenas unas tapas, no quiero entretenerte. —Algo en la gravedad de su tono me indicó que era serio—. Tenemos que hablar del futuro de tu romance. —Arqueó una ceja en dirección a Enzo. Me hice la sueca.

—No sé a qué te refieres.

Cielos, ¿lo habría pillado colándose en mi habitación?

—Hablo de Rodolfo y Belinda, la química brilla por su ausencia.

—Así que ya te has dado cuenta.

—Tenías razón desde el principio y yo me empeciné. Te debo una disculpa.

—Nada de eso, tú también tenías razón, el papel le viene como anillo al dedo —alabé en honor a la verdad.

—Lola, podemos buscar a otra persona, podemos retorcer el guión y matarlo en un accidente de ferrocarril..., lo que no podemos es soportar más tensiones mientras grabamos, miradas fuera de lugar e inflexiones de la voz que suenan a torpedo. Se supone que estos personajes se aman por encima de todas las dificultades... —Se dejó llevar por un arrebato de fogosidad. Al reparar en ello, enmudeció de golpe. Contuve la risa. Lo que no impidió que me quedase mirándolo con franca admiración.

—Ignoraba que fuese usted tan apasionado, señor director.

—Bueno..., no dejes que se entere mucha gente o empezarán a esperar que haga grandes cosas. —A modo de despedida, se tocó el ala de un sombrero imaginario—. Te llamo luego.

Antes de que Hamilton cumpliera, ya acomodada en casa, Gio volvió a requerirme. Descolgué intrigada.

—Ayer te llamé un montón de veces, ¿me estabas dando esquinazo?

—Estaba trabajando.

—¿Tan tarde?

—Exteriores, en la quinta puñeta; nos sorprendió la tormenta... En fin, no sigo, menudo fiasco.

—No suena a excusa barata —meditó. Tal apreciación me sentó a cuerno quemado—. Pensaba insistir con un número oculto, pero creo que decidiré creerte. Es que me apetecía mucho tomarme una copa contigo...

El tono aterciopelado con el que se conducía me llevó a figurarme el espectáculo: Gio, ciega como un piojo en la pista de un bar de moda de esos de a treinta euros la copa, aburrida y acordándose de lo que quería pero no tenía. O sea, una servidora. Me recorrió por la espalda un escalofrío inmisericorde.

—Uff..., estoy tan liada... —le solté con la esperanza de que cambiara de tercio y se encaprichase, digamos, de un crucero a todo trapo por Antigua y Barbuda.

—Me chifla hablar contigo —prosiguió como si nada—, si te digo que hasta me has inspirado un poema...

Dios, un poema erótico que raya lo pornográfico, como si lo viera. No quiero saber estas cosas, no me las cuentes o me moriré del sofoco.

—Puede que hasta me inspires mi primera novela larga, no sé, Lola, eres tan especial, nunca había conocido a alguien como tú...

—Por el contrario, yo me considero bastante normalita —reí—. Te bastará con cumplir unos pocos años...

—No se trata de la edad, se trata del aura, del carisma. Yo lo tengo, tú lo tienes, no nos engañemos, no somos como el resto de la gente.

No, no lo soy. Estoy divorciada, mi difunto no me pasa un duro, mi hijo avanza a trompicones hacia una adolescencia precoz y dificultosa, me echaron por las buenas del trabajo y siempre se enamoran de mí los más plastas del barrio. Desde luego, muy estereotipada no soy. Pero Gio parecía querer referirse a otra cosa, puede que pretendiera hacerme socia de algún club pijo.

—Anda, vamos a cenar juntas esta noche.

Me alegré de contar con una excusa.

—Imposible, nena. Tengo una reunión con el director de mi serie.

—¿Para cenar? Suena comprometido... o irritante, según lo bueno que esté.

—Está bueno... —pensé mejor—, muy bueno. Pero esa no es la cuestión, peligra la estabilidad de la serie, ese intercambio de pareceres urge.

—Bien, pues pasado mañana, podríamos almorzar y salir de compras. Verás, han inaugurado un restaurante nuevo...

—Será mejor que te llame yo, estos días estoy al límite, en serio. —No quería sonar ruda.

—Pero te olvidarás —ronroneó. Sentí una punzada de culpa.

—No me olvidaré. Es solo que no dispongo ni de la cuarta parte de tu tiempo libre. Por favor, confía en mí...

—Si no vienes a buscarme, lo haré yo.

¿Cómo podía una frase tan dulce sonarme a amenaza? Pues me sonó. Tragué saliva.

—Tienes mi palabra de madre amantísima. —Deseé que la libido esa que llevaba por bandera se le viniera abajo al recordar que tenía un hijo. No suena nada sexy. Pero si algo tiene Gio, es una fortaleza comparable al Muro de Berlín—. Te llamaré.

Madre mía, no quería hacerlo. No quería que me acorralase con sus ojos llameantes y su pelo de fuego. Aparté el móvil y hundí la cabeza entre los brazos.

—¿Problemas de mayores? —se cachondeó Rafa con un bocadillo en ristre, como casi siempre a esas horas.

—Si te contara... —jadeé.

—Prueba.

—Demasiado fuerte para un chicuelo como tú, te escandalizarías.

—Mamá, ya no soy un peque, soy un preadol...

—Ya, ya, ya lo sé, no me lo repitas o acabaré en el psiquiátrico. —Lo repasé de pies a cabeza. Qué grande se ha hecho mi niño—. Ven aquí, que te achucho.

Las palabras mágicas para que salga pitando. Será mamón y descastado.

Reconozco que no era más que una quedada con mi «jefe» para comentar pormenores de la serie y el modo en que resolveríamos el marronazo del italiano, pero me sorprendí a mí misma probándome modelitos y desechándolos uno tras otro. Mi cama se transformó en una montaña inmensa de trapos descartados y yo me pregunté qué se cocía en mi subconsciente sin contar con mi yo encarnado. Esas cosas que solo me pasan a mí; será por llamarme Lola Beltrán. Al final me decidí por unos vaqueros ajustados, camiseta *sport* y americana, y unos botines negros de estilo roquero. Me desmelené ligeramente y acudí al bar en cuestión. Hamilton ya me esperaba en la barra delante de un vermut.

—Lola, qué puntual —se admiró— y qué guapísima vienes.

Oculté mi azoramiento con una risita bobalicona.

—Eso es porque siempre me ves disfrazada de Belinda, con esos horrorosos trajes de época que no me hacen justicia. Creo que bebiendo de la misma escuela que Jorge Vallinclán, sobornaré a los guionistas para que la metan en una cápsula del tiempo y la dejen en el siglo XXI, que es, ni más ni menos, donde debería estar.

—Calla, calla, ni me nombres más cambios.

—Así, Belinda sería una chica de armas tomar en lugar de una huérfana desvalida y podría responder a los acosos de Rodolfo con un buen puñetazo, en lugar de pestañear como una gilipollas y rezar el rosario. Una cerveza con sabor a frutas del bosque —le pedí al camarero.

—¿Eso existe?

—Por supuesto, es belga y está de miedo.

—Joder, me estoy quedando antiguo —calibró Hamilton rozándose la mejilla.

—Eres un hombre y los hombres vais a piñón fijo, siempre pedís lo mismo, por los siglos de los siglos. No es para avergonzarse, estoy acostumbrada.

Nuestros ojos sumaban cuatro y los cuatro se encontraron y se sintieron cómodos. Nunca me había fijado en el iris verde esmeralda del dire ni en su boca pulposa de dibujo perfecto. Sus facciones eran tan varoniles y exactas, que su cabeza rapada no hacía sino realzarlas. Debía de rondar los cuarenta, pero nadie le habría echado más de treinta y cinco. Llevaba una camiseta de algodón desgastado que marcaba su musculatura, bajo una desenfadada sudadera con capucha. Constaté lo primero en cuanto se la quitó.

Un calor repentino me recorrió los muslos. Así y todo, logré seguir cotorreando de naderías. Hubo un momento en que me evadí por completo.

—Sí, tú vas de seria por la vida, algunos incluso dirán que de sobrada, pero en el fondo..., en el fondo debes de ser un tigre de Bengala —bromeaba Hamilton cuando regresé; me puse como la sirena de una ambulancia—. Eso se te nota, se te nota en la carita, no lo puedes remediar.

—¡Sorpresa! —fue la única payasada que se me ocurrió decir. Mientras Hamilton me siguiera el juego, andaríamos los dos a carcajada limpia.

—Sí, sorpresa para el que no se lo espere, pero yo ya lo sé. —Bajó los ojos y cambió de tema—. Tienes un niño, ¿verdad?

—Diez añazos ya.

—¿Lo lleva bien? Me refiero a lo de que sus padres estén divorciados y todo eso.

—Hoy día ¿quién no lo está? Creo que el niño cuyos padres llevan juntos toda la vida es un paria en su colegio.

—Desde luego. Cuando me topo por casualidad con un colega de esos a los que hace años que no ves, casi me da repelús preguntarle por su mujer. En la mayoría de las ocasiones me pescan con que se divorciaron tiempo atrás. Y eso cuando no te preguntan: ¿cuál de ellas?

Transcurrió la noche sin que fuera posible retener los minutos. Como una carretilla de mina cargada de mineral que se desliza suave por los raíles engrasados. Hasta nos olvidamos de Enzo, jolines.

—¿Qué propones? —le pregunté al llegar a ese extremo. Hamilton chasqueó la lengua.

—Tendré una conversación seria con él. Clara y concisa: o se deja de tonterías o lo sustituyo.

Me envaré.

—Hazte cuenta de que el chico está pasando una mala época. —Me faltó añadir que sufría por mí, por mí, por míííííí—. No puedes ser tan brusco con él, ¡qué poco tacto!

—Tacto no tengo ninguno, Lola, soy periodista y director de cine; si tuviera tacto, sería cirujano o masajista —se defendió conteniendo la risa. Yo le arrojé mi servilleta arrugada. La cazó en el aire y se apropió de ella—. No, en serio, dime si hay alguna forma de ayudarlo; personalmente, creo que Enzo es un buen chico, ha tenido la desgracia de enamorarse de ti.

—Perdidamente —puntualicé.

—Pues perdidamente —convino.

—¿Por qué la desgracia? —indagué a la defensiva.

—Porque no es correspondido, ¿me equivoco?

Me restregué los ojos con las manos. No, no se equivocaba. El puñetero Hamilton era como Dios, estaba en todas partes, llegaba a todos y nunca erraba. Lo vi manipulando la servilleta, retorciéndola por debajo de la mesa.

—No se me ocurre ninguna forma de solucionar el embrollo —me mordí el labio—, y mira que he tratado de razonar con él. Para cualquiera en su sano juicio, la férrea vigilancia de Rita sería aliciente bastante para desistir. Si lo pilla con otra, lo despelleja.

—Rita Postín..., menudo personaje. ¿Ha perdido ya la chaveta o solo lo parece?

—Lo segundo. Creo. —Sonreí con él.

—Toma. Una dama no debería pasar por tantos apuros sin una recompensa.

—¿Es para mí?

Había fabricado una rosa perfecta con la servilleta y me la entregaba con ademanes de caballero del xviii. Esa cara de pillo deseable me estaba volviendo turulata. Me puse de los nervios y opté por batirme en retirada. Ya sé que soy una cobarde; cuando me acojono, es lo que suelo hacer, mutis por el foro.

—Bueno, me voy ya, que se hace tarde. —Por más que buscaba no encontraba una pose que rezumara seguridad—. Confío en que sabrás transmitirle el mensaje a Enzo, pero, por favor, recuerda lo que te he dicho, el chico es muy sensible. —Tropecé con la pata de mi silla y Hamilton la retiró del paso.

—Haré lo que esté en mi mano, aunque no te prometo nada. Esta serie se está convirtiendo en una maldita carrera de obstáculos. —Se paró frente a mí, inmóvil, sin dejarme pasar. Qué alto era—. Lola...

—Mmmmm..., dime... —Nos íbamos acercando lentamente, escudados por la penumbra de aquel rinconcito acogedor, donde el calor tenía prohibida la entrada.

Su beso me torpedeó directa a la estratosfera. A diferencia de otros, como Jorge Vallinclán, cuya lengua era una espada tensa en duelo, Hamilton besaba con los labios, con toda la boca. Era cálido, húmedo, excitante. Y largo, fue muy largo. Un calor abrasador me recorrió el cuello, la espalda, y se me coló por la ropa interior.

—¿Te ha gustado mi flor? —preguntó al separarnos—. La próxima vez prometo traerte una con pétalos de verdad.

Me aparté con cierta brusquedad. ¿Próxima vez? ¿Había dicho próxima vez?

—Tengo que irme, nos vemos en los estudios.

Cuando tienes muy claro un aspecto de tu vida, lo tienes claro. Lola Beltrán no quiere enamorarse, ni cargar con la responsabilidad de hacer feliz a nadie. Lola quiere ser abanderada de la *vaguitis*, salir de vacaciones con sus amigas y manejar a su antojo el mando a distancia. Porque eso es lo que quiere, ¿verdad que sí? No quiere desvelarse por culpa de un novio guapo que pone a cien a todas las lagartas. No quiero depender de nadie, ni ser frágil de nuevo, no permitiré que me rompan el alma. Decidí huir de ese sentimiento que me inspiraba Hamilton, el destrozabragas, el que se beneficia a todas sus actrices (según cuentan las de maquillaje), el que me dejaría el corazón hecho papilla. Aquel al que mandaré bien lejos de un patadón.

Dejé pasar unos cuantos días, que no fueron lo que se dice llevaderos. Ignoro el sermón que Enzo tuvo que tragarse, pero a todas luces Hamilton le imponía respeto y la tensión se mascaba en el ambiente. No se me pasó por alto el giro que tomaron los guiones, con una apresurada resolución de la trama de Rodolfo que vaticinaba la desaparición del personaje. Sentía punzadas de culpabilidad todo el tiempo, había acuchillado sus ilusiones, su gran oportunidad de hacerse actor famoso, y encima le jodía un magnífico sueldo.

Las llamaditas de Gio siguieron y siguieron. Sin cesar. Ya no sabía qué pretexto inventarme, era una chica muy lista que hacía como que se las tragaba, pero... quia. Sospechaba que, letal como Medusa, iba tejiendo su red de tentáculos a mi alrededor y saltaría para convertirme en piedra en el momento menos pensado. Accedí a tomarme un rápido aperitivo a mediodía en una cafetería cerca de los estudios, y se presentó en plató a recogerme, fascinando a la mayoría de los operarios con ese halo de mujer fatal que la caracterizaba.

Yo charlaba más o menos distendida con Hamilton sobre los aspectos que debíamos resaltar en las secuencias del día siguiente cuando Gio nos saludó. Él y yo no habíamos vuelto a quedarnos solos desde la noche del beso y jugábamos a aparentar que no había ocurrido, pero nuestras manos temblaban si, por casualidad, nos rozábamos. Gio me pasó la suya por la nuca y me erizó el vello.

—Hamilton, esta es mi amiga Gio. Gio, el director de mi serie. —Los presenté con la voz tartamuda tras la caricia. Por lo visto, esta chica no se daba por vencida.

—Encantado.

—Encantada —susurró dulce como la miel.

Me escamó el tono con que se saludaron. Me escamó el modo en que se miraron. Mi intuición me recomendó sacar a la pelirroja de allí a toda velocidad y eso fue lo que hice. Me dio el almuerzo, la verdad: que si Hamilton por aquí, que si Hamilton por allá.

—He oído hablar de él en los círculos culturales, es un tipo muy reputado, que lo sepas, estás en las mejores manos —añadió con una risita jovial.

—Dirige bien al equipo, lo cual no es fácil —refunfuñé. ¿Cuándo se supone que íbamos a dejar de nombrarlo?

—Lo que no sabía es que además de cerebro disponía de ese físico privilegiado —agregó con un deje de lascivia insoportable—. Hablando de otra cosa, veo que no te decides a iniciar una relación con nuestro amigo Enzo —hizo un puchero postizo—, pobre, lo he encontrado tan desmejorado... Un notable desperdicio, nuestras amigas podrían haberse encargado de él.

—Yo no le he puesto un collar al cuello, Gio, ha sido libre desde que llegó para ir y venir a su antojo...

—Pero él se ha limitado a ir de tu mano a tu cama y vuelta a empezar —se regodeó encantada.

—No fabules —me aparté, incómoda, de su mirada—, no ha pasado nada.

—No tienes que convencerme, ni contarme tus intimidades. —Sonrió con franqueza y me tomó la mano—. Nenita..., somos adultas.

Pronunció la palabra «adultas» con una especial inflexión que volvió a alertarme. Si es que con aquella enigmática mujer las situaciones nunca eran lo que parecían, me cago en la leche. Odiaba sentirme tan insegura, que cada rato que compartía con Gio produjera peligrosas microfisuras en mi estado de ánimo. Miré el reloj de pulsera.

—¿Pensando en huir, Lolita?

Su aplastante seguridad y la chulería con la que soltó la frase me hicieron erguirme en mi silla.

—Ni de coña. Todavía tienes que contarme de qué va tu último libro —ordené queriendo parecer firme e inaccesible—. Con pelos y señales. Camarero, un *gin-tonic*.

15

Septiembre: puede que te sorprenda una menopausia cabrona...

Salí del café dando traspiés. El patético intento por demostrar mi fanfarronería me condujo a un medio pedo criminal y a llegar tarde a la cena en casa de Felicia. Recogí a Rafa con un taxi porque no me atrevía a echarles un pulso a las multas después de beberme tres copas en plan vaquero. Juanito lo aguardaba encantado con su última adquisición en juegos de consolas y Feli estaba sentada en la terraza con Clarita, la pija-moderna-ñoña compañera del colegio de toda la vida; la segunda convidada mostraba un ceño para aparcar bicicletas. Retomaron la conversación donde la habían dejado antes de irrumpir yo.

—Resumiendo, no te pega. Es una vergüenza. Tú no puedes irte paseando por ahí con un tipo que traslada rollos de cable y enchufa y desenchufa clavijas. Si llegara a saberse...

Capté que la segunda estaba despellejando a Garbajosa y me senté a escuchar. Básicamente porque no tenía demasiada confianza con Clara. Básicamente porque no se me ocurría nada que decir ante sus comentarios clasistas que no fuera arrearle un guantazo. Básicamente porque deseaba recabar información antes de explosionar.

—No le des más vueltas, menos mal que lo has hecho, por

un momento temí... —Pareció estremecerse de angustia—. La decisión que has tomado es la más acertada, vuelve a tu mundo, con tu gente. Ese chico de barrio es un pasatiempo sin futuro.

Felicia asentía como una autómata con los ojos vidriosos y las manos escondidas al nivel de las rodillas. Yo saltaba de una a otra sin poder creerme las paparruchadas que estaba escuchando. ¿Eso se supone que es un consejo? ¿Un consejo de amiga que te estima de verdad? Y un carajo.

—Te he notado muy perdida. En realidad, no he sido yo sola, hemos sido todas las del club —alargó una mano afectada y le palmeó el muslo—, estamos muy preocupadas por ti. Lo que hizo Juan... no estuvo del todo bien.

—¿Del todo? —salté como un muelle. Lo siento, ya había aguantado demasiado a la monja.

—Mujer, ya sabes cómo son los hombres —lo disculpó—. Tal vez si Feli no hubiera sido tan impulsiva...

—¿A qué te refieres exactamente? —me enervé. Felicia me hizo guiños desesperados para que cerrase el pico, pero la ignoré.

—Pueeeeees... esas cosas pueden arreglarse, Lola. Ya sé que tú no lo entiendes, que en tu momento actuaste por impulsos vehementes igual que ella, pero hablando... Mira, los maridos buscan fuera del matrimonio alguna diversión —dejó escapar una risita absurda—, nada serio, un mero entretenimiento para cambiar de aires. Las mujeres bien casadas han de aprender a hacer la vista gorda...

—¿Defiendes que nos corneen y encima aplaudamos? —Estuve a punto de desmoñarla allí mismo, delante de los carabineros. Felicia gimió levemente.

—Así como lo expones, suena crudo —declaró Clara con hostilidad.

—Suena como lo que es, una inmoralidad, y si eres tan beata, perdón, quiero decir tan creyente, no te veo defendiendo precisamente los votos matrimoniales, se te olvida que uno de los primeros es la fidelidad.

—También las madres estamos obligadas a mantener el vínculo familiar, no tenemos derecho a destrozar la vida de nuestros niños por soberbia y por orgullo. La mayoría de las veces, pasada una temporada..., los maridos se arrepienten y vuelven.

Yo la mato, Dios mío, la mato. Que me sujeten. ¿Hay más como esta sueltas por la calle?

—Juan lo hizo —alegó Felicia con un hilillo de voz.

—¿Ves? —bramó Clarita triunfante—. Se arrepienten y vuelven con el rabo entre las piernas. Y entonces, la situación es tuya. Si en vez de impulsiva, una opta por ser inteligente...

—Tendrá una buena colección de cuernos, lo he captado —dije irónica.

—Mantendrá unida a su familia —rugió Clara mirándome con animadversión—. En fin, Feli, lo dicho, que has hecho lo correcto, muy requetebién. Estamos ansiosas de verte aparecer por el club, te vas a quedar de piedra cuando te cuente las miles de nuevas actividades..., un chef de cocina que nos da clases...

Se fue parloteando por el pasillo, sin ni siquiera despedirse. No me extraña, debí de caerle como una patada en el hígado. Pero cada cual tiene sus principios, su filosofía de vida. Yo la escucho, ella me escucha. Yo la mato, ella me asesina, así funcionan las cosas. Nada más salir Clara por la puerta, Felicia rompió a llorar. ¿Acaso la echaba de menos? ¿De qué la había convencido exactamente? No podía referirse a rechazar a Juan, no, Clara le habría puesto un piso.

—Por lo que deduzco has cortado con Garbajosa —sentencié fúnebre. Felicia negó sorbiéndose la nariz.

—Eso es lo que le he dicho a Clara para que deje de atosigarme. —La comprendo, la comprendo—. No lo he hecho, pero lo pienso hacer. Seamos sensatas, Lola, yo con ese mozalbete no voy a ninguna parte.

—Ignoraba que quisieras viajar... ¿Qué es lo que te pone tan nerviosa? —la apreté con aspereza.

Felicia no supo responderme, pero se restregó las manos hasta despellejárselas.

—A mí no me engañas con ese dramático intento de dártelas de esnob. Tú siempre has sido rebelde y *comunistoide*, el que Garbi sea pobretón te la trae al pairo —afirmé. Al cabo de un rato, se sorprendió asintiendo—. Luego es otra cosa lo que te incomoda. Ah, ya sé, es la diferencia de edad...

—Y lo guapo que es..., ¿tú lo has visto bien? No me siento con fuerzas para pelear por él, Lola. Se le abalanzarán cientos de chicas con minifalda y yo no podré hacer nada por evitar que me lo secuestren —estornudó furiosa.

—Jesús. Diría que está colado por ti.

—Gracias. Soy la novedad, se entiende —replicó. Pero se le escapó una sonrisa.

—Mira, querida. No puedo obligarte a ser feliz, pero si te sirve de algo, te diré que hace mucho que no te veo esa sonrisa en la cara, que lo que sea que Garbi te da merece la pena, ya dure nueve meses o nueve años, después de lo que has pasado con el impresentable de Juan. Te mereces un poco de diversión.

Los vidriosos ojos de mi amiga resucitaron. Como si una súbita inspiración acabase de mentalizarla para tomar las riendas de su vida y salvarla de una vez por todas.

—Tú siempre das en el clavo, Lola... ¿De verdad lo ves así? Lo de Garbi conmigo, me refiero...

—Deberías recordar quién fuiste, Feli. Una excavadora con pala tamaño XXL, imparable. Nada se interponía entre tú y tu meta. Y si ahora se trata de disfrutar a base de bien..., yo diría que Garbi es un buen camino.

Suspiró dubitativa. Se sirvió una copa de sidra para niños, de esas que llevan un gorrito de cotillón de fin de año dibujado en la etiqueta. Se la zampó de un ansioso trago.

—No me extraña que estés hecha un lío con amigas como Clarita pululando a tu alrededor. —Me incliné sobre ella y su sidra—. Esa mujer destila vinagre, debe de ser flipante vivir con ella una semanita. Y con esa manera de pensar debe de tener más cuernos que un saco de caracoles. Decide cómo quieres malgastar tus días. ¿Ofreciéndole a Juan una oportunidad?

Abrió los ojos con desmesura. Parecía que le estuviese mostrando un gato muerto. Su gato, por más señas.

—No, eso nunca.

—Pues atranca la puerta y no dejes que las Claritas, «niña de las ursulinas», se cuelen a calentarte la cabeza. Toma tus propias decisiones y vive.

Después de reflexionar acerca de los consejos que le había regalado a Felicia, examiné mi propia miseria. ¿Cómo era posible ser tan fuerte y aguerrida cuando se trataba de aconsejar a otras? ¿Y qué pasaba conmigo? Puede que no me arriesgase tanto como debiera, yo también estaba cagada de miedo, repeliendo lo que empezaba a sentir por Hamilton. ¿Era su fama de donjuán mujeriego? ¿Era el temor a exponerme? Siempre, en definitiva, confluye en lo mismo: preferimos no vivir a que nos dañen. Pero es mejor vivir la experiencia que nos toque a convertirnos en vegetales y dormitar aletargados. En fin, puede que me diera un garbeo por plató fuera de las horas de rodaje o que me hiciera la encontradiza...

—Lola, si de verdad quieres jugar, saca toda la baraja. Te estás guardando los ases y así, es imposible divertirse —recomendé a mi imagen en el espejo.

No dejo nunca las cosas a medias. Me colé por un lateral de los estudios, como una colegiala que se salta las clases para marcharse a fumar. Cualquiera habría dicho que llevaba meses siendo mi lugar de trabajo, el área por donde me movía libre, como Pedro por su casa. No me tocaba rodaje y quería hacer como que no estaba..., pero claro, eso es del todo imposible. Si has ido, has ido. Y si el tipo que te interesa se encamina a la cafetería cargado de carpetas, tú te vas detrás. Hamilton se apoyó indolente en la barra y pidió un café doble con un dedillo de leche. Yo me deslicé con expresión neutra, me coloqué estratégicamente cerca y abrí mucho los ojos simulando sorpresa.

—¡Hombre, si es nuestro amado dire!

Entonces, meneé la melena con coquetería.

—Lola... —Inclinó la cabeza en plan caballero romántico, sin añadir nada. Me vi obligada a improvisar.

—Pues que pasaba por aquí y pensé en echarle un vistazo al atrezo de los próximos capítulos, porque a veces me ocurre que me cargan con tanto trasto que apenas puedo moverme, me desconcentro con facilidad y olvido los diálogos... —Frené de golpe—. ¡Qué tonta, si no me has preguntado! —Carraspeé—. Bueno, pues que he venido de inspección del atrezo.

—Buena chica —murmuró mustio. Habría dicho que esquivaba mirarme.

—Tienes pinta de... cansado.

—Son muchos líos. —Sonrió tristón—. Espero reposar cuando llegue el fin de semana y dormitar veintitrés horas seguidas. A falta de cosa mejor que hacer...

Se hizo con el café en un vaso de plástico y se retiró lejos. Había teñido su última frase de claro desencanto. No sé si en un arranque de egocentrismo, pero me la adjudiqué. Puede que quisiera pasarse el fin de semana besuqueándome como había hecho después de la cena. Una punzada de culpa me arremetió, pedí un capuchino con nata montada y me lancé detrás de él, sin pensarlo siquiera. Al acodarme en su mesa, se sorprendió.

—Charlemos de algo —propuse radiante. Él apenas levantó los ojos. Pasé olímpicamente de su escasa predisposición, estaba decidida a empujar el parloteo, y yo, cuando me pongo, soy más pesada..., como un martillo pilón, me temo—. Olvidé decirte que si tienes algo que te tortura la mente, soy la persona indicada para que te desfogues. ¿Es Enzo?

—Pobre muchacho, no. Está apagado como una pavesa.

—No irás a ponerte ahora de su lado... y en mi contra.

—No, ¿por qué? Él te ama, tú a él no, los sentimientos no se fuerzan, es lo que hay.

Miré alrededor nuestro. Durante un rato, la cotilla de la camarera no nos había quitado ojo, pero un pedido de seis bocadillos para producción acaparaba ahora todas sus neuronas disponibles. Me incliné ligeramente hacia delante, mirando cómo mi café perdía el humo.

—¿Tratas de decirme algo?

Mejor dicho: ¿tratas de echarme en cara algo? Por ejemplo, ¿que te besara, o que te dejara besarme y luego nada?

—Le sacas punta a una piedra. Estoy bien.

—No me lo parece —me obstiné. Hamilton forzó una sonrisa alargada.

—Quieres charlar —suspiró—, charlemos. De hecho, conversar contigo es como un soplo de aire fresco, un alivio después de tanta niñata insulsa preocupada por la celulitis y por el recalentamiento de los globos. Y cito palabras textuales —se mofó.

—Yo también me preocupo lo mío por la celulitis, solo que tengo la sensatez suficiente como para no aburrir a los hombres con semejante charla.

—Nada más eso es de agradecer. —Sonrió amable.

—De todas formas, el secreto creo que está en la persona, no en la edad. A ver si ahora ser un vejestorio va a ser un valor añadido.

—Veo que te tratas con dureza, vaya, me pregunto cuándo sacarás el látigo y te darás con él en la espalda.

—No, no me maltrato demasiado, eso lo hace estupendamente bien mi amiga Rita.

—¿La Postín? —Meneó la cabeza—. En mi vida he visto a nadie con mayor capacidad de distorsión. En lo que atañe a su físico y a lo evidente, que está como un tren, se infravalora. En lo que respecta a su calidad interpretativa, no se besa porque no se alcanza, cuando, en mi opinión, tanto da si actúa delante de la cámara o se dedica a lamer la lente.

—No pensé que la conocieras tan a fondo —me admiré sinceramente sorprendida.

—Rita es muy transparente en lo superficial. No me arriesgaría a nada más.

—Pues la has calcado, te lo aseguro. Su menor capricho ha sido Enzo, y ahora que la noto más despegada, puede que porque el viaje a Puerto Rico se le fue al garete, está empeñada en jugar al golf.

Hamilton compuso una mueca de horror.

—Tuve unas experiencias espantosas con el sagrado deporte; los campos están preñados de esnobs y de vejetes cascarrabias. Recuerdo un partido que casi acaba a puñetazos. Formamos un club y organizamos un campeonato. A última hora, cuando los equipos estaban cerrados, se incorporó un tipo con un Porsche que en cuanto tuvo oportunidad me dio el cambiazo a la bola. Trincó la mía, se la quedó y me dejó la suya, toda rota. ¿Se puede ser más cutre?

—Yo de ti le habría endiñado con el *putt*.

—¿A él o al coche?

—Al coche, hombre. Seguro que le habría dolido mucho más.

Tras unos segundos de estupor, Hamilton echó atrás la cabeza y soltó una carcajada.

—Hostias, Lola, se ve que conoces a los hombres. —No podía dejar de reír. Me gustó oírlo así, cristalino y distendido, parecía inofensivo. Podía proponerle una relación abierta, moderna, de esas que se llevan ahora, donde quedamos, cenamos y lo que sigue, y cada mochuelo a su olivo; donde no hay pegas ni impedimentos para probar a conocer a otras personas y donde la perspectiva de irse a vivir juntos no entra en el menú de opciones.

¿A quién vas a engañar, Lola?, me dije. ¿Te sentirías cómoda en una relación así? No, pero sí. Quiero decir, que ya soy lo suficientemente madura como para afrontarlo. Batí mi capuchino con frenesí y, en mitad de mi ensimismamiento, un caperuzón de nata saltó por los aires y fue a parar a la camisa de Hamilton.

—Dios mío, qué desastre, lo siento, lo siento mucho...

—No pasa nada. —Se frotó con una servilleta. Aquello empeoró considerablemente—. Ya quedan pocas horas, procuraré que no me vea nadie.

—Te debo una camisa —juré posando la mano abierta sobre mi pecho.

—Bastaría la tintorería, y la verdad, ni eso.

—Déjanos a solas a mí y a mi conciencia —refuté—. Una camisa nueva. Prometido.

Clavó en mí su par de ojazos y me estremecí toda. Hacía milenios que nadie me miraba con esa intensidad. Tampoco yo había correspondido del modo en que lo hice.

Si los teléfonos explotasen por repetición de llamada, el mío sería carne de cañón. Y es que a Rita no hay quien la entienda: lo mismo me odia que me idolatra, lo mismo me vitupera y me espía que es mi «más mejor» amiga. Yo hace siglos que tiré la toalla, mejor seguirle la corriente y bailar al son de su pandereta, pero hay veces que agota. Por ejemplo, cuando una está debatiéndose entre dar cuerda o no a lo que podría ser una relación sentimental con el director de su serie o un costillazo de tomo y lomo, según se presente, Rita llama para molestar. ¡Dios, no! Tengo la cabeza demasiado ocupada ahora para sus patochadas. El caso es que gracias a mi hijo Rafa, sí, aquel al que ella llama «tu pequeño monstruo», mi amiga descubrió los parabienes de la red social más famosa del mundo, y admite sin filtro a todo tío bueno que la invita. Teniendo en cuenta que tiene puesta una foto de hace veinticinco años, son muchos. Le hacía especial gracia uno que, por lo visto, era diseñador de joyas, según él mismo anunciaba. Y Rita estaba, lenta y sosegadamente, perdiendo la chaveta. Se presentó en mi casa sin previo aviso, con una botella de tinto del caro en cada mano.

—Dos copas ya. Que tengo chismes frescos. —Me apresuré a obedecer, no soltara el aliento de dragón y me incendiase la casa—. No te lo vas a creer, Lola, lo que son las casualidades. Hay una joyería en cuyo escaparate me paro cada día al ir a casa. —Se detuvo para comprobar el efecto de su frase, que fue... ninguno—. ¡Desde hace dos años! Atravieso esa calle y miro ese mismo escaparate desde hace trescientos sesenta y cinco días multiplicados por dos..., ¿cuántos son?

—Da lo mismo Rita —repliqué cansina.

—Setecientos treinta —se oyó desde la habitación de Rafa.

—¡Gracias, majo! El caso es que, de repente, el propietario va y me sonríe desde dentro. Yo me dije... «parece guapo»... ¿Guapo? ¡Guapísimo! ¡Es él!

—Él es... —repetí, muy lejos de aquel lugar y muy desubicada.

—El mismo que viste y calza, el que se hizo mi amigo en Facebook. Esa vez, le sonreí tímida, como solo hacen las verdaderas damas, pero en la próxima ocasión, pienso entrar y le pediré que me enseñe sus diseños.

—Pues qué bien —mascullé. De camino me dio por husmear el aire alrededor de Rita: olía a anisete que echaba para atrás.

—Eso sí, me pondré mis brillantes para que vea que aquí no falta ni gloria y entraré a matar, echándole cara al asunto.

Esa promesa, que pintaba firme, sí que me devolvió al mundo de los vivos que respiran. Me ofendí en nombre y representación de Enzo.

—Pero tienes novio.

—Entretenimiento se llama, Lola, entretenimiento; anda, bebe, que está muy rico. —Ella se largó un lingotazo de los que hacen época, con el gaznate abierto como una anaconda—. Para mi desgracia, Enzo es un pobretón menesteroso que no cuaja un duro. ¿Tú crees que yo estoy a estas alturas para mantener a ningún tío? Pues eso mismo, no estoy, no me da la gana.

—A buenas horas te lo planteas, hija —me ofusqué. Pobre italiano, todo le salía al revés. Ahora Rita le pegaba la gran patada. Aunque, conociéndola, no sé de qué me asombraba ni qué es lo que esperaba. ¿Acaso una boda por todo lo alto con *bouquet* floral?—. Lo has paseado como un llavero a lo largo y ancho del mapa, sacabas las garras en cuanto alguna osaba mirarlo, pensé que algún interés tenías.

—Sí, el de salirme con la mía, que hay mucha pelandusca por ahí suelta, loca por meterle mano, y esto se había convertido ya en una cuestión de honor. —¿Estaba mi amiga del alma tratando de mandarme un mensaje en clave? Traté de leer entre líneas, la pena es que estaba demasiado agotada, los párpados se me cerraban solos. Pensé en no pestañear para no quedarme frita—. Pero si no maneja caudales, si no es capaz siquiera de invitarme a una cena como Dios manda, a la porra. —Suspiró queda—. Menudo dolor de cabeza, oye, ¿no tendrás una aspirina?

—Tengo paños helados para la frente —ofrecí cortante—. Creo que has estado empinando el codo.

—Eso no es una pregunta, guapa, es una afirmación. —Pensé que me tiraría el cenicero a la cabeza, pero soltó una inesperada carcajada—. Vale, me rindo, unos cuantos carajillos...

—¿Unos cuantos? ¿Cómo has venido? No habrás traído el coche...

—¿Estás loca? Odio conducir..., cogí un taxi y pienso coger otro de vuelta, de modo que puedes convidarme a un anís dulce. Si me lo ofreces, te diré que sí —aseguró picarona.

—Rita, Rita —bufé—. De verdad, no sé qué hacer contigo.

—Emborracharme o acompañarme a la joyería, cualquiera de las dos opciones me vale.

Me puse en jarra y la medí con severidad.

—¿Copas para olvidar, Ritiña?

Ella me obsequió una mirada de franca antipatía.

—¿Te oyes? Pareces una setentona cascarrabias, en lugar de una cuarentañera encantadora y radiante. Deberías hacerte mirar lo tuyo... —Compuso una mueca indescifrable—. Yo voy a empezar a visitar a Suzanne.

—No sé quién es —dije seca—. Tú, en cuanto ves un nombre extranjero, te pirras sin pensarlo. ¿Alguna esteticista estrambótica?

—Una psicoanalista —refutó con súbita tristeza.

—Pero tenía entendido que ya visitabas a uno y te iba bien —recordé cautelosa.

—Esta es especialista. Lola..., tengo problemas de autoestima —confesó haciendo un grandísimo esfuerzo; vaya, le había costado ver lo que sabía medio planeta—, pero no de ahora, no, desde siempre, desde jovencita; nada que ver con la edad, es solo que traspasar la barrera de los cuarenta me ofreció un pretexto en el que apoyarme. En realidad estabas en lo cierto, esta edad tiene mucho que ofrecer.

—Bueno... —tragué saliva—, si piensas que mejorarás...

—Suzanne vive en Los Ángeles, es la loquera de las *celebrities*. Me marcharé una temporada. —Sonrió al aire—. Quién sabe, igual allí me sale algún culebrón interesante que protagonizar, un personaje tipo Angela Channing... ¿Te acuerdas? Y a la Mariana Pinaleda... que le den.

Fue la crónica de un fallecimiento anunciado con esquela en negrita y primera plana. Es probable que Rita se cansara de soportar las caras de Enzo llorando por las esquinas, o que se encelase de su repentino aunque efímero éxito como actor de telenovela. Es posible que su agente le orquestase un falso romance con algún vejestorio escandaloso y el noviete sobrara... Tratándose de Rita, ¿quién puede adivinar? El caso es que días después, cuando sonó el timbre de mi puerta y encontré a Enzo plantado en el descansillo con la misma maletita con la que había llegado meses atrás, ya estaba al corriente del desenlace sin necesidad de explicaciones.

—¿Vuelves a Italia?

—Vuelvo —confirmó, y como si formara parte de una coreografía ensayada, hundió los ojos en el felpudo.

—Pasa, por favor, prepararé café, un capuchino... —me deshice en atenciones. Lo que propicia la culpabilidad.

—No, *grazie*, tengo prisa...

—Una grapa, un vinito... —insistí con debilidad.

—*Sono venuto solo a salutarti.* Despedirme.

—Sabes que te aprecio muchísimo...

Cielos, sonaba a culebrón venezolano.

—Pero sabes cuando un camino *non porta a nessuna parte*. —Rebuscó en su raída mochila y extrajo un paquetito marrón—. *Ti ho portato un regalo.* —Lo cogí vacilante—. *Veramente te lo portai il primo giorno, pero il nostro incontro fu cosí teso...*

Deseé que el parqué se abriera allí mismo y me engullese. Efectivamente, nuestro primer encuentro había sido frío como el hielo y no había modo de repararlo. Luego necesité tres largos minutos para rasgar el papel, la razón era que las manos me temblaban violentamente. Al final fue el propio Enzo quien lo liberó: un pasador del pelo con la cara de la Gioconda. Al recogerlo se me fue el alma a los pies.

—Dame un abrazo —le pedí en un ruego desesperado. Me miró reacio—. Por favor, has dicho que es nuestra despedida.

—Podría no serlo —aventuró con una chispa de esperanza que yo me apresuré a apagar.

—No, Enzo, yo te quiero, te quiero mucho, me importas. Pero no del modo que tú necesitas.

En lugar de recrearme en su mohín desolado, pensé, concienzuda, en la sinceridad de lo que acababa de decir: sí que lo quería, no era una mentira ni un eufemismo para quedar bien. Lo apreciaba de corazón y necesitaba, desesperadamente, verlo feliz. Un pensamiento que me animó a seguir.

—Te sonará a manido, pero pronto encontrarás a una chica estupenda que te hará el hombre más feliz de la tierra y, cuando eso pase, quiero que me lo cuentes. Yo estaré aquí para alegrarme. —Aferré sus brazos y los apreté con afecto—. ¿Me lo prometes?

Enzo se encogió de hombros con la indiferencia de quien está convencido de que tal posibilidad no se dará nunca. Yo sacudí sus hombros.

—*Te lo prometto, anche se, ci vorrà tempo. Lola, non ti ho mai detto che sei una donna che...* —vaciló rebuscando en su limitada lista de vocablos— deja huella?

—Mmmm..., deja que recuerde. Sí, una vez, mi ex marido, pero creo que no cuenta. Se había peleado con su novia y pretendía acostarse conmigo. —Reí alborozada—. Anímate. Si me necesitas para algo, estaré donde siempre.

Lo vi marcharse con sus rizos fuera de mi vida. Es duro despedir a un amigo, y mucho más duro romperle el corazón a alguien. No era mi intención. Me dije que Enzo era guapo a reventar y joven, que lo tenía todo para olvidarme de un zapatazo. No le duraría mucho la pena, me consolé. Pero la lágrima que rabiosa rodó mejilla abajo me indicaba otras cosas.

—Lola, eres una blandengue. La próxima vez que salgas de vacaciones no te acuestes con nadie, que luego la lías.

Me tiré cuatro largos días lamiéndome las pupas de la marcha de Enzo, reconciliándome con mi sentimiento de responsabilidad y decidiendo si me convenía o no retomar el acercamiento a Hamilton. Vale, ya sé que lo uno no tiene mucho que ver con lo otro, pero todo confluía y se embarullaba en mi cabeza como un potaje. Complicada decisión. Las chicas de maquillaje debieron de notarme absorta y atontolinada, porque se hicieron mohínes señalándome hasta hartarse. Yo, ni caso, estaba en trance. Al terminar mi cometido en el rodaje, me abalancé sobre las esponjas desmaquilladoras con ansia de náufrago, que a mí la amalgama que se forma entre el maquillaje y los polvos matizadores me produce un picor insoportable. Pero un alarido de Candelaria en mi oído me frenó en seco.

—¡No te desmaquilles!

—¿Cómo que no? ¿Queda algo por rodar? No me digas que abrimos prórroga..., porque si vamos a seguir a este ritmo mucho tiempo, yo planto el banderín de «hasta aquí he llegado» y no muevo un tobillo...

—Que no es eso, mujer. —Me agarró por los hombros y me forzó a sentarme—. Deja que yo te retoque, te suavizo los colores y te dejo divina para ese almuerzo tan *fashion* que tienes hoy.

¿Con quién me confunde esta sagaz muchacha?

—¿A qué almuerzo te refieres, Cande?

—Anda, no te hagas la tonta... —Me propinó un codazo—. Menudo chollo, es el restaurante de moda.

—En serio, no tengo ningún almuerzo programado para hoy.

Debí de convencerla con mi nuevo tono de ejecutiva formal, porque se dulcificó y accedió a explicarme la situación.

—Me ha parecido oír que Hamilton estaba reservando mesa en El Bodegón para las dos y media en punto. Debe de andar preparándote una sorpresa de las gordas.

—Igual le pide matrimonio, nunca se ha visto al dire tan *omnubilado* por nadie...

—Obnubilado, Marisa, obnubilado, con b. No, no creo que me pida matrimonio. Espero que no me pida matrimonio —rectifiqué amarga como la quina.

Las tres mosqueteras formaron un corro que parecía una media luna y me observaron como si fuese un chimpancé en el zoo.

—¿Acaso no quieres?

Me resistí a despejar la incógnita con tanta facilidad. No eran ellas las únicas que querían saberlo. Vivi, Marisa y Candelaria se reagruparon perdidas en una maraña de desasosiego. En sus mentes se desplegaba el fin de los tiempos, el apocalipsis, la guerra de las galaxias. Todo porque yo había dicho... dicho no, insinuado. Insinuado... tampoco. Ni tan siquiera había considerado... ¿Hamilton pidiendo mi mano? ¡Menuda majadería! Si desde el día del morreo casi nos esquivábamos.

—¡Le dirías que no! ¡Le dirías que no a un tío rico, macizo e inteligente, por este orden! —se escandalizó Vivi buscando en su agenda el número de los loqueros—. Debes de haber perdido la chaveta. ¿Qué hay que hacer para ocupar tu cuerpo?

—Precipitáis los acontecimientos, nadie ha dicho que vaya a declararse. Lo que digo es que ya me casé una vez y no me apetece meter la pata de nuevo.

—Porque una vez te equivocases... —Candelaria dejó la frase en el aire. Cruzamos una mirada de honda comprensión. No, si en el fondo, yo pensaba lo mismo. Otra cosa era reconocerlo. Pero un burbujeo de entusiasta jolgorio me subía estómago arriba, pensando en esa cita sorpresa con Hamilton.

Quizás esta vez la rosa no fuese de trapo.

Sin embargo, cuando salí al pasillo divina y maquillada, vestida con pantalón pitillo, bailarinas y un top ideal con chaqueta a juego, el director de *Belinda corazón de fuego* abandonaba los estudios por la puerta lateral sin dirigirme la palabra. Por cierto, tenía una espalda lo suficientemente ancha como para que atracara un portaaviones.

Algo me atragantó. Algo que no acababa de cuadrar. Hamilton iba de almuerzo pijo, lo afirmaba Candelaria, y Candelaria jamás de los jamases extravía un chisme, ni yerra. Debió de hacer la reserva con vocecita almibarada o la peluquera no habría deducido que se trataba de una cita romántica; conmigo, por más señas. La destinataria del evento no era una servidora, de modo que... a saber con quién diablos comía Hamilton en El Bodegón. Mi corazón se desbocó sin mi permiso y tuve que agarrarme a la pared para no resbalar.

Recórcholis, ¿tanto me apetecía a mí este tío que me estaba mareando y todo?

Volé al baño a mojarme los pulsos. Y a respirar hondo. Inspira, espira, inspira, espira. Asííííííí, Lola, bien.

—¿Quién? ¿Quién es? ¿Con quién va? —Sacudí la cabeza—. Da lo mismo, no me importa, no deseo saberlo... —Apreté los puños—. ¿Quién es la zorra que trata de birlármelo delante de mis narices?

Únicamente conocía una manera de discernir el asuntillo: el espionaje industrial. Por fortuna sé llegar a El Bodegón y la entrada es libre. Iba a ser que me apetecía darme una caminata y estudiar el menú. Telefoneé a Felicia a toda pastilla, en pos de apoyo logístico. Las hordas lolísticas se ampliaban y tomaban forma.

Allá vamos.

Conforme a mis chivatas, la cita era a las dos y media, así que Feli y yo comparecimos treinta minutos antes para no destacar y poder elegir mesa. Después de discutir y pelearnos, seleccionamos una esquinada, que otorgaba inmejorables vistas sobre todo el local. Ricamente sentada allí, embuchando lo que me viniese en gana, controlaría el cien por cien de los comensales de El Bodegón aquella funesta tarde. Lo que no tenía decidido era qué hacer cuando detonase la bomba, si es que lo hacía. Felicia alimentaba un exagerado optimismo.

—Te estás precipitando, inventas cosas, es un almuerzo de negocios con cualquier vejete aburrido de la cadena, ¿qué te apuestas?

—Mmmmmm... —Oteé el panorama y revisé la carta de ensaladas. El camarero ya aguardaba el pedido—. Una César con mucho parmesano, por favor, y una cola con hielo y limón.

—No te veía así desde los treinta, chica —se mofó Felicia conteniendo la risa. La fulminé con los ojos—. Lo mismo para mí, gracias. —El camarero se ausentó, menos mal—. ¿Para qué me has traído si no me permites respirar?

—Te estás burlando de mí y yo jamás lo he hecho, me tomo muy en serio todos tus problemas, aunque sean gilipolleces —declaré ofendida.

—Si es que aquí no hay ningún problema...

—Eres feliz con Garbi, ¿a que sí?

—Enormemente feliz. ¿Y eso a qué viene? —preguntó desconcertada.

—Pues de no ser por mí, lo habrías dejado. Quién sabe si andarías haciendo las paces con Juan...

—Ni lo nombres, *vade retro*, Satanás...

—Sí, mucho *vade retro*, pero qué mala memoria, Feli, no hace tanto te preguntabas... ¿Qué hora es? —Me retorcí en mi silla. Nada comparado con cómo tenía los intestinos.

—Las dos y veinticinco. Lola, por amor del cielo, deja de atosigarme.

—¿Estoy mona? —Me atusé las puntas de la melena.

—Ideal de la muerte, el maquillaje, impecable.

De repente, alargué un garfio y le atrapé una mano. Felicia ahogó un grito de dolor.

—Ahí entra, ese es y no viene solo...

No, desde luego que no venía solo. Lo que no podía imaginarme ni en mis peores pesadillas era quién lo acompañaba.

16

Octubre: no te volverás a enamorar

Era lo mismo que llevar una antorcha prendida, pegada al culo. La cabellera de Gio lo abarcaba todo, hasta lo inabarcable, y sus caderas bailonas se llevaron por delante al *maître*, a los chicos del cóctel bar y hasta a la cajera. Todos hipnotizados, seducidos por su contoneo. Hamilton venía gesticulando en animada conversación. Me entraron ganas de tirarme de un puente. Pero estaba dentro de un restaurante, no tenía ninguno a mano.

Podría decirse que la pose de él era más bien profesional, pero ella se lo comía con los ojos. Conocía esa mirada de depredadora nata, me la había lanzado a mí muchas veces. Felicia estaba pálida como la cal.

—Vejete aburrido —silabeé con sorna.

—Esa... esa es amiga tuya... La del viaje a Italia —tartamudeó. Enseguida arrugó el ceño—. ¡Ay! Deja de darme patadas.

—Lo siento —me agarré las rodillas—, son los nervios.

—¡Estás colada! —Felicia se tapó la boca con las manos—. ¡Estás colada por ese tío!

—Te recuerdo que el objeto de mi coladura acaba de sentarse a comer con otra —gruñí.

—¡Lola, enamorada! Tienes que permitirme disfrutar de este momento.

Eso, ella a lo suyo. La miré con toda la amargura que me permitía mi aturdido entendimiento.

—Cada vez te pareces más a Rita, no me extraña que fueseis tan amigas —masqué entre dientes. Otra mirada de reojo me reveló a Gio tomando posiciones sobre la nariz de Hamilton. El estómago me pegó un salto mortal—. ¡Encima lleva mi camisa!

—¿Tu qué?

—Mi camisa, la que le regalé el otro día... cuando le manché la suya... Debería estar escrito en alguna parte que un chico que pretende a una chica, o sea, a mí, tiene prohibido almorzar con otra vestido con su regalo, es decir, mi camisa. —Salté del asiento dispuesta a desmoñarla.

—¿Adónde te crees que vas? —Feli me entorpeció el paso con una oportuna zancadilla que por poco me deja sin piños.

—A mear mi terreno.

—No permitiré que te pongas en ridículo. —Se aferró a la orla de mi top. Yo tironeé, ella también, pero en dirección opuesta. El camarero que llegaba con las ensaladas se quedó patidifuso al contemplar la batalla—. Para algo me has traído.

—¡Suelta!

Corrí atravesando el restaurante sin concederles un ápice de importancia a los cientos de ojos que me claveteaban. Por una vez en la vida, olvidé la vergüenza. Bueno, tampoco es que yo haya tenido mucha nunca.

—Vaya, menos mal que he llegado para interrumpir antes de los postres —rugí apoyando las manos en el tablero, controlando la respiración. Hamilton respingó y Gio se retrepó en la silla con aire satisfecho.

—Lola...

—¿Os conocíais antes de que yo os presentara el otro día? —Salté de un rostro a otro. Conforme crecía mi mala uva, Gio se desmoronaba.

—Deberíamos empezar por saludar... —intentó Hamilton, descompuesto, retirando de un tirón la mano que segundos antes Gio trataba de rozar.

—No me interrumpas, asqueroso. —La miré a ella—. Y tú, zorra. —Me volví hacia él—. ¿Te ha contado ya que es lesbiana? Deberías saberlo antes de que te metas en la cama con ella y decida que le apetece más que se lo hagas con un consolador que con el rabo.

—Lola, por Dios...

—¡Ni Lola ni san Pito Pato! ¿Así es como me pagas el que te haya rechazado? —Mis pupilas ardientes volaron del rostro atónito, y ya decididamente menos divertido, de Gio al desquiciado de Hamilton—. Porque debo informarte de que la señorita se me ha insinuado y le he dado calabazas. —Volví a clavar en ella los dos dardos venenosos que tenía por ojos en ese infernal momento—. Fíjate que pensé que eras civilizada, que te lo habías tomado bien... Pero no. Sí que me has engañado.

—Lola...

—Ni me hables, ni me mires... —Le metí a Hamilton un dedo entre los ojos—. Ni te atrevas. Dejo la serie —me estiré hacia el techo—, no quiero volver a verte.

—Y esa decisión ¿es de...? —quiso saber algo abrumado.

—Hace un rato. —Apreté los párpados. Quería ponerme a gemir como un perrillo apaleado—. ¿Qué piensas?

—Que eres toda una profesional —di que sí, derechazo al hígado—, al menos es lo que has demostrado hasta el momento.

Ya. Sabía que estaba eludiendo la pregunta. Cuando quiero algo, no me valen las diplomacias. Así que me marché como una hoguera de las de San Juan, crepitando en el pecho, sorbiendo lágrimas como una quinceañera ultrajada. Felicia me siguió sumisa tras vérselas en solitario con la cuenta de dos ensaladas y dos refrescos que no probaría nadie. De nada sirvieron sus mimos. Lola Beltrán, por una vez en mucho tiempo, no tenía consuelo.

Tras zafarme de Felicia, lo más complicado que he hecho en los últimos cinco años, escapé huyendo al barrio más retirado de mi casa y me refugié en un bareto pequeño donde el frío no me viera. Debía evaluar los daños, hincharme de llorar delante de un vaso vacío y sentirme miserable por siempre jamás. No caería en el error de pensar que no merecía ser feliz por el hecho de ser mayor; que Gio, más bella, tersa y atractiva, se había llevado el gato al agua. No era cuestión de edad ni de tersura, era una frustración amorosa de tomo y lomo, de las de toda la vida. ¿Qué iba a hacerle? Esas cosas pasan todo el tiempo, solo que una confía en que les pasen a los demás.

—No sé de qué sirve cumplir años si el amor sigue doliendo lo mismo —le recité al barman al tiempo que dejaba veinte euros sobre la barra y me marchaba tambaleando en busca de un taxi.

A continuación tocó encerrarme en casa y, aprovechando que Rafa no estaba, beberme una botella de vodka a morro. Hamilton llamaba sin parar, pero ni una vez me planteé contestar. Es más, iba a ponerle las cosas difíciles con la puñetera serie, origen y fin de todos mis males. Pensaba pasarme tres días sin ir a currar, durante los cuales Hamilton se dejaría la huella dactilar pegada a las teclas de su teléfono. Conocería de cerca el sufrimiento por mi ausencia. Sin embargo, en cuanto el móvil volvió a vibrar, decidí que ya habíamos sufrido bastante (los dos) y respondí.

—Mira, no lo comprendo, pero admito y acepto que no quieras verme ni hablar conmigo; sin embargo, tienes un trabajo con el que te comprometiste hace tiempo.

—Que le den —espeté sin miramientos.

—Siempre has sido cumplidora y responsable, Lola, deja de comportarte como una adolescente enrabietada.

—Que te den a ti también.

—Lola, no puedes parar un equipo de rodaje por un absurdo ataque de cuernos, dime que esto no está pasando, no es serio, no es propio de ti.

—¿Quién te ha dicho que soy seria? Soy una cachonda mental, soy la leche, soy una madurita jugando a ser quinceañera, soy... ¿Por qué diablos siempre tengo que ser yo la que respeta las normas? ¡Estoy hasta el hígado de cumplir las reglas que todo el mundo se salta a la torera! ¡Incluido tú!

—Lola, por el amor de Dios, si me dejases explicarte... —Su tono se suavizó kilo y medio, por lo menos. Pero a mí y a mi berrinche eso nos daba lo mismo.

—Avisa a Rita, estará encantadísima de atenderte y de joderme a mí la vida de camino. De hecho, ella debió ser Belinda desde el principio, todo esto es un tremebundo error, no tendría que haber pasado, no te habría conocido y ahora no estaría sufriendo como una perra. Llama a Rita y prométele que la harás famosa, que la rescatarás del olvido...

—Lola... —Me sonó a súplica agotada.

—Oh, vamos, inténtalo, tú debes de ser muy bueno diciéndoles a las mujeres cosas que no piensas cumplir...

Qué saludable es darle rienda suelta a la frustración. No me esperaba, desde luego, que la respuesta a mi desafío fuera el bip-bip-bip del teléfono. Giré el auricular y le miré las tripas. Hamilton había colgado. Mi Hamilton había colgado y yo, con el insulto dispuesto en la boca; qué cabrón. La decepción y la sorpresa me dejaron allí arrinconada, como un bulto sospechoso, en el sofá, entre hipidos y suspiros.

Cuando Rafa regresó del cine, yo apenas me mantenía en pie. Por suerte, él y sus amigos habían atracado la hamburguesería y venía lo suficientemente cansado como para calarse el pijama de un golpe. Yo fingí una migraña, me sale bastante bien. Pero cuando más felices me las prometía, sonó el timbre y no pude detener a mi hijo y evitar que abriese las puertas de nuestra intimidad a... ¿quién?

—Una amiga tuya, mamá —bostezó ruidoso—. Me marcho al sobre.

—OK. —Me erguí para recibir a Felicia—. ¿Tú?

—Yo. Debería darte vergüenza.

No era Felicia, era Gio, desafiante, demoledora, retándome desde la puerta como si fuese la dueña del mundo. Traté de cerrar y dejarla fuera, pero empujó más fuerte y se coló. Decidí que el cuerpo a cuerpo me convenía menos que parlamentar, igual practicaba boxeo, vete tú a saber.

—¿Vergüenza a mí? No sé cómo te atreves...

—¿Qué absurda conclusión sacaste al vernos sentados en El Bodegón?

—Respecto a ti, te lo zampabas con la mirada, guapa. —Me alejé de ella como de la peste y recorrí el sofá en círculos improductivos—. ¿Es amor verdadero, interés profesional previo paso por la cama o simple *vendetta*?

—Eres una gilipollas. —Rio—. Trataba de venderle un guión a Hamilton.

—¿Ehhh?

—De hecho, tuve que mentirle y asegurarle que al almuerzo íbamos las dos para que se interesara; no hay nada, absolutamente nada entre nosotros. Ni me miró, y a mí siguen sin gustarme los tíos. Lola...

Me desplomé como un fardo en el sofá. Los ojos velados, la cabeza bombeando.

—Joder, me he pasado.

—Te has pasado, y que lo digas. Todos aquellos insultos...

—Mi sarta de estupideces...

—Llama y discúlpate.

—Antes muerta. —Crucé los brazos contra el pecho.

—Pues vas a perderlo, ese tipo te quiere, pero tiene su orgullo, todo tiene un límite y tú te lo has colgado de la chepa.

La miré desde mi escondite deseando desaparecer del bochorno.

—¿Cómo he podido ser tan necia?

—El amor nubla los sentidos —sonrió con sorna— y a ti, mal que te pese, ese hombre te importa mucho.

Me habría reído si no hubiese tenido ganas de llorar, si no hubiera estado arrepentida, sofocada y contrariada por mi comportamiento infantiloide.

—A estas alturas pensará que soy una chiflada.

—Es posible que le vayan las chicas... digamos... estrafalarias.

—¡Yo no soy estrafalaria, soy de lo más normal! —me defendí. Gio reculó—. ¿De verdad no tienes ganas de asesinarme? Debes de ser una santa.

—Paparruchas. Soy una mujer moderna que mira al futuro.

—Creó un túnel con los cantos de las manos.

—Me comporté de un modo innoble —suspiré.

—Ahí te doy la razón —se burló—. Básicamente, porque la tienes, nena. Ahora pórtate como Dios manda y llama a tu apolo.

—Me muero antes —reconocí encogida. Vi horripilada cómo Gio alargaba un brazo y tomaba el auricular—. No pienso hacerlo.

—Lo harás —replicó con dulzura—. Él te está esperando.

Ah, bueno, si es así, la cosa cambia. Inspiré hondo y adelanté un minipaso. Allá vamos, Lola, ¿quién dijo miedo?

A lo tonto a lo tonto, llegó el día menos agraciado, el de mi cumpleaños. Para entonces, yo ya llevaba casi dos meses saliendo con Hamilton y la cosa marchaba como la seda. Era el hombre más varonil, cariñoso, inteligente, brillante, admirable y un sinfín de etcéteras que había conocido en mis cuarenta años de vida, mira tú por dónde. Las chicas se empeñaron en organizar un almuerzo por todo lo alto en Boggo, esta vez en Velázquez y no en La Moraleja, menos mal. A continuación, irrumpimos con las copas y celebramos mi experimentada juventud, pero la tarde-noche se la reservé a mis chicos, a los tres. Rafa y Hamilton formaban un buen equipo y en fines de semanas alternos se nos sumaba Alejandro, el peque de mi novio, un año menor que Rafa; se habían hecho superamigos, con el mío jugando a hermano mayor.

Colocamos la tarta encima de la mesa y la miré con desasosiego: con las velas encendidas no recordaba un objeto de celebración, era, más bien, el incendio de Chicago. ¡Por Dios! El año próximo exigiré una vela con forma de interrogación; mejor, la compraré yo misma y la clavaré en la nata. O no..., bien mirado, aquel redondel de yema con tantas luces quedaba muy bonito y yo estaba más que orgullosa de mis primaveras, que tanto me habían enseñado (bueno, a no enamorarme como una chiva loca no) y tan fenomenalmente me sentaban. Hamilton se me acercó con una caja plateada en las manos.

—Para ti.

—¿Para mí? —Simulé sorpresa, pero me derretí enterita—. ¿Qué será, qué será?

—Espero que te gusten... —Hamilton se retorció los dedos de las manos, expectante.

Jolines si me gustaron, ¿cómo no me iban a gustar unas fantásticas sandalias de la última colección de Jimmy Choo? Las alcé en vilo y me quedé muerta. Los dos churumbeles también.

—¿Con eso se anda? —chilló Alejandro.

—Pues claro. —Sonreí como una boba y besé la comisura de los labios de mi chico—. Gracias, amor —le dije pronunciando exageradamente cada sílaba a media voz.

—Hay algo más..., algo dentro... de una de ellas.

Rebusqué frenética. ¿Algo? ¿Dentro? ¿Algo como qué? Unas sandalias de tiras no pueden ocultar gran cosa... ¡Oh!, un algo envuelto en papel de seda rosado y pegado en la suela del zapato derecho. Lo rescaté con esmero y lo tanteé curiosa. Aquello parecía... parecía...

—Dios, Juan Manuel..., un anillo...

—Deja que te lo ponga —se ofreció animoso. A mí me dio un vahído.

—Pero esto significa..., ¿qué significa?

—Que no aguanto a mi madre machacando con que ya he superado los cuarenta y debo sentar la cabeza con una buena mujer... —Atrapó mi dedo, que, de repente, se había quedado rígido. Los niños se despelotaban a mis espaldas.

—Pero...

—Tú eres una buena mujer, me lo dice la voz de mi conciencia —prosiguió como si nada.

—No, si no te lo discuto, pero...

—También me aconseja que me pegue a ti como un percebe y no te permita escapar —remató con una irresistible sonrisa de galán de cine.

—Te has puesto blanca —me ridiculizaron los monstruitos.

—Callad, niños... —El precioso anillo se deslizó por mi anular como si estuviese hecho a medida. Fue contemplarlo y secárseme la garganta.

—Ahora es cuando pega mi regalo, cuando de verdad lo necesitas —repuso Rafa desapareciendo raudo.

—¿Más sorpresas? —dije con debilidad.

Apareció empujando una caja que parecía el envoltorio de un televisor.

—Toma, mami, creo que he dado en el clavo —repitió ufano.

—Ábrelo —lo secundó Alejandro. Seguro que la bromita la habían preparado a dúo.

—Voy corriendo.

—Te ayudo —se ofreció Hamilton. Rafa le agarró la mano.

—No, tiene que ser ella sola. Tiene que ser supervaliente y superar el marrón. ¿Podrá? ¿No podrá?

Podré, niño, podré, me dije. Y con este hombretón a mi lado, ni te cuento. Eso, decidido. No te lo voy a contar, por lo menos, hasta que cumplas los dieciocho. Cuando seas padre comerás huevos. Lo destapé temiéndome lo peor, un perro San Bernardo o algo parecido con el que se encariñarían de inmediato y al que luego no podría echar de casa. Pero no, era otra caja, remachada con un moño torcido, y dentro otra, y luego otra más y, de momento, no ladraba. Empecé a mosquearme.

—Qué será...

—Sigue, sigue —me animó—, ya casi estás.

Alcancé una caja bastante respetable, envuelta en papel de revista, calamitosamente pegado con adhesivo. Al abrirla, un montón de chismes revueltos me saludaron a coro.

—¡Oh, qué... bonito! —dije simulando felicidad. Pero Rafa no tiene un pelo de tonto.

—No sabes lo que es; es un kit de *supervaliente*. —Se hizo cargo de la situación, metió la mano y me mostró una aspiradora portátil, de esas recargables—. Mira, un disipador de penumbras.

—¡Hala! No sé cómo lo he podido pasar por alto.

—Una trituradora de miedos —eso era una batidora, de las normalitas, pero me venía de perillas, porque la que tengo se atasca—, unas pastillas fortificantes —eran dos bolsas de caramelos de limón—, y por último... la soga atrapaamigos.

—Un vulgar trozo de cuerda que disparó mi efusividad a las nubes.

¡Qué creatividad! Con su edad, jamás se me hubiese ocurrido regalarle eso a mi madre. Claro que mi madre, en lugar de achucharme, me habría plantado la batidora de sombrero, con el poco humor que gastaba la señora.

—¡Es genial! —le aseguré abrazándolo.

—Es para que se te pasen los miedos que tienes, mami. Los cuarenta no son nada, estás empezando a vivir.

—¿Quién dice que tengo miedo? —Calla, niñoooooo, esas cosas no se dicen delante de las visitas, *jodío*...—. ¡Ay, este hijo mío, siempre haciendo bromas! A quién habrá salido... —Tosí. Hamilton observaba mis torpes movimientos con un brillo delator en los ojazos.

—Pues ya que eres tan aguerrida, señorita, aquí estamos tres caballeretes aguardando tu respuesta.

—Caballeretes de pacotilla —bromeé, más que nada para ganar tiempo.

—Mamá... —chilló Rafa, exigente. El mismo tono que cuando pide el desayuno.

—Es que no sé a qué os referís...

—Que si te quieres casar con él —vociferó Rafa.

—Que si te quieres casar con mi padre —aulló Alejandro al unísono.

—Que si te quieres casar conmigo —rogó Hamilton, amoroso.

Esa frase la oí con una nitidez cristalina. Se aferró a mis tímpanos como el reverberar de una campanilla de plata.

—No pienso pasarme la eternidad como «el hombre pendiente de ser» —agregó estirando un brazo hacia mi cintura.

Era inspirador comprobar que alguien te codicia hasta ese

punto. Debió de reflejarse en mi cara el momento de *idioticia* extrema, porque Rafa empujó a Alejandrito hacia su cuarto.

—Hora de pirarse, Al; mi madre le va a decir que sí a tu padre y esto no es apto para preadolescentes. Tengo un juego de consola que es la bomba...

En un santiamén, ya no había moros en la costa. Ni griterío, ni tensiones. Solo azúcar flotando en el ambiente. Quién hubiese dicho que cumplidos los cuarenta iba a aceptar una proposición de matrimonio con mucha más ilusión que mi primera vez, porque yo era optimista, pero aquello se pasaba de castaño oscuro.

Entre los brazos de mi futuro marido, visualicé una etapa venidera de lo más sorprendente. Ambos guardábamos dentro energía y entusiasmo para recorrer el mundo, de mochileros, si hacía falta.

¡Bienvenidos los cuarenta! ¡Bienvenida la mejor época de mi vida!

Epílogo de una supervaliente

Como os podréis imaginar sin mucho esfuerzo, la cáustica agenda de Rita fue a parar a la basura y en su lugar me regalé un diario. No pienso desperdiciar la lucidez que envuelve mis cuarenta maravillosos años por nada del mundo. Ahora anoto mis pensamientos más lúcidos y disfruto cada segundo, como si mi tren pitase que abandona la estación. Amo a Hamilton y estoy bien a su lado, pero si esto se acaba, seguiré siendo feliz, porque estoy en esa etapa y en esa edad en las que el hombre de mi vida soy yo misma y me merezco la medalla de exploradora intrépida.

Las mujeres somos sensibles por naturaleza y, por ende, seres especialmente fáciles de engañar. Primero nos hacen creer que nuestra valía se ciñe a nuestra belleza física y tan bien interiorizamos la irritante lección, que cuando aquella empieza a marchitarse, tememos no tener ya nada que ofrecer al mundo. ¡Qué error! Serán muchos los que se cuiden de recordárnoslo, pero lo importante es lo que pensemos NOSOTRAS, el mérito que nos otorguemos: una persona simpática, amable, brillante, relajada, feliz, segura de sí misma, que no se hunde a la primera de cambio, luchadora, que resuelve sus obstáculos es infinitamente más digna de admiración por todos que una mujer bella, de cegar. Y esas virtudes podemos cultivarlas, desarrollarlas y conseguirlas aunque no hayamos nacido con ellas. Duran más, dejan más huella, nos ayudan a vivir mejor y proporcionan muchas más satisfacciones que un físico impecable. Recordemos que siempre han existido personas no hermosas y no todas se han suicidado; muchas, la mayoría, desarrollan otros sentidos y se convierten en las imprescindibles de las reuniones, encuentran parejas fabulosas y tienen una existencia serena y complaciente.

El secreto de todo en esta vida está en la actitud. Trabaja la tuya, en tu propio beneficio.

FIN

Índice